本书的出版获得教育部首批城市管理特色专业建设项目、北京市高等学校特色专业建设项目、北京市高等学校重点学科建设项目的资助

北京大学城市化与区域发展研究丛书 / 杨开忠 主编

Spatial Distribution of Manufacturing Industry in Beijing Metropolitan Area

北京大都市区制造业空间集聚研究

陆军 宋吉涛 / 著

北京大学出版社
PEKING UNIVERSITY PRESS

图书在版编目(CIP)数据

北京大都市区制造业空间集聚研究/陆军,宋吉涛著. —北京: 北京大学出版社, 2011.3

(北京大学城市化与区域发展研究丛书)

ISBN 978-7-301-16823-3

Ⅰ. ①北… Ⅱ. ①陆… ②宋… Ⅲ. ①制造工业—经济发展—研究—北京市 Ⅳ. ①F426.4

中国版本图书馆 CIP 数据核字(2011)第 055820 号

书　　　名: **北京大都市区制造业空间集聚研究**
著作责任者: 陆军　宋吉涛　著
责 任 编 辑: 倪宇洁
标 准 书 号: ISBN 978-7-301-16823-3/C·0666
出 版 发 行: 北京大学出版社
地　　　址: 北京市海淀区成府路 205 号　100871
网　　　址: http://www.pup.cn　电子邮箱:ss@pup.pku.edu.cn
电　　　话: 邮购部 62752015　发行部 62750672　编辑部 62753121
出版部 62754962
印　刷　者: 世界知识印刷厂
经　销　者: 新华书店
650 毫米×980 毫米　16 开本　16.5 印张　252 千字
2011 年 3 月第 1 版　2011 年 3 月第 1 次印刷
定　　　价: 35.00 元

目录

第一章

导 论

一、研究思路

大都市区与城市群逐渐成为中国经济组织的重要形式，在引导地区经济发展和产业结构升级等方面起到了巨大的作用。但目前无论是都市圈还是城市群范围内，制造业的发展都存在诸多问题，突出表现为：城市之间没有形成良性的产业集聚与扩散机制，经济联系仍然相对较弱，转移规模相对较小。尽管以长三角为首的城市群，已经出现了较大规模的产业转移态势，并出现了“抱团式”和“产业链式”的产业转移模式，且产业转移的驱动力和制动力体系也已经初步显现，但由于总体上处于大规模产业转移的初级阶段，产业布局所体现的等级性和结构性仍不清晰，中心城市作为产业发展的主要载体，在产业转移过程中尚未完全起到“创新知识枢纽”的作用，故各城市之间的产业结构趋同现象仍然相对较为明显，尤其是装备制造、化工等重化工业，为市场机制充分发挥作用设置了障碍。同时，以中心城市为核心的都市圈，其产业布局已经进入了良性发展的态势，尤其是通过长期的规划引导和政策调控，市场机制所体现出来的驱动作用日趋明显，产业布局逐步趋向科学化和理性化。但由于长期的历史积淀，部分工业，尤其是重化工业空间布局的优化调整相对滞后，原有重化工集聚区由于新的产业园区设计与新兴产业的不断植入，致使其在都市圈的产业发展框架内没有得到大规模新生要素的刺激和驱动，在一定程度上，尚未纳入都市圈范围内统一的产业分工与协作框架内，要素的置换相对滞缓，致使目前都市圈内仍存在较大的产业布局调整任务。

本书基于当代大都市及城市群发展与演化规律的最新研究成果，以及大都市区产业，尤其是制造业的空间分布特征，选取以北京为核心，包括周边地区，即河北省18个县市的大都市区域，分析了不同类型产业的空间分布特征；同时，以北京城市产业功能定位及空间布局为基点，通过不同规模与生产活动的企业及其地理布局特征，系统地研究了北京市辖区不同行业空间布局的基本特征、影响机制等，为未来北京的城市空间结构调整，以及区域发展规划提供理论分析基础和现实依据。

二、研究内容

（一）当前全球产业转移与产业集聚研究的理论与实践综述

（1）产业转移与产业集聚的概念界定、内涵与行为特征。即从理论上对这两个概念进行解析，找出两者的异同点，并在此基础上，分别对其概念进行界定。另外，分别对产业转移与集聚的类型进行了系统的概括，找出了两个类型的具体特点、形成与发展的动力机制、不同类型对应的地区产业发展背景，以及各类型对地区产业发展的影响等。

（2）全球化背景下产业转移与集聚的研究进展。即将视野扩展至区域层面，从全球角度分析不同产业在不断发展阶段的地区转移方向、速度和规模，以及产业转移的基本形式、主要载体、新时期产业转移的类型等。通过系统的总结概括，将产业的地区转移置于大的经济和产业发展背景下，以期对城市群、都市圈以及大都市范围内的产业，从发展阶段，产业类型，转移与聚集的规模、速度、方向等方面有所认识，形成产业转移、集聚以及结构升级的理论框架。

（3）国内外不同地区产业转移的地域特征与基本态势。主要从宏观上对国内产业转移的阶段判定、阶段性特征、发生大规模产业转移的核心地区、转移的主要产业类型以及转移的主要方向和范围等进行研究，以期从全国产业转移的基本形势出发，总体判断北京所处的产业转移与集聚阶段、有望发生产业转移与集聚的主要产业类型以及产业集散的空间方向等。

（二）北京及周边地区产业分工与协作现状及问题分析

（1）北京及周边地区空间范围的界定。从都市圈的概念出发，综合考虑北京与周边地区的经济发展历史、综合交通的联系程度以及周边地区承接北京产业转移的能力，选定了周边地区 18 个县市，与北京市 16 个县市区作为研究对象，并命名为“北京都市圈”，以期对都市圈内不同圈层的产业集聚特征进行研究，并基于未来可能发生的产业转移态势，判定产业分工与协作的重点领域与方向。

（2）北京及周边地区产业分工与协作现状及存在问题。作为北京都市圈的有机组成部分，北京与周边地区有着较为密切的经济联系。但由于各种原因，该区域是学术界、规划界和政府层面研究的空白领域。因此，该区域范围内的产业分工与协作关系将成为研究的焦点。在当前的产业分工格局下，是否有可能通过进一步的产业转移和集聚，充分发挥中心城市的作用，密切地区经济联系，构筑具有都市型产业特点的产业密集区，并承担北京市一定的经济与社会职能，弱化北京市目前存在的诸多城市问题等，均值得进一步的研究。本书通过该地区制造业分工与协作关系的研究，试图找出产业转移的方向以及产业集聚的集中区域，以形成新型都市产业网络组织。

（3）北京在京津冀都市圈中的产业分工与协作格局。京津冀都市圈作为一个相对独立的经济实体，在长期的经济发展过程中形成了相对稳定的分工与协作模式。学术界和政府层面已经对该区域产业发展做了大量深入细致的工作。目前，关于北京是否与周边地区形成了良性的分工与协作关系问题基本形成了相对统一的论调，但下一步以北京为核心的都市圈，其产业的分工与协作导向尚存在较多的研究空间。本书通过深入研究北京都市圈内制造业细分行业的分布特征，以期寻找更多的理论与实践支撑点，为下一步京津冀都市圈的分工与协作格局的进一步落实，以及北京都市圈范围内的产业分布格局的优化调整奠定基础。

（三）北京大都市区产业集聚特征及其形成机制研究

（1）产业集聚度的判别。即采用相关的度量模型，分析以企业为主体，某一产业为核心的产业集群，在空间上各企业的平均距离。以期对每个行业内每个企业之间的平均距离，即每个产业集群的空间范围有一个总体认识，解答每个行业产生规模效益和集聚效应所需要的空间控制范围，为未来不同行业的企业空间布局奠定良好的实证基础。

(2) 产业集聚的空间分异强度判别。以 2×2km 为边长的网格，将北京整个地域进行空间分割，分析每个网格的值(以企业规模和数量为参照指标)，以及每个行业对每个网格的填充情况(值)，采用相关的度量模型，分析网格之间的分异强度。其中以 2×2km 的网格可以看做一个园区，借此每个产业在园区和非园区的空间集聚情况，解答哪些行业更需要采用园区的形式发展，为未来不同行业的企业空间布局奠定良好的实证基础。

(3) 产业集聚的影响机理分析。即基于产业自身的特性，从规模经济、集聚效应、循环经济发展模式等几个角度，简要概括每个行业之所以集聚，以及产生集聚强度差异的原因，以期为未来产业布局提供一定的参考。

(四) 北京大都市区产业集聚的空间响应研究

(1) 企业整体空间分布规律。即以北京市域作为研究范围，以所有企业为研究对象，通过格网化分析的方式，看企业主要分布地区，辨析北京市制造业主要分布地区，总结概括北京市第二产业空间格局。

(2) 单行业企业空间分布规律。即通过格网化分析的方式，找出各产业空间分布的差异，总结空间布局的基本规律与特征。回答哪些行业适合在郊区发展，哪些适合在市区发展，哪些行业在市区和郊区都有一定的分布，从微观角度深入分析产业空间布局特征。

(3) 产业空间分布机理分析。即从宏观和微观两个层面，从空间布局的总体差异以及各产业之间空间分异特征的角度入手，解析北京市经济发展格局、与城市总体空间结构的耦合程度以及各产业自身转移与集聚的机理，为北京市空间结构的调整以及产业布局调整提供实证基础。

(五) 政策建议

(1) 对北京城市产业发展与空间结构调整的政策建议。即在上述分析的基础上，提出北京市产业的整体发展导向，包括产业类型的优化选择、准确的空间定位、需要采取集聚发展模式的相关行业以及从空间联系的连接性角度，提出新的经济增长极。

（2）对北京周边区域产业功能与布局优化的政策建议。基于北京市产业整体发展导向，从周边地区产业发展现状出发，有选择地通过产业转移，实现北京市与周边地区实现产业协作发展，以快速实现北京市地区产业结构的调整，满足新一轮城市总体规划对北京市经济职能的定位需求。

附：本书技术路线（如图 1-1）

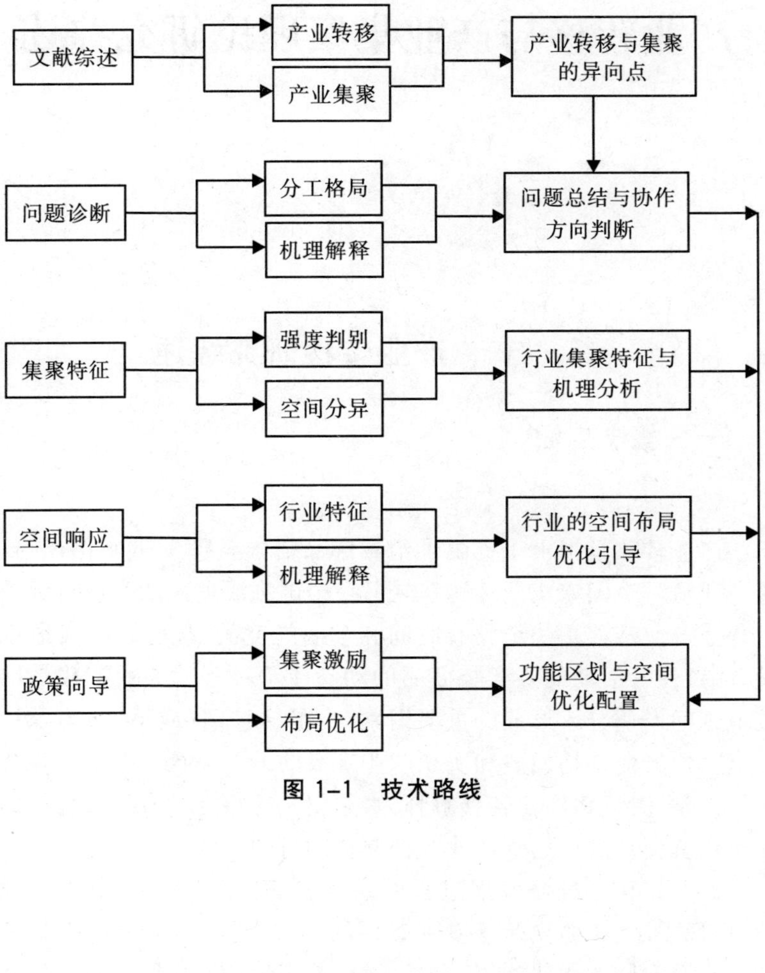

图 1-1　技术路线

第二章

产业转移与产业集聚理论研究综述

第一节 产业转移研究综述

一、概念内涵

（一）概念

产业转移是指由于资源供给或产品需求条件发生变化，导致某些产业从一个国家或地区转移到另一个国家或地区的经济行为及其过程。产业转移是一个具有时间和空间维度的、包含国际或地区间投资、贸易等活动的要素与商品的动态流动过程。产业转移是国际或地区间产业分工形成的重要因素，也是转移国（或地区）与承接国（或地区）产业结构调整和实现产业升级的重要途径。例如，《现代产业经济学辞典》将产业转移解释为：利用某种特定的资产设备能力转而生产其他产品以达到产业结构调整的目的。

产业转移是经济发展过程的一种普遍经济现象。由于交通运输、市场需求、资源禀赋等发展条件的客观差异，企业最初在某些有利于自身发展的优势国家或地区设立并集聚；然而，随着经济发展和科学进步的不断加深，市场关系、交通运输、资源供给和产品需求等内、外部条件逐步发生变化，由此引起某些产业从一个国家或地区转移到另一个国家或地区。

（二）分类

（1）根据转移发生的地域范围及其空间指向，产业转移分为国际产业转移、区际产业转移和城乡产业转移三种类型。

第一，国际产业转移。通常指某些产业由一国向另一国转移的过程，大都是由发达国家向次发达国家，再向发展中国家转移。20 世纪 50 年代，美国掀起以电子计算机、生物技术、新型材料、光电技术、新能源等为标志的新技术革命，由此开始进行产业调整，把纤维、食品等出口导向型工业，以及钢铁、化工等资本密集型工业向日本转移。及至 20 世纪 60 年代，作为东亚地区产业转移的发起者，日本把劳动密集型的轻纺工业等向具有较低劳动力成本的韩国、新加坡、中国香港和中国台湾等亚洲四小龙地区转移。20 世纪 70 年代，美国、日本陆续将玩具、制鞋、电子产品等更多劳动密集型产业的生产和组装，以及一些资本密集型产业如钢铁、化工和造船等转移到其他亚洲国家。东盟四国则成为该时期的主要产业承接国。

第二，区际产业转移。一般指在一国内部不同地区（省、市、县区）之间的产业转移。区际产业转移最早在美国出现。殖民期间，美国的经济发展从东北部开始，经过持续的循环积累，美国东北部以全国一半的人口生产了全国 80% 的工业制造品，而西部、南部则主要生产附加值较低的农产品和初级产品，最终导致美国地区间的发展极不平衡。战后，美国联邦政府以各种渠道向西部、南部倾注财力，大力发展交通运输，改善发展环境，吸引美国制造业逐步向西部、南部转移。

第三，城乡产业转移。主要指发生在同一区域的城市和乡村之间的产业转移，它是协调城乡人口流动和资源最优配置的结果，并将伴随城市化、郊区化和逆城市化的整个过程。

（2）据转移主体的性质和转移动机的差别，产业转移分为扩张性产业转移与撤退性产业转移。

第一，扩张性产业转移。主要是指在其原区域仍具有竞争优势的成长性产业，出于占领外部市场、扩大产业规模的动机而主动进行的空间移动。例如，为达到规模经济的门槛，以降低自身成本，增强竞争优势，欧盟内部国家的部分产业逐步向其他国家的市场进行扩张性产业转移。

第二，撤退性产业转移。主要是指某些区域的衰退性产业或边际产业，出于重新获得外部竞争力和调整内部结构的目的而进行的战略性转移。作为边际产业转移的一种形式，撤退性产业转移是由区域间产业竞争优势消长转换导致的产业区位重新选择的结果。它是产业生命周期过程中，产业空间形态演变的一种表现形式。

（三）特点

产业转移大都具有一些共同的特点，主要体现在以下方面：

(1) 综合性。产业转移是资本、技术、劳动力及其他生产要素的集体流动，它是生产方式的整体转移，具有单个生产要素流动所不具有特征和功能。不仅整个产业的生产可以发生转移，而且同一产业内部的不同层次、不同方式、不同规模、不同阶段的生产也可以发生转移，并且在转移时间和转移方式上具有不同的特性。此外，在发生转移时，许多生产技术和工艺相似的产业以及要素密集度相近的产业具有相同或相似的特征，使产业转移过程表现出综合、复杂的特征。

(2) 阶段性。产业转移是分层次、分阶段和逐步推进的。作为产业转移的直接结果之一，地区产业结构的升级演进体现出很强的阶段性。根据一般规律，地区之间的产业转移将沿着资源密集型、劳动密集型、资本密集型、技术密集型到知识密集型的方向逐步进行。单个产业的转移过程同样也显示出阶段性特征，体现为从相对产业转移到绝对产业转移的过程。相对产业转移是指某产业在输出区和输入区同处于上升发展期，但由于在发展中国家/地区发展更快，使产业具有向发展中国家/地区转移的动力和趋势；绝对产业转移是指产业在发达国家/地区已失去竞争优势，进入衰退期，而被迫向发展中国家/地区进行转移。

(3) 梯度性。由区域间发展水平差异产生的经济梯度是产业转移的现实基础，转移通常由发达区域指向梯度较低的欠发达区域。高梯度区域经济发展的关键在于不断创新，通过发明新产品、建立新产业，保持技术上的领先地位，同时将其失去比较优势的产业逐渐转移到国外。处在低梯度上的区域则首先发展具有比较优势的初级产业和劳动密集型产业，再通过接受高梯度区域的产业转移来加速经济发展，进而也将其失去比较优势的产业转到更低梯度的区域，由此形成区域间产业转移的梯度系统。

（四）机制

（1）产业转移的前提：地区失衡。从各国经济发展的基本规律来看，产业的演变历经技术水平由低到高的转变过程。全球经济发展的不平衡，使得各国或地区间存在明显的区域经济发展落差。地区之间存在着显著的发展失衡是发生产业转移的前提条件。如美、日向亚洲新兴工业化国家的产业转移，即是由于两类国家间存在着明显的经济发展水平差距。

（2）产业转移的条件：要素流动和产业竞争。产业将遵循阻力最小的转移原则，而生产要素流动的自由度是决定产业转移阻力的重要因素。经济全球化以来，各国相继加大对外开放，改良经济制度，减少生产要素流动的障碍。此外，若某一产业在某一地区因技术优势、资源禀赋或政策倾斜等因素形成垄断，该产业即能够通过垄断定价赚取绝对的超额利润，必然会失去产业转移的动力。因此，产业竞争是出现产业转移不可或缺的条件。

（3）产业转移的动力：产业收益差。当企业在不同地区组织生产时，将面临不同的地区资源禀赋、市场规模、政策条件，并导致企业的经营格局大相径庭，由此必然导致产业的收益差。企业的发展是利益指向的，处于不同地区的相同产业，通过对在不同地区可能获得的收益进行比较会发现，地区间的收益存在差额，为了获取更高的生产经营报酬，产业势必将大规模地向高收益地区进行转移。

（4）产业转移的诱因：成本压力和市场拉力。不同区域经济发展水平的差异决定了产业经营成本的不同，从而使得产业成长的格局存在差别，这是产业转移的主要诱因。此外，市场需求是产业发展的重要外部条件，而市场需求取决于各区域的人口规模、消费偏好和购买力水平，这些在不同区域存在差异，尤其会刺激扩张性产业转移为扩大市场容量而选择进行空间转移。

（五）效应

通常，产业转移将带来三个效应：产业替代所带来的产业“优化效应”、转移产业所引致的就业“扩大效应”和转移产业关联带动所导致的产业“发展效应”。对产业承接地区的发展而言，产业转移将产生如下积极效应：

（1）要素注入效应。产业转移将推动资本、劳动力、技术、管理经验等生产要素以投资、贸易等多种方式实现跨区域转移。先进产业的输入能够使产业承接区域迅速积累起相对稀缺的生产要素，并有助于其实现原有要素的合理、充分利用，因而有利于实现生产要素的跨区域优化配置。

（2）技术溢出效应。产业输入区通过模仿、消化和吸收输入产业所包含的技术，会导致产业承接区的技术进步。此外，具有先进技术的移入产业在对产业承接区相关产业产生前后波及作用的过程中，也会拉动产业输入区的技术进步。这些都将促进产业承接区提高技术水平，促进该区域的经济发展。

（3）关联带动效应。关联带动效应主要表现在以下方面：第一，移入产业对原材料产生新的需求，从而促进相关投入品产业的发展。第二，移入产业将削减下游产业的投入成本，有利于下游产业发展，从而拓宽经济活动范围，为新的工业活动创造基础。第三，移入产业的发展有助于产业承接区建筑业、服务业的发展，有助于建立富有技术性和纪律性的知识型劳动队伍。

（4）优势升级效应。外部先进产业的移入必然带动资本、技术等产业承接区相对稀缺要素的迅速积累，引起区域要素比重的迅速变化。这种变化有助于形成新的区域主导产业，从而推动区域比较优势的转换和升级，提升产业承接区在区际分工中的地位和作用。

（5）结构优化效应。产业转移对输入方、输出方产业结构的调整和升级都有益处。对于前者，产业转移通过生产要素转移、产业关联带动、产业技术溢出等方式，推动产业承接区的产业成长和升级。对于后者，产业转移则通过企业的区位再选择、市场扩张、重组等方式促进转出区域的产业结构优化调整。

（6）竞争引致效应。输入产业的竞争优势有可能使其打破产业承接区原有产业的低效垄断局面，迫使当地产业采用先进技术或者积极开展技术创新，以创造新的市场消费取向，提高区域的产业竞争力。

（7）制度完善效应。先进产业的移入必然伴随着与市场经济相适应的新文化的传播与扩散，这些软资源的传播有利于加快产业承接区的区域融合、更新和改造传统观念，缩小与发达区域在管理理念和创新精神等方面的差距，从而推动产业承接区逐步改善制度环境，为区域经济发展注入持久的精神动力。

二、研究进展

（一）国外

（1）劳动密集型产业转移理论

美国发展经济学家阿瑟·刘易斯（W. Arthur Lewis）通过研究20世纪60年代的产业转移发现，此阶段发达国家一方面将部分劳动密集型产业转移到发展中国家，另一方面也从发展中国家进口劳动密集型产品。其中的机制为，人口自然增长率的下降导致发达国家非熟练劳动力的不足，引起劳动密集型产业的劳动力成本上升，导致发达国家丧失了生产此类产品的比较优势，于是将其转移到发展中国家。刘易斯的理论对劳动密集型产业转移进行了较好的解释，但该理论未能涉及资本与技术的转移问题，也没有建立起关于产业转移的完整理论框架。

（2）小规模技术理论

美国经济学家刘易斯·威尔斯（Louis J. Wells）在《发展中国家企业的国际化》一文中，提出该理论。该理论认为，发展中国家的跨国企业不同于发达国家跨国企业，其发展壮大主要依靠为小市场服务的小规模劳动密集型生产技术优势、民族产品生产的技术优势或产品低廉的价格优势。该理论没有对发展中国家的对外投资行为进行解释。1983年，英国经济学家拉奥（Sanjaya Lall）提出“技术地方化理论”，来解释发展中国家的对外投资问题，用以完善“小规模技术理论”。它认为，发展中国家企业的技术形成包含着企业内在的创新活动，其通过对进口技术的引进、消化、创新来满足本地需求，形成企业竞争优势。

（3）中心—外围理论

1950年，阿根廷经济学家劳尔·普雷维什（Raul Prebisch）提出依附理论，以解释作为中心的发达国家对外围发展中国家的产业转移问题。其认为，发展中国家生产需求弹性低的初级产品，发达国家生产需求弹性高的工业制成品，随着国际贸易的发展，发展中国家的境况日益恶化。为了摆脱困境，发展中国家推行替代战略，以国内工业化产品替代大量进口工业品。为加速工业化基础，发展中国家向跨国公司打开市场，跨国公司借此攫取巨额利润，阻碍了发展中国家的资本积累。该理论主要强调了发达国家产业转移带给发展中国家的消极影响，未能重视产业转移对发展中国家就业增加、技术提升的积极作用。

(4) 产品生命周期理论

弗农(Raymond Vemon)将产品生命周期(Product Life Cycle)划分为特征各异的三个阶段：新产品阶段、成熟阶段和标准化阶段。该理论认为，为了顺应产品生命周期的变化以及回避生产上的劣势，企业必须为占领国外市场进行对外直接投资。由于产品是产业存在的基础，因此产品生命周期理论可以进一步扩展成为产业生命周期理论。因此，产业地区转移是产业生命周期演化到一定阶段的必然产物，它也是产业演化的空间表现。该理论以生产单一产品作为企业的假定条件，显得有些不符合实际情况，同时它对存在于经济发达国家之间的投资行为以及没有技术优势的发展中国家的对外投资行为也没有做出很好的诠释。

(5) 梯度推移理论。

区域经济学家克鲁默(Krumme,G)、海特(Hayor,R)等提出了区域发展梯度推移理论。该理论认为，无论在全球还是一国范围内，发展是不平衡的，存在着经济和技术发展水平上的"梯度"。梯度的存在是产业进行空间转移的根本动因。产业梯度转移的过程是，高梯度地区首先掌握先进技术，随着经济发展、地区要素结构等条件的变化，产业和技术分别向第二梯度、第三梯度的区域依次进行转移。此后，经济学家麦克萨维进一步提出了梯度推移策略理论，认为在一国经济发展的初期，通常会优先发展基础较好的地区，然后再通过扩散效应带动落后地区的发展。

(6) 雁行转移理论

日本经济学家赤松要(K. Akamatsu)从发展中国家的角度，提出雁行转移模式(Flying Geese Pattern)，来解释一国的产业升级和国家间的产业转移现象。该理论认为，发展中国家由于缺乏技术，而向国际市场进口产品；随着国内市场扩张、技术进步，本国开始自行生产商品，而后由于生产规模扩大，本国产品竞争力增强，实现出口。伴随本国生产此种商品的比较优势消失，该国将此产业向外转移，国内产业得到升级。因此，一国的产业发展将呈现"进口、进口替代、出口、重新进口"的"雁型"演进模式。但是，该理论在对发达国家产业发展以及部分国家经济结构趋同等问题上，没有给予足够的关注。

(7) 垄断优势理论

史蒂芬·海默(Stephen Hymer)研究美国跨国公司时,提出了垄断优势理论(Monopolistic Advantage Theory)。该理论从微观角度出发,通过分析企业对外投资行为来解释产业转移现象及其作用机制。垄断优势理论在假定市场具有不完备性的基础上,认为具有垄断优势的跨国企业可以通过对外直接投资获得盈利。同样,该理论也没有很好地解释清楚,为何不具有技术垄断优势的发展中国家以及许多中小型企业也存在着向经济发达国家的直接投资行为。

(8) 边际产业扩张论

日本经济学家小岛清(Kiyoshi Kojima)在雁型模式和产品生命周期理论的基础上,提出了"小岛清模式"。该理论指出,对外直接投资应围绕在投资国已经处于比较劣势的,但是在输入国具有潜在比较优势的边际产业进行。通过产业转移,实现产业转出国和产业转入国的双赢。该理论较好地反映了经济发达国家对发展中国家进行直接投资的动机与形式,尤其揭示了日本对外直接投资的原因。

(9) 国际生产折衷模式

邓宁(John H. Dunning)在综合对外直接投资和跨国公司理论的基础上,从微观层面提出"国际生产折衷模式",解释了产业的区域转移现象。邓宁认为,企业最为关注产业组织所决定的所有权优势(Ownership Advantages)、交易成本决定的内部化优势(Internalization Advantages)以及要素禀赋结构决定的区位优势(Location Advantages)。具备上述三种优势的企业将大力进行对外投资,该理论在一定程度上丰富了发展中国家和地区的对外投资理论。

(二) 国内

当前,国内对产业转移的研究主要集中在产业转移的概念与类型、对国外理论的学习和借鉴、产业转移的动力机制、产业转移的效应,以及从承接地角度探讨产业转移等几个方面。

(1) 产业转移的概念

目前,国内学者比较认同产业转移是一种产业由某些国家或地区转移到另一些国家或地区的空间现象。王文成(2004)发现产业转移不仅表现为产业从一个国家或地区转移到另一个国家或地区,还伴随着劳动力、资本、生产设备、技术、管理等资源的流动。顾朝林(2003)认为产业转移不仅有空间维度,也有时间维度:一方面是产业在空间上从发达国家向发展中国家的转移过程；另一方面也是一国产业结构升级转型的内在机制。

另有很多学者从产业转移的作用机制角度阐发产业转移的概念。卢根鑫(1997)认为产业转移是一种新的经济运动过程，其产生建立在长期的产业贸易与产业投资基础之上，是一种同时发生于发达与发展中国家的革命性的产业转变。潘伟志(2004)、李松志(2008)认为产业转移是指由于资源供给或产品需求条件变化而引起的产业在一国内部或国家间的转移活动，是一个具有时间和空间维度的动态过程。

(2) 产业转移的类型

魏后凯(2003)以地域范围为标准，将产业转移划分为国际产业转移、区际产业转移和城乡产业转移；按照转入区和转出区之间的发展差异，分为水平和垂直的转移；按照投资性质，产业转移又可分为存量转移和增量转移；按照产出增长情况，还可以将产业转移划分为绝对转移和相对转移。李松志(2008)则在前人研究的基础上，将产业转移归纳为四个维度(见表 2-1)：

表 2-1 产业转移的分类依据及其类型、特征

分类依据	分类类型	特征
转移主体的性质、转移的内在机理的差别	市场扩张型	为占领外部市场进行的空间移动
	成本节约型	由于外部竞争和内部调整压力围绕成本节约目的而进行的战略性迁移
转移的客体差别	劳动密集型	以劳动密集型产业转移为主
	资源密集型	以资源密集型产业转移为主
	资本密集型	以资本密集型产业转移为主
	技术密集型	以知识密集型产业转移为主
转移的空间流动方式	水平转移	在同质区域之间的转移
	垂直转移	在存在梯度的异质区域之间转移
转移涉及的地域范围不同	国际产业转移	空间转移突破国界
	区际产业转移	空间转移没有突破国界
	城乡产业转移	产业由城市中心向周边地区转移

资料来源：李松志:《国内产业转移研究综述》,载《商业研究》2008 年第 2 期，第 22—25 页。

(3) 对国外理论的借鉴

在此方面，比较具有典型意义的观点包括：何钟秀、夏禹龙(1982)、冯之浚(1983)等国内学者结合中国国情，提出了基于经济和技术差异的梯度推移理论。李具恒(2006)将传统梯度模型扩展为广义梯度理论，将形成梯度的要素扩充为自然、经济、社会、人力、生态、制度等多维层面，并将梯度作用的动力机制归纳为“推挽效益”，包括主动的梯度推移与被动的梯度推移。张可云(2001)基于汤普森(J. H. Thompson)的“区域生命周期理论”和弗农(R. Vernon)的“产品生命周期理论”分析认为，产业梯度转移规律是客观存在的。

(4) 产业转移的动因

第一，国际产业转移的动因研究。

卢根鑫(1997)认为产业贸易与产业投资实现了资本、技术等的溢出，发展中国家出现了某些在技术构成上与发达国家相类似的重合产业，其为产业转移奠定了现实基础。谭介辉(1998)将产业转移的发生归于国际产业级差，尤其是技术差距的存在。汪斌(2001)通过研究东亚区域的产业结构互动机制与产业转移，认为世界产业结构的调整是战后四次国际产业转移的主要动力。国内还有很多学者对国际产业转移的动因进行了实证研究。李国平、杨开忠(2000)分析了外商对华直接投资的资料与数据，发现“外商对华直接投资的空间转移，取决于不同行业在不同地区获取要素条件成本的差异”。陈建军(2002)在研究浙江企业产业转移现象时发现，企业进行转移的主要动因有“市场扩张因素”与“资源利用因素”，同时也会受到政策因素的影响。

第二，国内产业转移的动因研究。

大部分学者用区域梯度理论解释国内产业转移现象。邹蓝等(2000)发现东西部区域之间存在势差，体现在工资、房租、地租、原材料价格、公用费用等方面。李小建等(2004)在研究中国的产业转移时发现，区域基础、国家政策、发展战略等因素在地区间存在差异，形成了东西部之间产业的梯度转移。狄强，张章(2007)从地区投资的硬环境与软环境来分析地区梯度，投资软环境主要包括正式的制度安排与非正式的制度安排。也有学者从产业角度分析转移动因。陈刚等(2001)认为区域产业竞争优势的消长转换是衰退性产业空间移动的内在根源，也是其转移的基本动机；在撤退性产业转移中，发达国家的衰退性产业是其主体。陈建军(2002)认为产业转移的动因有四个方面:市场的扩展,产业的升级,追求资源边际效益最大化及企业成长的需要。

(5) 产业转移的效应

对产业转移的效应,绝大部分国内学者主要从国际产业转移或区际产业转移方面,对国家或区域层面的转入地(发展中国家或地区)与转出地(发达国家或地区)经济影响展开分析,但是对产业转移的社会效应和环境效应的系统研究比较少。

第一,国际产业转移的效应研究。国内学者都较为客观地分析了国际产业转移的利弊。潘未名(1994)认为跨国公司的海外生产不影响母国制造业是基于"垂直型国际分工"与"跨国公司经营战略本国化"两个基本前提的,否则就可能带来不利影响,表现为母国制造业生产缺乏竞争优势的同时,技术优势也日益削弱。罗建华等(2005)发现国际产业转移对中国区域的经济增长,产业集群发展,工业化进程,对外贸易及产业创新都带来了积极地影响。但同时,产业转移锐化了区域结构与产业结构的失衡,出现了重复引进现象。

第二,国内产业转移的效应研究。国内产业转移的效应研究,对转出地与转入地进行了区分。陈刚、陈红儿(2001)认为区际产业转移对欠发达的转入地区有要素注入、技术溢出、关联带动、优势升级、结构优化、竞争引致、观念更新效应。魏后凯(2003)研究发现,对转出区而言,产业转移会导致该产业生产能力的下降甚至消失,从而引致就业问题,但同时也会实现地区产业结构的调整升级;对转入区而言,产业转移会带来就业增加,技术、资金等注入,形成产业集聚,但同时集聚会导致投资回报率降低,并带来各类环境和社会问题。

(6) 产业转移的模式

第一,国际产业转移的模式研究。国际产业转移模式一般用"梯度"概念进行描述。贝毅、曲连刚(1998)发现知识经济时代出现了"大脑—手脚"的梯度转移模式。把核心技术留在国内,而将硬件和非核心技术转移到其他地区进行生产。谭介辉(1998)认为顺梯度模式会让发展中国家陷入"替代—落后—再替代—再落后"或"引进—落后—再引进—再落后"的陷阱,后发国家要实行"逆梯度"转移,开展对外直接投资,主动获取世界最新技术。张洪增(1999)将产业转移视为后发资本主义国家移植型的产业成长模式,认为此种模式存在四大缺陷：产业成长依靠国际产业转移；外部政策力量功过各半；缺乏生产要素的全面发展；具有产业同构性缺陷。

第二，国内产业转移的模式研究。何忠秀(1983)、夏禹龙(1983)首先引入梯形理论，戴宏伟(2006)对梯形发展理论进行了延展，提出了绝对梯形、相对梯形、间接梯形和直接梯形等概念，通过构建产业梯形的函数表达式，实现了对国际产业转移与市场要素流动互动关系的解释。马海霞(2001)根据区域传递的空间特征划分出梯度推进和中心辐射两种空间模式。前者强调传递的梯度指向；后者则强调地域的邻近性。赵张耀(2005)提出"龙型发展模式"：某一工序特别是(研发、核心部件和生产等工序)在不同梯度国家间的依次转移调整，实现各个不同层次国家在同一产品不同工序上联动式生产。

(7) 产业转移的承接

蒋文军(1999)等认为，欠发达地区应根据本地的产业发展水平和结构特点，选择适合的产业转型模式，一般包括：整体移入式、要素嫁接式、存量激活式。欠发达地区也需要采取积极的产业转移战略：积极碰撞、定点定向、社会参与、网络推进、中介代理、以商引商。而其他的研究，学者主要是借助于实际案例。徐毅(2002)为江西承接产业转移提供了三条对策：把成为"世界工厂"的一个重要基地作为战略目标；促进产业集群化发展；发展服务业作为重要支撑。王珺(2003)指出中国要成为"世界工厂"，单纯依靠承接远远不够，必须要有创新。邓利方(2003)认为广东在承接新一轮国际产业转移的过程中面临低附加值、劳动密集型产业结构；资本、技术市场滞后；区位优势的逐渐丧失等制约，提出要调整产业结构、培植具有核心竞争力的本土企业、大力推进优秀人才的本土化。徐向红等(2004)考察了山东省中小企业产业转移现象，发现山东承接产业转移具有自身优势，表现为：产业基础匹配度高、成本廉价、市场广阔、长期合作基础、体制环境优势。

三、当前形势

(一) 国际产业转移形势

随着经济全球化的推进，生产国际化成为世界经济的主要特征，而信息技术领域的突破缩短了世界各个部分市场之间的距离，使得全球大市场初步形成，这对当今世界的国际分工产生了深远的影响，导致国际产业转移愈演愈烈，发达国家和新兴国家之间的产业结构和产业转移出现了新的趋势和特点。根据国内外研究成果，当前国际产业转移形势具有如下几个方面的特征：

(1) 国际产业转移规模不断扩大。根据联合国贸发组织发布的统计数据，近年来，国际产业转移的规模和速度不断加大。1990—1995 年，世界直接对外投资(FDI)总额年平均增长速度为 35.7%，1995—2000 年为 38%，2002 年达到 40%；1995 年当年世界直接对外投资为 3174 亿美元，1995 年末世界对外投资总额累计超过 2.6 万亿美元，到 2002 年末世界对外投资总额累计超过 3.5 万亿美元。杨世伟(2009)认为，发达国家进行产业升级和发展中国家实现赶超战略，都将促使国际产业转移规模不断扩大。吴颂、吴显涛(2009)认为，虽然 2008 年的全球金融危机导致当年世界直接对外投资总额出现下滑，但总体来看，随着世界经济的复苏，针对新材料等具有高成长性行业的产业重组并购的热潮将会出现，跨国公司提高国际化水平和发展中国家实行赶超战略的要求，将会成为国际产业转移的推动力量。

(2) 国际产业转移层次不断提高。毕吉耀(2006)认为，由于美国等发达国家产业升级步伐加快、发展中国家工业化进程的推进，国际产业转移的层次也在不断提高，从劳动密集型产业、制造业和低附加值产业逐步提升到资本技术密集型产业、服务业和高附加值产业。魏后凯(2003)认为，由于一些投资量大、技术含量高的产品和生产环节出现了转移的趋势，改变了传统的国际劳动地域分工格局。白小明(2008)认为，近年来跨国公司开始新一轮的全球产业布局和调整，服务业成为国际产业转移的热点，金融、咨询等服务业向新兴国家转移的趋势比较明显。联合国贸发组织发布的数据表明，近年来金融、保险等服务业占跨国直接投资的比重不断上升，已达 50% 以上，超过了制造业所占比例。宋群(2005)指出，美国、日本、欧盟等发达国家和地区已经重点发展知识密集型产业，他们对新兴国家的技术转移也更加迅速，甚至高新技术产业也出现了转移的趋势。

(3) 国际产业转移区域内部化。在经济全球化背景下，为了促进区域内的投资和贸易的自由化，地区贸易协定的数量显著增加。张建平、关秀丽(2009)通过分析世界上最具有代表性的三个区域经贸组织的直接对外投资数据指出，目前欧盟国家 1/3 的直接对外投资是在成员国之间进行的；就北美自由贸易区而言，美国和加拿大都互为最大的直接投资对象国；亚太经济合作组织（APEC）成员对区域内直接投资的依存度不断提高，1995年的该项数据为52.1%，比1989年提高了近7个百分点。联合国贸发组织公布的数据表明，发达国家的FDI流出量占全球FDI流出量的比例一直在80%以上，可以认为国际产业转移主要是在发达国家内部进行的，这种产业转移主要是基于以方市场为目的水平投资。

(4) 国际产业转移方式多样化。杨世伟(2009)认为，20世纪90年代以来，跨国的飞速发展和逐步国际化，促进了国际产业转移方式的多样化；国际产业转移由单一的直接投资方式，转换成合资、兼并、收购等多种形式。此外，随着产业分工的不断深化和细化，特别是生产专业化和工序分工的发展，项目外包日益成为主流方式。跨国公司开始将非核心的生产制造、采购营销、物流配送、研发设计等活动，以项目外包的方式分包给成本更低，以及具有专业能力的发展中国家的企业和专业公司，以降低固定投入成本和实现全球范围内的资源优化配置。从产品价值链看，跨国公司主要控制少数具有竞争优势的核心业务和高增值环节，而将其他低增值部分的非核心业务如加工制造等外包给发展中国家，从而实现更加有效率的价值增值。此外，跨国公司还采取业务离岸化的方式将部分服务业务，如计算机软件编程和电话咨询转接等，转移到低成本的发展中国家；同时加强与提供配套生产服务企业的战略合作，带动这些企业随同转移。同跨国公司通过对外直接投资设立自己的生产服务企业相比，这种方式对于跨国公司来说可以降低成本，对发展中国家来说可以培育一系列配套企业和产业，是一种双赢的选择。

(5) 产业转移的梯队性逐渐弱化。张建平(2007)指出，日本在完成自身的赶超任务后，产业政策也从政府干预为主转移到市场机制调整为主，产业的区域转移更多地取决于市场。原有的以"日本—四小龙—东盟—中国"为顺序的产业转移模式（即"雁行模式"）逐步被打破，原有的垂直分工贸易体系逐步演变为垂直分工和水平分工并存的局面，各经济体之间的互补性呈逐渐下降趋势，产业结构的趋同问题越来越突出。基于以上的原因，20世纪90年代以来产业区域转移呈现出了多元化的趋势，某些资本和技术密集型的产业，如汽车制造业，输出国不再单纯是日本，韩国和中国台湾地区也逐渐将汽车制造业向东亚各国转移。

(6) 产业链条整体转移趋势明显,关联产业协同转移现象增多。赵凌云(2009)认为,随着经济全球化时代国际竞争的加剧,跨国公司不再遵循传统的产业转移的阶段进行投资,而是发挥其社会化协作程度高和横向联系广的优势,主动引导和带动相关行业的投资,鼓励为其配套的生产服务企业和供应商一同到东道国投资,发展配套产业建立产业集群,从而将产业链条整体转移到发展中国家。

(7) 跨国公司成为国际产业转移的主体。据联合国贸发会的统计,目前,全球跨国公司超过了6.5万家。目前,跨国公司控制了全球50%的国际贸易、90%以上的国际对外直接投资、80%以上的新技术、新工艺和专利权,有70%的国际技术转让是由跨国公司完成的。2005年,跨国公司主导的跨国并购值同比增长了88%,达到7160亿美元,占当年资本流入量的78%。2003年,跨国公司在海外的销售总额达到19万亿美元,相比之下,2000年世界出口总额仅为7万亿美元。2000年,跨国公司在海外的就业岗位是5400万个,在全球的研发活动中投入的经费占全球研发活动经费的70%左右,上述数据充分表明在国际产业转移中跨国公司已经处于支配地位。

(二) 国内产业转移形势

改革开放以来,我国市场经济体制逐步建立,投资环境不断改善,加上国内市场巨大,劳动力等成本相对低廉,使得我国成为当前国际产业转移的主要承接地和最大受益国之一。同时,我国的经济发展格局发生了重大的变化。现已形成三大经济引擎,与其他地区形成了鲜明的地区发展的势能差,引导地区之间的产业转移。目前国内产业转移具有如下几个特征:

(1) 产业转移具有层次性。赵凌云(2009)结合实践指出,目前我国的产业转移主要是由国外向沿海、沿海向中西部转移的,具有梯度推进的特点。

(2) 我国的区际产业转移在很大程度上是一种市场扩张型的产业转移。东部沿海地区的一些企业,特别是已经完成了向市场经济体制企业的转化过程的民营企业,正通过产业转移和对产业的移入区域进行选择,获取更大的经济利益;同时,充分把握发展的有利时机,采取合理的营销策略,实现了产业从低梯度向高梯度的转移。

(3) 已形成了相对稳定的产业输出地。在全国,珠江三角洲和长江三角洲城市群是全国唯一的两个具有大规模产业向外围地区实现产业转移的地区。但其转移的方向尚未出现网络化特征。即这种转移受多因素的影响，同一个产业，可能转移到发达地区，也可能转移到落后地区。

（4）产业转移主要集聚在某些行业之内。从行业分类的角度看，当前转移的多为劳动密集型产业，资源密集型主要受国家环境政策的影响，使投资的区域方向发生了变化，尚没有大规模地从A地向B地实现空间转移。资本密集型和技术密集型产业尚没有实现区际转移。

（5）在产业转移的过程中，各地资本跨越行政区划，进行联合、重组、兼并收购、组建集团公司、参股、控股等产权交易活动，生产要素在产业间及地区间优化组合。这在无形中促进跨区域产权结构的调整，搞活存量资产，使现有大量闲置或利用率很低的资产流动起来，提高了资源配置效率，各区域经济优势得到较充分的发挥，促进了社会生产力发展和劳动生产率的不断提高，减少重复建设，避免区域产业结构趋同。

（6）产业转移往往集中在市域范围内。如包括产业网络体系较为发达的京津冀、长三角和珠三角地区，以北京、天津、上海、南京以及广州和深圳的产业转移，往往首先发生在市域范围内。因此，全国核心的都市圈范围的产业区域空间配置已经逐步实现网络化。

第二节　产业集聚研究综述

一、概念内涵

（一）概念

集聚概念源于生态学，是指以共生关系共存于同一地域中的不同动植物群落。群落当中，不同物种间存在一种复杂的、既竞争又共生的平衡关系。关于产业集聚，不同学科的着眼点不同。如经济学、区域经济学一般用“产业集聚”概念；管理学科则多使用“产业簇群或产业群簇(industrial cluster)”、“产业集群(industrial cluster)”、“产业群(industrial cluster)”、“地方企业集群(local cluster of enterprises)”等；地理学则经常使用“产业区(industrial district)”与“新产业区(new industrial district)”、“区域集群(regional cluster)”等概念。尽管各学科所用的名词不同,但大都是指企业、相关产业或机构在特定区域大量集中,形成网络,并集结成群。

(1) 国外学者的定义

古典经济学家亚当·斯密在研究家庭作坊和手工工场时,最早发现了小企业群的劳动联合现象,认为集聚是由一群具有分工性质的中小企业为了完成某种产品的生产联合而成的群体。英国新古典经济学家阿尔弗雷德·马歇尔(A. Marshall)率先提出产业集群理论,并在19世纪末提出了产业区概念。在研究中,马歇尔发现设菲尔德和兰开夏郡的手工业作坊相互之间联系较多,且生产活动出现专业化雏形。马歇尔将这类区域定义为产业区(industrial district),并从规模经济和外部经济的角度分析了产业集聚的形成。意大利社会学家别卡提尼(G. Becattini)考察意大利中部的 Tuscany 地区时发现,此地存在大量与马歇尔工业区特征类似的工业小区,并称其为新产业区(new industrial district)。美国战略管理学家迈克尔·波特(Michael Porter)正式提出产业集群(industrial cluster)的概念,认为产业集群是一组在地理上靠近的相互联系的特定领域的公司或关联机构,由于具有共性和互补性而联系在一起。经济地理学家斯特(Storper)以经济专业化为切入点,提出了产业集群的概念。他强调产业集聚的贸易特征和企业之间资源的相互依赖,认为产业集聚是以贸易导向的经济活动为主体,在空间范围上表现为在有界限的区域内集聚。斯旺等(Swann)认为,产业集群是指同一产业中的大量企业位于同一地理区域。巴蒂斯塔等(Baptista)将产业集群定义为位于一个较小区域、在地理上高度密集的关联企业群。

(2) 国内学者的定义

20世纪80年代后期,我国对产业集聚的研究逐渐兴起。仇保兴(1999)在其著作《小企业集群》中提到,小企业集群是克服市场失灵和内部组织失灵的一种制度安排。这种组织的结构介于纯市场和层级两种组织之间,小企业集群对外部环境和经济发展节奏适应性强,可以通过集群化获得外部经济性,并在群内形成资源共享机制。李小建和李二玲(2002)认为,产业集聚是指某种特定产业及其相关支撑产业、或不同类型的产业在一定地域范围内的地理集中。周明伟(2003)认为,产业集群是指某一特定领域内,一群产业联系密切的企业及相关支撑机构由于共性和互补性而联系在一起，通过地域空间集聚形成地方生产网络，并形成强劲持续竞争优势的现象。黄曼慧和黄燕(2003)认为，产业集聚是指由一定数量企业共同组成的产业在一定地域范围内的集中，以实现集聚效益的一种现象，一般包括同一类型和不同类型两种产业的集聚。与其他企业组织一样，产业集聚将伴随分工与专业化发展而诞生。盖文启(2006)认为集聚是大量的中小企业在一定的地域范围内集聚成群，集聚区内的企业在生产经营中进行专业化分工，在市场交易与竞争中彼此之间形成密集的合作网络。

（二）分类

(1) 国外产业集群分类研究综述

迈克·波特(Michael Porter)在著作《国家竞争优势》中，按照产业集群内部的产业间联系，把产业集群分为横向联系(horizontal dimension) 的产业集群和纵向联系(vertical dimension) 两种类型。横向联系的产业集群是指集群由生产类似产品并相互竞争的企业组成；垂直联系的产业集群是指集群由附属企业和供应商、服务和客户关系通过网络交互联系在一起的企业组成。马库森(Markusen)则将产业集群分成四类：马歇尔式产业集群，即意大利式产业集群的变体形式；轮轴式产业集群，其地域结构是一个或者多个主要企业围绕一种或几种工业；卫星平台式产业集群，主要由跨国公司的分支工厂组成；国家依赖型产业区。马库森的分类方法具有代表性，很多国内外研究者在研究集群时都参考了他的分类方法。

表 2–2　依据集群发育驱动力划分的产业集群类型

	意大利式产业集群	卫星式产业集群	轮轴式产业集群
主要特征	以中小企业居多； 专业化强； 地方竞争激流，合作网络； 基于信任的关系	以中小企业居多； 依赖外部企业； 基于低廉的劳动成本	大规模地方企业和中小企业； 明显的等级制度
主要优点	柔性专业化； 产品质量高； 创新力量大	成本优势； 技能/隐形知识	成本优势； 柔性； 大企业作用重要

续表

	意大利式产业集群	卫星式产业集群	轮轴式产业集群
主要弱点	路径依赖； 对经济环境和技术突变适应缓慢	销售和投入依赖外部参与者； 有限的诀窍影响竞争优势	整个集群依赖少数大企业的绩效
发展轨迹	停滞/衰退； 内部劳动分工的变迁； 部分活动外包给其他区域； 轮轴式结构的出现	升级； 前向和后向工序的整合，提供客户全套产品或服务	停滞/衰退（如果大企业停滞/衰退） 升级，内部分工变化
政策干预	集体行动形成区域优势； 公共部门和私营部门合营	中小企业升级的典型工业（培训和技术扩散）	大企业协会和中小企业支持机构的合作，从而增强了中小企业的实力

资料来源：Peter Knorringa/ Jorg Meyer Stamer. New Dimension in Enterprise Cooperation and Development：From Clusters to Industrial Districts. 1998，(10)。

(2) 国内产业集群分类综述

我国产业集群研究起步较晚，20 世纪 90 年代末，学者们才逐渐对集群分类进行专门的探讨。仇保兴(1999)根据结构差异，将产业集群分为市场型产业集群、“锥形”产业集群和“混合网络型”产业集群。其中，市场型产业集群的内部企业关系以市场交易为基础；锥形产业集群是以大企业为中心，外围有许多小企业的组织结构；混合网络性产业集群的特征是以信息联系为主，以计算机辅助设计和制造业柔性生产方式进行生产。王缉慈(2001)依据形成原因，把我国产业集群分为五类：沿海外向型出口加工基地、智力密集地区、条件优越的开发区、乡镇企业集群形成的企业网络和国有大中型企业为核心的企业网络。黄程和符正平(2003)在研究珠江三角洲地区的企业集群时，依据行业结构集中度和本地生产链的完整程度，把产业集群分为飞地集群、锥子集群、原子团集群和未来集群四类。

表 2-3　不同集群分类总结

分类者	划分标准	内容
迈克·波特	企业联系方式	横向集群、纵向集群
马库森等	产业区结构特征	马歇尔式产业区、轮轴式产业区、卫星产业平台、政府定位型产业区
仇保兴	产业区结构特征	市场型产业集群、中心卫星型产业集群、混合型产业集群
王缉慈	产业集群形成原因	沿海外向型出口加工基地、智力密集地区、条件优越的开发区、乡镇企业集群而形成的企业网络、国有大中型企业为核心的企业网络
黄程等	行业集中度和本地生产链完整程度	飞地集群、锥子集群、原子团集群和未来集群

（三）特征

（1）产业集聚特征的国外研究

① 成本优势，配置资源高效

产业集群容易获取提高生产力和竞争力的资源，具有成本优势。制度经济学家威廉姆森（Williamson）指出在纯市场组织和科层组织之间，存在大量的中间性组织，他认为产业集群就是这种中间性组织，它不但能够克服市场失灵和科层组织失灵，还可以节约交易费用，是配置资源的一种有效地方式；并且集群介于纯市场和纯科层之间，比市场更稳定，比科层更灵活。

② 规模经济，利于区域发展

产业集群内部聚集了大量专业化企业，能够实现规模生产，企业之间高度分工协作，整体生产效率较高，产生了一种外部规模经济效应。赫西曼（Hirschman）等认为，产业集群中存在规模经济和集聚经济，将产生“极化效应”或“反吸效应”和“报酬递增”，从而促使资本、劳动和产出在区域内循环积累，产生“涓滴效应”或“扩散效应”，导致区域的不平衡发展。

③ 依赖本地持续创新能力

创新能力是保持产业集群经济优势的一个持续性动力。集群在一定区域内营造企业网络关系，一方面加强单个企业的专业化水平，提高技术创新动力，另一方面，在区域范围内产生整体的创新环境与激励。美国区域创新网络研究小组 GREMI（Groupe de Recherche Europe sur les Millieu Innovateurs），对欧美国家 16 个区域进行研究后认为，企业及其外部的网络连接对集群中企业的发展、创新以及整体区域发展具有关键作用；区域发展和产业集群必须根植于所在区域的社会人文环境，尤其依赖于区域创新环境。德国学者哈罗德·巴斯特（Harald Bathelt）和丹麦学者皮特·马斯科尔（Peter Maskell）从知识创新角度研究产业集聚，指出区域创新能力是产业集群持续发展的重要动力，这种创新包括隐含类知识和编码化知识的交流两类。

（2）产业集聚特征的国内研究

我国对产业集群特征的研究大多基于实证，并且结论体现出高度的一致性。如钱平凡（2003）认为，我国产业集群绝大多数是在农村与小城镇兴起基础上，由非公有制的中小企业组成；衍生、裂变、创新与效仿是我国产业集群形成的主要方式；产业集群有利于拉动我国地方经济增长，推动农村工业化与城镇化进程。张曼茵（2005）将我国产业集群发展特点概括为，集群形成多为市场驱动和关键企业带动；地域分布多在广东、浙江、江苏等东南沿海；产品多以劳动密集产品为主；发源地多为小城镇；组织形式以中小企业为主；政府作用较强。杨赟和陈淑梅（2007）认为，我国产业集群不断向沿海集中，产业集聚的趋势逐步加快；制造业集群发展比较成熟，并已呈现新型的产业分工格局；但大量产业集群还以中小企业为主，发展层次比较低。

（四）模式

（1）指向性集聚模式

指向性集聚模式是指产业基于某种区位优势进行集聚。根据产业集聚体的不同组合方式，该模式分为三种类型：同指向同产业部门集聚（这种模式不但指向一个区位优势，而且集群内为同一产业）；同指向多产业部门集聚（基于地区的同一优势但集群内集聚不同产业）；多指向多产业部门集聚（此模式基于地区多种区位优势并集聚不同产业）。

（2）经济联系集聚模式

经济联系集聚模式是指基于企业间紧密经济联系的产业集聚模式。按照经济联系方向的差别，它分为纵向集聚和横向集聚两种类型。其中，纵向集聚指具有投入产出关联性质或的纵向经济联系的企业之间形成的产业集聚；横向集聚是指具有横向经济联系的产业或部门围绕地区的主导专业化部门形成的产业集聚形态。

（3）其他的集聚模式

第一，根据集聚的转化形式进行划分。根据 Ian R Gordon 和 Philip McCann 的研究成果，产业集聚可以归纳为纯粹集聚、产业综合体式集聚和社会网络式集聚三种集聚模式（见表 2–4）：

表 2–4　集聚模式、成因及特征对比

集聚模式	形成原因	集聚特征	解释理论
纯粹集聚	• 自然资源优势 • 交通运输优势 • 劳动力优势	• 参与者处在分散、竞争的市场环境中 • 参与者之间无紧密合作关系 • 聚集主要是增加交易机会，减少市场失效范围 • 参与者既是外部性的生产者，又是消费者 • 对搭便车行为一般反应不强烈	• 一般可以由外部性理论来解释
产业综合体式集聚	• 产业关联优势 • 市场力量优势	• 参与者之间是有效紧密的关系，甚至可以是产权关联企业 • 参与者的地位不同但是共享协同定位的利润 • 一般不存在搭便车行为	• 一般可以用分工理论、外部性理论来解释
社会网络式集聚	• 信用优势 • 创新优势 • 人才优势	• 组织的基础是根植于参与者之间的人际关系和本地的社会文化的信用 • 参与者之间的关系较为松散，一般不涉及产权关系 • 对搭便车的行为反应较为激烈	• 可用外部性理论、分工理论、交易成本理论、社会经济学理论来解释

资料来源：徐强：《产业集聚因何而生——中国产业集聚形成机理和发展对策研究》，浙江大学出版社 2004 年版。

第二，钱平凡(2003)依据制度所发挥的具体作用，将产业集群划分为诱致性培育型、强制性培育型和引导性培育型。诱致性产业集群是指“由下而上”的自发性产业集群；强制性培育型的产业集群是“由上而下”的人为性产业集群，政府通过规划，从关键性企业的催生开始介入集群培育；引导性培育型的产业集群需要“上下结合”，即政府发现产业集群雏形后，再主动介入对产业集群的培育与指导。

第三，陈继海等(2003)根据国家干预的强弱程度以及市场机制和政府作用的互动程度，将产业集群划分为市场主导型、政府扶持型和计划型。其中，市场主导型产业集聚模式最为重要。该模式的产业集聚区以欧美市场经济发达国家为代表，并具有以下特征：市场机制完善，产业集聚依赖市场与产业互动完成；集聚是自下而上的；外部政策力量对产业集聚区发挥间接和辅助性的作用，政府调节主要是防止集聚外部性的发生。

第四，胡昱(2004)从形成机制和主体出发，将产业集群划分为市场创新模式、外商直接投资形成模式、内源型品牌企业带动模式。市场创新模式是指，区域内首先出现专业化市场，为产业集聚创造出市场交易条件和信息条件，使产业生产过程聚集在市场附近，宁波、温州等是该模式的典型地区；外商直接投资形成模式与资本流动有关，是指产业集群的形成主要依靠吸引外资，通过在特定领域中吸引大型跨国企业进入，形成客户链，进而带动当地各类产业发展；内源型品牌企业带动模式是指，以具有竞争优势的名牌大企业为核心，带动一大批负责专业化生产和配套服务的中小企业，两者之间构成一个大中小企业共生互助、协调发展的产业群落。

二、理论回顾

(一) 国外

产业集聚研究可以上溯到19世纪末期，迄今形成了一个相对完整的理论体系。

(1) 外部经济理论

产业集聚研究最早可以追溯到阿尔弗雷德·马歇尔(Alfred Marshall)。马歇尔认为外部经济和规模经济是产业集聚的动因。他将规模经济划分为内部规模经济和外部规模经济两类；并认为外部规模经济和产业集聚的关系非常密切。他将专业技能的劳动力市场共享、中间产品的共享、技术和信息的外溢归结为产生外部性的三个具体因素。马歇尔还将外部经济分为外部规模经济和外部范围经济。外部规模经济是由于同一区域的不同厂商由于地理原因相互接近，产生正外部性，降低了生产成本，从而达到规模效益。外部范围经济是指某一特定产业链的多个厂商集聚到一个特定区域，厂商之间通过上下游的产业沟通，享受规模经济。

(2) 工业区位理论

德国经济学家韦伯(Alfred Weber)从工业区位角度研究产业集聚。韦伯认为区域和位置是工业区位的影响因素。区域因素主要包括运输成本(运费)和劳动力成本(工资)；位置因素则包括集聚因子和分散因子。韦伯运用等差费用方法，从最小运费和最小劳动力成本角度分析了企业集聚动因。韦伯还探讨了集聚因子和分散因子，认为生产规模扩大和产业空间集聚是导致集聚的主要原因；而地价上涨、劳动力成本提高属于分散因子。产业集聚是集聚因子和分散因子的共同作用的结果。美国经济学家胡佛(Edgar M. Hoover)则通过将运输费用细分为场站运输费用和线路运输费用两部分，提出重点区位论和转运点区位论，完善了韦伯理论。胡佛还提出本地化经济(Localization economies)和都市化经济(urbanization economies)的概念，指明产业集聚是具有规模效益的企业群体，集聚的内在原因是内在规模经济、本地化经济和都市化经济。

(3) 增长极理论

1955 年，佩鲁(Francois Perroux)提出了增长极理论，对工业经济集聚研究提供了很多借鉴。佩鲁认为技术革新和技术进步是经济发展的根本动力，但是技术革新并非普遍地出现在所有的企业，通常是非均衡地集中在一些特殊的领先企业。这些能够直接推动经济增长的企业即是增长极，增长极通过不同渠道实现对外扩散，最终实现了整体经济社会的发展。由此，佩鲁根据增长极理论认为，一个地区若想实现经济增长，其关键是在本地区内建立起一系列的推动性产业，继而通过发挥增长极的产业集聚带动作用，可以推动经济增长。在增长极理论中，佩鲁强调了国家或地区政策对建立推动性产业具有积极作用。

(4) 新产业区理论

新产业区理论源于对意大利东北部、中部地区中小企业分布集群的研究。该理论指出，中小型企业是新产业区的主体，它们在利益激励机制的驱动下，不断向某一特定地区进行集中，并在高度分工的基础上形成一种共同体组织。在经济全球化的大背景下，新产业区是生产方式由大批量标准化生产向小批量定制产品转化基础上产生的以分工、转包、全球采购为标志的国际分工合作模式。它是一种具有跨国生产销售网络和柔性生产体系特征的新型产业区。新产业区理论主张依靠内力发展区域经济、鼓励促进中小企业结网、强调企业的对称性和本地化等。该理论对实现产业集群的健康发展与快速成长具有重要的指导意义。

(5) 竞争优势理论

波特(Michael E. Porter)从“钻石体系”的基本框架出发，提出了以企业集群为主要目标的竞争优势理论。波特的“钻石模型”主要由要素条件、需求条件、支撑产业与企业战略、结构与竞争等四个基本因素组成。波特认为，上述四个基本要素和机遇、政府两个附加要素密切配合，共同导致企业集聚；企业集聚的核心任务是形成竞争力和发挥竞争优势的带动作用。波特进而强调了政府将在企业集聚过程中发挥重要作用。波特的钻石模型和竞争优势理论，对解释产业集聚的重要机理以及推动产业集聚的成长具有非常重要的理论和实践意义。

(6) 新经济地理理论

克鲁格曼(P. Kmgman)在迪克希特和斯蒂格利兹(Dixit And stiglitz)垄断竞争模型的基础上，把空间概念引入一般均衡分析框架之中，提出了中心—外围(Core-periphery)模型，把空间问题引入新经济地理学分析。克鲁格曼在规模报酬递增和垄断竞争的前提下，分析经济发展的空间区位问题，认为集聚是由规模报酬递增、运输成本和要素流动共同作用产生的。克鲁格曼认为，区域间的均衡是由分散力和集聚力两种力量共同作用的结果。其中，集聚力来源于前向联系与后向联系的因果循环。当集聚力压倒分散力时，经济体将形成中心—外围模式，并形成集聚；而运输成本足够低、制造品种类足够多和制造品所占的消费份额足够大，是产生集聚力必须满足的三个条件。

(7) 区域创新环境理论

20 世纪 90 年代以来，由欧洲科学家组成的区域创新环境研究小组，在研究欧洲高新技术产业集群形成机理时发现，区域创新体系与产业集群之间存在着紧密的互动关系，技术创新效应对产业集聚机制具有重要的影响。区域创新环境学派高度强调创新环境的积极作用，逐渐形成了以“创新相互依赖”为前提，以“创新环境”、“集群学习”和“创新网络”为核心的产业集聚理论框架体系。该理论认为，在创新的环境下，企业之间能够通过技术共享、规模效应，来实现企业集群，推动区域间的交流合作以及要素流动，进而提高产业竞争力。区域创新环境理论在解释产业集群技术创新效应、产业集群创新系统和高新技术产业集聚的形成等方面发挥了积极的作用。

(8) 社会经济网络理论

2005 年 Henry Wai-chung Yeung 提出“关系经济地理学”的概念。该理论重视地理现象的非线性特征，尤其强调空间经济发展中社会、文化、制度等因素的作用。它从社会经济关系网络的角度研究企业、集群和市场的相互作用和相互替代，以及由此形成的制度安排和契约关系。该理论成为研究产业集群和区域规划的一种新的范式。它认为，任何一个产业集群都是一种具有不同结构、规模、密度等特征的网络。其中，企业、大学、研究机构、地方政府、中介机构以及金融机构等是产业集群中的行为主体；行为主体与基础设施、人力资源等集群资源产生交互作用，并通过相互嵌套、相互促进、螺旋上升等途径，推动集群网络的融合发展，进而促进企业分工与合作，降低风险和生产成本，减少交易费用，提升产业集群竞争力。

（二） 国内

20 世纪 80 年代中后期，江浙乡镇企业集聚区迅速发展起来。一些国内学者在对这些区域进行调查研究的基础上，提出了“温州模式”、“苏南模式”，“江浙模式”(陈建军，2000)等成功发展案例。实际上，上述区域具有一些共同的特征，即企业之间的分工或协作均依赖于企业主或劳动者之间存在的共同社会文化背景基础。

李小建(1997)阐述了新产业区的发展历史，提出从形成时间、规模部门结构、联系程度和根植性等方面来判别新产业区。仇保兴(1999)运用制度经济学的相关概念和理论，对主要集中在江浙与广东一带的中小企业形成集群的内部机制和外部条件进行研究。王缉慈(2001)概括了产业集聚和新产业区理论，认为国内存在以下 5 种产业集群现象：沿海外向型出口加工基地、以中关村为代表的智力密集型地区、浙江等地的乡镇企业集群、以跨国公司为核心的开发区、以大中型国有企业为核心的老工业基地；并且提出培育地方特色的企业集聚，强化区域竞争优势等建议。陆国庆、高飞(2001)认为，产业地理集中对于抵抗产业衰老具有重要意义，并将此应用到我国产业结构调整问题上，指出产业区位重构、为优势产业区位创造外部经济、通过资源重组加速产业聚集、创新并维持集聚效应可以作为我国产业结构调整的重要措施。钱平凡(2004)提出，产业集群是科技创新的有效温床，是实现科技创新的重要途径。基于产业集群的我国科技创新战略要求以产业集群为基础，建立有效的科技创新平台，通过对产业集群中共性技术的大力支持，提高产业集群的科技创新能力，以形成强有力的国家科技创新系统。陈耀(2004)总结了我国产业集群发展中的缺陷，认为虽然近些年我国出现了集聚趋势，但是集聚发展层次比较低、竞争优势不足；企业外包意识差，分工和产业链不完善；自主创新能力弱；地方网络不完善。刘恒江、陈继祥(2005)指出，形成产业集聚的动力机制包括内源动力机制和外源动力机制，其中内源动力机制包括本地的认知、组织、制度、社会、地理等；外源动力机制主要指政府行为和外部竞争；并在此基础上指出，产业集群动力机制是获取持续竞争优势和推动我国产业集群发展的根本力量。李刚(2005)从自组织的视角研究产业集聚，认为合作和竞争是产业集群演化的动力。崔海潮(2005)认为，产业集聚是介于市场和科学组织之间的"中间性体制组织"，其内在的协效应、规模效应和自强化机制，能够有效地提高产业的宏观效益和微观效益；我国必须制定切实可行的政策措施，促进集群经济的持续、快速、健康发展，使之真正成为区域经济新的增长点。张占仓(2006)认为，目前我国产业集群仍然走的是以低成本为主的低端道路，在区域经济发展中，特别是在我国中西部地区发展中，如何统领区域发展全局，把产业集群作为区域发展战略，组织制定产业集群发展战略规划，研究建立促进产业集群发展的政策体系非常紧迫。黄玖立和李坤望(2006)运用新经济地理学理论，从传统比较优势视角研究产业集聚的影响因素，发现地区中具有传统比较优势的农业资源与人力资源因素对产业地理集聚的解释比较显著，而新经济地理学中的市场规模因素只得到部分体现。陈良文和杨开忠(2006)根据不同模型的建模方法及其反映集聚机制的区别，将现有集聚经济模型划分为六类，并介绍了各类模型的研究进展和模型的基本框架，认为各类模型的发展空间仍然巨大，并且提出了新的研究方向——各个模型的整合和集聚和增长的整合。钱学峰和梁琦(2007)认为分工和集聚之间有着必然的逻辑联系，集聚是一种社会分工的空间组织形式，分工是集聚的根源，而规模报酬是集聚和分工之间联系的媒介。路江涌和陶志刚(2007)根据EG指数，运用中国三位行业代码数据研究了制造业在中国的集聚因素，发现地方保护主义在很大程度上对中国的产业集聚起了限制作用，同时发现运输成本、溢出效应、自然禀赋等也是影响制造业集聚的重要因素。唐茂华和陈柳钦(2007)基于空间互补的角度构建了一个一般模型，证明区位选择并非偶然产生的，集聚是由于自然或人为的空间互补利益造成的。张伟(2008)基于自组织理论研究了产业集聚的形成条件和发展动力，将产业集群自组织演化的过程分为自重组和自稳定两种。其中，自稳定是指产业集群内部的经济活动涨落低于临界值，在自组织的渐进性和连续性的作用下，涨落回归增强原有产业集群的均衡状态；自重组是指产业集群内部的经济活动涨落超过临界值，在非线性的作用下涨落扩大，具有非连续性与突变性，使产业集群在失衡的同时出现分叉现象，形成新的产业集群系统。吴松强、石岿然(2008)从自组织角度研究了产业集群的创新问题，指出产业集群创新是动态的、积累的、不断循环的，并从交流、合作、分享、竞争、评价五个维度构建出了产业集群的自组织创新模型。战炤磊(2010)分析了产业集群对区域经济发展的双向效应，认为产业集群除了对区域经济发展、区域竞争力提升和区域创新具有推动作用外，还对区域经济发展具有负效应，这是由于：第一，产业集群存在系统性风险，某个局部因素的变化会迅速影响到整个集群；第二，随着产业集群中的主导产业控制力不断增强，很可能会导致垄断，同时集群内部企业在共同利益的驱使下容易合谋形成垄断，在缺乏有效补偿机制的条件下，这种普遍存在的外部性本身就构成对市场机制的严峻挑战，此外，产业集群内部合作的自我强化机制会导致集群内外的信息不对称问题更加突出，而垄断、信息不对称则会导致市场失灵；第三，产业集群会使得集群内部和外部的差异不断扩大，进一步扩大区域差距，影响区域经济的协调发展；第四，产业集群具有快速扩张和衰退消亡的生命周期，会加剧区域经济的周期性波动；第五，任何产业集群的优势都是有限的，一旦优势被消耗殆尽，产业集群就会面临自我超越困境。他强调,鉴于上述问题的存在,对产业集群发展的模式应适当运用,否则不仅会危及产业集群自身的健康发展,而且必将会对区域经济的长远发展造成危害。

综上,国内学者在产业集群理论与实践研究中,积极跟踪国际前沿,并充分结合我国的区域发展实践,侧重点各有不同,研究方法各异,取得了较为丰富的理论成果。然而,从总体上讲,研究中也存在一些问题尚待解决,例如尚未形成完整的产业集群理论体系、研究方法也处于尝试与探索阶段等。

第三节 产业集聚与产业转移的区别与联系

一、产业集聚与产业转移的区别

转移(transition)强调事物在空间位置上的变化。产业转移(industrial transition)是指某个产业或者产业群体在地理空间分布上发生的变动,即由一个地方向另一个地方移动。通常是在供给条件或市场需求变动的驱使下,从产业层次较高的发达地区向产业层次较低的不发达地区进行转移。

集聚(agglomeration)强调事物的空间集中过程。产业集聚(industrial agglomeration)是指同类产业或相关产业在空间上集中分布的现象,实质上是产业或产业群在一定地域范围内由分散状态不断集中、整合的空间转变过程。

产业集聚与产业转移之间的区别表现在以下方面:

第一,从概念上看,产业转移与产业集聚有着本质的不同。产业转移强调产业在空间上的移动和变化,即从一个地方迁出,进入到另一地方,其经济意义是产业或产业群弃离业已失去竞争优势的地域转而到其他地区寻找新的竞争优势。而产业集聚则强调产业在空间上由分散状态不断集中的过程,是资本、劳动力、技术以及其他生产要素的影响作用下,为节约成本、提高效益、促进劳动力和信息共享而不断靠拢的一种机制。

第二,从动力上看,产业转移的动力在于产业利益差;而产业集聚的动力在于追求经济利益最大化。对产业转移来讲,原有空间的竞争优势已不太明显,因此,为了追求新的竞争优势,在市场条件变化的前提下，产业势必以“流”的形式从一个地区转移到另一个地区。这种“流”的形式具有综合性，并非因个别企业发展战略的调整而形成的厂址搬迁，而是伴随着劳动力、资本、技术以及其他生产要素的大规模移动。而产业集聚则是由于空间上的集聚可以带来更大的规模效益，更多的技术外溢以及由于集聚而带来的产业簇群化、融合化、生态一体化等高效率的产业组织形式，基于这样的追求能带来经济效益最大化。

第三，从效应上看，产业转移与产业集聚各自引起的效应有所不同。产业转移效应可从移出区和移入区两个角度加以区分。对移出区来讲，产业转移意味着产业在原有地域的竞争优势不再明显，进行转移可以为原有地域的产业升级换代创造空间；对移入区而言，产业转移带来新要素、新技术以及影响更为深远的关联效应。从这个角度讲，产业转移对移入区的影响更大些，它会提升地区就业率，带动当地政策发生改变，而且形成的新产业集群会影响该区域的发展走向。相对而言，产业集聚的效应似乎没有产业转移深远。对大多数地域来讲，产业集聚在客观上导致地域非均衡发展。产业集聚的发生地域利用产业组织形式的提升，在极化—涓滴的机制下，周围地域成为产业集聚中心地域的经济附属区，形成一种“中心—外围”的发展模式。

二、产业集聚与产业转移的联系

产业集聚与产业转移之间的联系包含若干方面，主要体现在集聚的过程、结果、驱动机制和对产业转移的反作用等方面：

第一，从产业集聚的过程看，产业集聚是以产业转移为基本形式的。受降低交易和信息成本、共享劳动力蓄水池、知识外溢等外在因素的影响，以及规模经济内在要求的驱动，生产相同或类似产品的生产企业或者产业链上下游的相关企业倾向于集中连片布局，其结果是在集聚机制作用下，不同企业离开原来地区向享有集聚效应的地方转移，并通过产业关联和其他经济联系而集聚成群。产业集聚机制自然地包含了产业转移过程，可以视为一种具有特定模式的产业转移活动。

第二，从产业集聚的结果看，产业集聚发展到不同阶段会导致不同类型的产业转移。一方面，在某一地区已经形成的产业集聚会带来平均生产成本的下降和规模报酬的递增，该地区企业的竞争力会明显高于非产业集聚地区。这种经济利益在空间分布上的差异会导致部分企业从原有地点迁出，向产业集聚地区进行转移，以分享集聚收益；另一方面，产业集聚达到一定规模后，会导致规模不经济，拥挤、污染和激烈的竞争等负面因素使得集聚带来的损失不断上升，当损失超过集聚带给企业的收益时，有些企业就会选择向外进行转移，以改善现状。

第三，从产业集聚的驱动机制看，产业转移往往是产业集聚的起点。初始的产业集聚通常是一种偶然，一些产业发生产业转移并在空间上偶然集中，由此带来生产成本的降低和集聚的正外部性收益，使分散在周围地区的相关产业在外部规模经济的诱导下，不断向该地区转移，形成更大规模的集聚。这一过程具有“自我实现”和“自我强化的”特征，从而使产业集聚和产业转移形成一种互动效应。当集聚超过一定规模时，周边地区产业向本地转移的速度会明显下降甚至停滞，本地的产业集聚随之达到一种稳态和均衡。

第四，产业集聚对产业转移具有反作用，产业转出地的集聚经济效应对产业转移有“粘滞效应”。本地已有的集聚经济为产业发展提供了专业化分工、劳动力资源共享以及知识外溢等诸多好处，当供给条件或市场需求发生变化，必须进行产业转移时，这些收益会抬高产业转移的成本，降低产业转移的潜在收益，从而对向外转移的产业形成“粘滞”和“阻碍”。这种现象被一些学者称为“产业区域转移粘性问题”。“粘滞效应”的产生，一方面是产业转出地的集聚效应导致的规模不经济还不足以抵消集聚的收益，另一方面是因为产业转移目标地区尚不具备良好的产业集聚基础，无法为产业的落地和发展提供良好的环境条件。以我国产业转移为例，为平衡区域经济发展差距，21 世纪初我国实施了一系列促进东部产业向中西部地区转移的政策。但事实上，劳动密集型、资源密集型产业并未按预期向中西部地区进行大规模的转移。产生这种现象的根本原因，就是西部地区尚不具备产业集聚的外部优势；同时虽然东部沿海已经出现产业集聚不经济，但产业集聚的竞争优势还在。尽管就单个企业来说，不少已经不再具有竞争优势，需要进行转移，但由于集聚区范围内完善的生产协作网络，使之具有较强的内生发展力、创新优势和市场竞争，很多产业在东部地区仍有很大的增长空间，可以继续在原地集聚扩张。

综上所述，产业转移与产业集聚在概念上有较大区别，但两者具有互动关系。一方面，产业集聚可引发产业转移。产业集聚的最初原因是为了获得更大的经济效益，在经济利益的驱动下而初步集中的。而产业集群一旦形成，会以组群形式获得集聚经济效益，并对外部产业产生正外部性，从而吸引更多相似产业进入集群。这种引力将引发产业转移并推动区域经济发展。另一方面，产业集群不能无休止扩大，一旦超过规模会导致规模效益递减，原有竞争优势逐渐丧失的产业必然移出，寻找更适合自己发展的地域，导致新一轮的产业转移与产业集聚。

三、实例

目前，我国的产业转移与集聚存在较多问题。一是产业转移存在瓶颈。即使在长三角、珠三角和京津冀等东部发达地区，都市圈周边地区仍存在许多经济落后的地区。二是行政区域交界处，大都是产业经济落后地区，产业转移和集聚面对瓶颈。三是中心城市作为首要的区域经济增长极，与下辖区县和周边地区一体化的经济网络链接发展迟缓。此外，我国传统资源依赖型地区虽然在一定程度上摆脱了资本瓶颈，努力开拓技术通道，但技术进步造成了城市产业结构的两极分化。相对而言，以成都、重庆、西安为中心的我国西部地区城市群的增长速度和发展质量，在很大程度上都超过拥有相对区位优势的东部地区。

（一）国际资本导向型的嵌入式产业转移

21世纪以来，日本、韩国、新加坡、中国香港和中国台湾等新兴工业化国家或地区向广东输入了高技术和附加值相对较高的投入和终端产品，使之形成典型的外资主导型产业，特别是在组装环节建立了强有力的全球比较优势。但该类产业属于生产者驱动型的价值链产业，产品核心技术掌握在外商手中，科研和开发活动以及基本的芯片设计仍然保留在投资公司的本国基地。投资输入地区并非是拥有知识产权和新技术的自主生产者角色。外生型企业在当地的集群是一种“复制群居链”，即一些具有产业联系的上下游生产企业前来投资办厂，以维持生产联系。

东莞的电子信息产业即是外向型加工发展模式的典型代表。东莞依赖优越的地缘位置与人文环境，成为国际 IT 产业转移的首选之地。目前，东莞形成了大中小型企业分工合作、上下游联动、配套完善的台资 IT 产业集群。然而，这类产业面临的关键问题是，如何借助外资网络在当地培育出内部网络关系，真正实现产业间的联系，促进当地企业发展。因为，外资企业的联系主要在海外，特别是与母企业之间的联系，本地企业很难被纳入到该关系网中。同时，本地企业面临着压低成本，提升产品质量、加快周转速度等挑战，加之陡峭的学习曲线，使地方的外向型产业无力构建本土协作体系，也难以开辟知识扩散渠道。因此，对东莞电子信息产业而言，其升级方式距离工艺流程和产品升级的核心层面还相当遥远。对于此类产业，一方面，唯有将本土企业与外资纳入一个动态的互动进程中才能达到地方产业升级的目的，同时，领导型治理模式的生产者驱动产业链在空间上转移并不是一个完整的过程，必须依靠大型企业才能完成这种大跨度的空间转移，带动配套企业跟随核心企业迁移；另一方面，采取购并、参股、合资等途径，大力引进本地核心外资企业的配套企业，改善目前游离于地方发展之外的生产者驱动的产业地方协力网络。

（二） 近距离协同型的蔓延式产业转移

现阶段，长三角城市群的产业转移主要以加工制造业为主。其中，技术密集型、资本密集型、劳动力密集型的产业占据很大部分。作为长三角西部经济区产业转移的主要承接地，安徽承接的产业主要停留在低附加值的劳动密集型产业和加工贸易产业，如服装、家电制造等。安徽要实现跨越式发展，必须与长三角地区形成产业对接。在工业方面，实现新型工业化，加快产业更新换代；在农业方面，发展特色农业、现代农业；在服务业上，发展特色旅游业，振兴文化产业，最终实现工、农、服务业全面突破。安徽承接产业转移主要通过两种方式：一是承接东部地区低附加值、高劳动、高土地投入的产业。通过从事这类产业的安徽商人，将工厂转移回家乡，创立自主品牌，推进相关配套行业发展；第二种方式是承接东部规模扩张式的产业转移。主要吸引受制于东部高昂的土地、商务成本以及有限的市场容量的企业来投资设厂，同时加快引进高科技产品，促进本地经济发展。

第三章

产业转移与产业集聚研究方法综述

产业集聚反映产业产值或就业集中在少数地区,即产业的地理集中。近年来,产业地理集中的研究成为经济学家和地理学家共同关注的重要研究领域,发表了大量的关于产业集中的研究成果。这些实证研究的一项关键任务就是找到合适方法来客观而准确地衡量产业的地理集中程度。文献中使用了许多衡量产业地理集中的指数,一些衡量产业的总体地理集中程度,另一些控制产业内企业规模分布的影响,衡量产业地理集聚;一些指数是基于区位理论提出的,另一些则缺乏理论基础,仅是统计参数;一些基于行政单元,另一些基于连续空间。为了辨识产业集群,学术界从 20 世纪 60 年代以来发展了许多方法,如基于投入产出表的图谱分析和主成分－因子分析、基于产业空间分布的空间联系与空间相关分析和区位熵法等(见表 3-3)。其中,Combes 和 Overman 认为测量产业地理集中或集聚的指数要满足五个基本条件:一是不同产业之间可以比较。根据计算结果可以比较哪些产业更为集中,哪些产业比较分散;同样可以说明不同产业分类的地理集中程度,如两位数、三位数以及四位数产业的集中程度;二是不同空间尺度可以比较。根据计算结果,可以比较产业是在哪些区域比较集中或分散,或者比较在国家和区域层次的集中程度。三是测度方法应该能够控制产业集中的程度。产业集聚的产生应来源于产业间的经济联系，而非单纯是产量或者就业人口的集中。从外部观察，产业地理集中的企业的区位形式是由纯异质的因素所决定，区位决定可能没有任何有意义的形式。如中国汽车产业的80%产量集中于全国五分之一的企业，若这五分之一的企业位于完全不同的区位，由产量集中测度出来的“产业集聚”也并非真正的产业集聚。也就是说，产量或就业的分布的不平均并不意味着集聚，只有产业空间分布的不平均才有可能显示集聚。四是测度方法即使在空间分区和产业分类发生变化时也能保证估计指数的无偏性，只有这样的测度方法对产业集聚的判断才足够准确。五是测度方法应该能够进行显著性检验，从而为产业集聚的测度结果设置明确的“门槛”，即测度方法在测算之后必须要明确指出产业集聚程度达到什么数值才可以称为产业集聚现象产生。

目前产业集聚的测度方法研究中主要包含两部分，即定性方法和定量方法。定性方法主要通过深入访谈和参与观察等方式进行，包括专家评价法、企业调研法等。专家评价法通过邀请专家对各项影响指标进行打分以及定性的评价，根据这些结果进行产业集聚的评价。企业调研法则通过对企业进行实地调研，获得企业的第一手信息，从而对产业的空间分布和经济联系有了深入了解。目前，国内外对定量方法的研究较多，主要包括对产业集中程度的测度，控制产业规模分布的测度，基于企业分布距离的测度，对于产业集群判断的测度等。

一、产业集中度测度方法

（一）赫芬代尔指数(Herfindahl)

赫芬代尔指数又称为 H 指数，测度的是某地区某行业在地区内部的绝对集中度。仅考虑需要测度的行业，将该地区内部各地该行业某一产业指标（如从业人员、产值、销售额等）占全行业比重的平方和相加，即得到该地区的赫芬代尔指数。若测度的地区内部包含 n 个地区，当 H 值为1时，说明该地区该行业分布集中在一地；当 H 值为 $1/n$ 时，说明该地区该行业在各地分布水平平均，也就是说该行业地理分布均匀。具体公式如下：

$$H = \sum_i S_i^2$$

其中，H 是赫芬代尔指数，S_i 是该地区内 i 地该产业指标占全行业的比重。将 1 至 n 各个地区的 S_i^2 相加，就得到了该地区的赫芬代尔指数。

在运用赫芬代尔指数进行实证分析时，往往采用其倒数测度地区产业多样性。在测度产业地理集中度方面，Davies 和 Lyons 于 1996 年运用赫芬代尔指数测度了欧盟地区的产业地理分布情况；Karl 和 Michael (2004)则利用该指数对比分析了欧共体成立前后 99 个制造业在欧洲的产业集中度。与之相比，赫芬代尔指数被更多地运用在产业多样性的实证分析中。如 Henderson 于 1997 年利用美国不同地区不同指标的数据，运用赫芬代尔指数测度了美国资本品产业的多样化水平；Duranton 和 Puga(2000)运用赫芬代尔指数的倒数测度城市的产业多样化(专业化)水平，并以其为基础分析了城市产业多样化和专业化的优劣；2003 年 Naude 和 Krugen 以赫芬代尔指数的倒数为多样化经济的指标测量了南非 19 个城市的该指标水平；2004 年，CeeileBatisse 利用中国 29 个省的 30 个工业产业在 1988—1997 年的数据，探讨了产业专门化、产业多样化、竞争度和一省发展初始水平等因素对经济增长的作用，并使用赫芬代尔指数的倒数作为多样化的测度。结果表明：在该样本期间，产业外部工业环境和产业内的竞争度有利于产业的增长，但产业专门化的影响为负。

赫芬代尔指数在测度产业集中度方面有以下优点：一是赫芬代尔指数在测度和计算时，考虑到了整个产业的情况和产业内各个企业或各个地区的规模水平，能够较为真实的反应产业的集中度。同时，赫芬代尔指数通过对产业内部企业的规模的整体考量，也就相当于描述了行业内竞争或垄断的情况。二是由于采用比值平方的算法，赫芬代尔指数对于产业内企业规模的变化情况尤为敏感，尤其对于规模大、占比大的企业，在进行了平方的处理之后得到数值变化更为剧烈。三是赫芬代尔指数的计算公式较为简单，计算容易，收集数据也并不复杂。然而，作为提出较早的产业集聚度量方法，赫芬代尔指数也存在着如下缺点：一是该指数不能作为公平的指标进行不同地区产业集中度的比较，因为在公式中并未测度地区本身的地理规模。二是该指数是对绝对集中度的衡量而非相对集中度，即当产业内企业数量不同时，计算出的赫芬代尔指数并不能直接进行比较。以产业内企业较少为例，测算出的赫芬代尔指数较高，但这只能说明该产业集中度较高，而并不能因此将其定义为产业集聚现象。

（二）赫希曼-赫芬代尔指数（Herschman-Herfindahl）

赫希曼-赫芬代尔指数也称为 *HH* 值，它是对赫芬代尔指数的改进。如上文所述，赫芬代尔指数衡量的是绝对集中度，而不能与其他产业进行比较。而赫希曼-赫芬代尔指数正是对此进行了改进。它将某一产业占地区的比值与该地区占全国的比值相减，对差值的平方进行加总，最终得到该指数。将某一产业与全国经济总体水平相比较，如果 *HH* 值为 0，则该产业分布情况与整体经济分布情况相同。具体公式如下：

$$HH_i = \sum_{j=1}^{m}(s_{ij} - x_j)^2$$

其中，HH_i 代表 j 地 i 产业的赫希曼-赫芬代尔指数，S_{ij} 是 i 产业相关指标（如从业人员、产值等）占 j 地所有产业对应指标的比重，x_j 是 j 地所有产业的总就业（或总产值）占全国的比重。在对产业集聚进行的研究和实证分析中，该方法运用较少。

作为对赫芬代尔指数的改进，赫希曼-赫芬代尔指数继承了赫芬代尔指数的优点，同时也方便了运用该指数进行不同产业之间的比较。然而，该方法还存在一些缺点：一是该方法依然不能作为进行地区间比较的指标，因为它并没有考虑到不同地区间地理面积的差异。二是该指数只是对产业整体规模、产业集中水平相对于全国水平的比较，而没有表明产业内部不同企业、规模的分布对于产业整体分布的影响，也就难以深入刻画产业发生集聚的原因和程度。

（三）信息熵（Entropy index）

熵用来描述系统的混乱程度，最早由德国物理学家鲁道夫·克劳修斯提出，而后在 1948 年由克劳德·艾尔伍德·香农（Claude Elwood Shannon）引入信息论中，由此得到了信息熵的概念。信息熵本来用以测度不确定性，而该方法认为，将产业空间分布看做一个系统，一个产业的空间分布越分散，则表明该产业的空间分布系统越为复杂。因此，信息熵可以通过测度产业复杂程度来测度产业的集中程度。如果该产业全部集中在所有地区中的某一个地区，则 *E* 值为 0。其具体公式如下：

$$E_i = -\sum_{j}(x_{ij}/x_i)\mathrm{in}(x_{ij}/x_i)$$

其中，E_i 为 i 产业的信息熵指数，x_{ij} 为 j 地区 i 产业的相关指标（产量、从业人员等）的数值，x_i 为 i 产业相关指标的产业总数。

信息熵指数的测度方法来源于自然科学。其优点在于计算简单，需要进行测度的基础数据较为易得。然而，和赫芬代尔指数与赫希曼-赫芬代尔指数相似，该方法也没有考虑到不同区域之间的空间联系，不仅是绝对的集中程度度量，也没能表明产业在地理上形成集聚的原因。同时，该方法通过对系统复杂程度的度量间接衡量产业集中程度，并不能直观地描述和测度产业集聚现象。

（四）锡尔指数（Theil index）

锡尔指数又称锡尔熵、锡尔系数，最早提出时用来反映区域间收入、经济差异。锡尔指数在计算时考虑了产业在不同区域中的规模、区域总数、产业的总体规模等因素，将区域内部各个地区计算所得数值相加最终得到该区域的产业集中水平。T 值越大，产业集中程度越高。其具体公式如下：

$$T_i = \sum_{i=1}^{J} \frac{x_{ij}}{x_i}(\log \frac{x_{ij}}{x_i} - \log \frac{1}{J})$$

其中，x_{ij} 为 i 产业在 j 地区相关指标的数值，x_i 为 i 产业相关指标的总体水平，J 为区域总数。

锡尔指数最初提出时用来测度地区收入水平差异，后用来测度区域经济水平差异。在运用中，通常是通过对锡尔指数的一次、二次分解对区域差异进行细分测度。因此，在以往的实证分析中，将锡尔指数作为测度区域差异的指标的研究较多。如国内岳洪江、梁立明（2000）运用锡尔指数对20世纪90年代中国东、中、西部科技水平的若干指标进行分析；汤琰、凌亢（2007）运用锡尔系数对江苏省GDP、人口数等指标进行分析，从而研究江苏省不同地区经济差异。然而，运用锡尔系数测度产业集中度的实证研究则相对较少。同样是衡量产业集中程度的指标，锡尔指数与以上其他方法类似，数据易得，算法简单，并且考虑了所衡量的区域总数，相对较为先进。但该方法还存在以下不足：一是该指数的衡量更侧重于不同地区之间的差异比较，对产业的集中度是间接的衡量，不够直观；二是该指数没有考虑各个区域之间的空间地理联系，产业在不同区域分布的差异较大并不一定意味着其整体分布更为集聚；三是该指数的算法依然没有考虑产业内部企业规模、性质等对其空间分布的影响，也就没有从产业集聚的形成机理上解释和刻画、测度产业的集聚现象。

（五）区位基尼系数(Gini Coefficient)

为了研究国民收入的分配问题，美国统计学家洛伦兹(Max Otto Lorenz)提出了洛伦兹曲线。根据洛伦兹曲线，意大利经济学家基尼(Corrado Gini)又创造了基尼系数，以国民收入中用于进行不平均分配的那部分收入占总收入的比重作为计算收入分配的统计指标。Krugman(1991)等将基尼系数引入区域经济学，在研究美国制造业聚集程度时，利用洛伦兹曲线和基尼系数的原理，定义了空间基尼系数，用于测度产业的空间聚集程度。其具体公式如下：

$$G = \sum_{i=1}^{n} (S_i - x_i)^2$$

其中，G 为测度产业的空间基尼系数，S_i 是 i 地区该产业就业人口占全国该产业就业人口的比重，x_i 则是 i 地区总就业人口占全国就业人口的比重。当 $G = 0$ 时，该产业在全国的空间分布是均匀的；当 $G = 1$ 时，该产业在全国集中分布在一个地区。

Wen(2004) 以中国工业分布为研究对象，改进了空间基尼系数的研究方法。其具体公式为：

$$G_i = \frac{1}{2n^2\mu}\sum_{j=1}^{n}\sum_{k=1}^{n} | s_{ij} - s_{ik} |$$

其中，G_i 是 i 产业的空间集中度，n 为全国的区域个数，S_{ij} 和 S_{ik} 是 j 地和 k 地($j \neq k$)的 i 产业分别占全国的比重，μ 是各个区域比重的平均值。

在目前提到的所有测度方法中，该系数被最为广泛地运用于实证分析中。如 Audretsch 和 Feldman (1996)计算了美国两位数行业的空间基尼系数，并对 12 个创新性行业地理集中的原因进行了深入分析。研究表明：创新活动会使企业趋于集聚，强调知识溢出是产业空间集聚的主要因素。另外，Henderson 等(1997)运用区域基尼系数对韩国的制造业数据和人口数据进行分析，用地区产业在全国产业的份额减去地区人口占全国的比重。Amiti(1998)计算了欧盟 10 国 27 个行业的基尼系数，并得出了欧盟在 20 世纪 80 年代制造业向更为专业化发展的结论。Brulhart(2001)运用区位基尼系数分析了欧盟国家制造业和多个其他行业的专业化趋势。梁琦(2004)运用区位基尼系数计算了2001年中国制造业3位数分类171个行业的区位基尼系数，以及3位数行业主要分布地区，并通过与Amiti及Krugman的研究进行对比，进行FDI与制造业产业集聚的关系研究。

区位基尼系数的研究方法来源于基尼系数和洛伦兹曲线，继承了这两种方法的优点：一是计算结果具有直观性和便利性，所需数据易得，测度的结论可直接从洛伦兹曲线图中观察得到。二是在计算时，该方法考虑了每个区域就业人数与全国就业人数的比重，也就是考虑了每个区域的地理规模，在描述产业地理分布时，较赫芬代尔指数等方法来说更为精确具体。三是该方法将一个产业占地区的就业比重与地区所有行业占全国的就业比重相比较，也就在计算时包含了所有产业的总体情况，这样算出的不同行业的基尼系数才具有可比性，改进了之前方法只能表示绝对集中度的不足。

与此同时，区位基尼系数方法还有以下几点不足：一是该方法不能区分聚集来自于产业结构还是来自于自然优势和溢出所引致的地理集中，还没有考虑到产业间一致性的地理外部性或地理集中的比较问题。同时，Eleison和Glaeser(1997)指出，该方法在计算时没有考虑产业内部企业规模对于空间分布的影响，因此，基尼系数>0并不能说明产业集聚的现象一定存在。假设一个地区存在一个规模巨大的企业，运用区位基尼系数算得的结果可能很高，但并不意味着这里有产业集聚。因此，企业的规模会直接影响测度结果，如果在计算时不考虑这个因素就难以对不同规模、不同地区、不同产业进行集聚程度的比较。为了解决由于没有考虑企业规模而产生误差的问题，Eleison和Glaeser(1997)提出新的测度方法，即EG指数。

二、产业集聚测度方法

(一) 空间集聚指数(concentration index of industrial space)

在指出区位基尼系数没有考虑企业规模这一不足的基础上，1997年Ellison和Glaeser发表了《美国制造业的地理集中》一书，提出了空间集聚指数的概念。Ellison和Glaeser认为，企业的区位选择不是独立的，它首先以企业利润最大化为原则。在此基础上，区域周边的自然资源、交通便利、与其他企业通畅的联系都会产生溢出效应，从而影响企业的区位选址。根据这样的理论假设，EG 指数分别建立产业溢出效应模型和利润最大化的区位选择模型，并由此构建产业集聚度的期望函数，从而测度产业集聚的水平。EG 指数综合了赫芬代尔指数和区位基尼系数，并在企业规模考量和空间联系方面有所改进。指数设计如下：

（1）假设所测度的产业空间范围内共有 N 个企业、M 个区域。首先，定义区域 i 中该产业的就业比重 S_i，

$$s_i = \sum_{j=1}^{N} z_j \mu_{ji}$$

其中，z_j 表示企业 j 的就业占该产业总就业的比重。μ_{ji} 用来表达企业 j 与区域 i 之间的关系。如果企业 j 位于区域 i，则 $\mu_{ji} = 1$；如果企业 j 不位于区域 i，则 $\mu_{ji} = 0$。

（2）定义 x_i 为区域 i 总就业占全国总就业的比重，μ_{ji} 是非独立的伯努利变量，有 $P(\mu_{ji} = 1) = x_i$。认为产业内部各个企业选择区位的相关性越强，则产业的信息溢出效应越明显。将表示这一程度的系数设为 γ，则有 $Corr(\mu_{ji}, \mu_{ki}) = \gamma, j \neq k$。而此时，产业内部两个企业选择同一区域 i 的概率则可以表示为：

$$P(i,i) = E(\mu_{ji}, \mu_{ki}) = \operatorname{cov}(\mu_{ji}, \mu_{ki}) + E(\mu_{ji})E(\mu_{ki}) = \gamma x_i(1 - x_i) + x_i^2$$

（3）γ 代表了产业内部企业间的信息溢出效应，也在理论上说明了产业集聚产生的原因和程度。因此，需要对 γ 进行估计。为此，Ellison 和 Glaeser 定义了总地理集中指数 G_{EG}：

$$G_{EG} = \frac{\sum_i (s_i - x_i)^2}{1 - \sum_i x_i^2}$$

由此进一步得出 γ 的估计式：

$$\hat{\gamma}_{EG} = \frac{G_{EG} - H}{1 - H} = \frac{\dfrac{\sum_i (s_i - x_i)^2}{1 - \sum_i x_i^2} - 1}{1 - H}$$

其中，H 值由赫芬代尔指数方法得出，

$$H = \sum_j z_j^2 。$$

(4) 产业内部子产业共聚程度

在求得产业的总体地理集中度 G_{EG} 之后，用 G_j、H_j、w_j 分别表示产业 j 的地理集中度、企业的赫芬代尔指数以及就业比重，γ_j 表示产业 j 的 EG 指数估计值，该组产业的赫芬代尔指数：

$$H = \sum_j w_j{}^2 H_j$$

在此基础上，得出该组产业内子产业的共聚程度，公式如下：

$$\gamma^c = \frac{[G_{EG}/(1-\sum_i x_i^2)] - H - \sum_{j=1}^{r}\gamma_j w_j^2(1-H_j)}{1-\sum_{j=1}^{r} w_j^2}$$

同时，Ellison 等(1997)从企业利润最大化的角度也进行了 EG 指数的推导。即假定一个典型的位于地区 i 所能获得的利润 π_{ki} 比位于其他地区所能获得的利润都高，则第 k 个企业位于区位 v_i 就是利润最大化的选择。企业 k 选择地区 i 的可能性可表示为：

$$P_{ki} = prob(\pi_{ki} > \pi_{k1}) \quad \forall 1, 1 \neq i$$

因此，$i >. k_1$ 当且仅当 $\pi_{ki} = \max\{\pi_{k1}; 1, 1 \neq i\}$。为使模型便于处理，第 k 个企业选择位于地区 i 所能获得的利润为：

$$\log\pi_{ki} = \log\pi_i + g_i(v_1, \ldots, v_{k-1}) + \in_{ki}$$

式中：$-\pi_i$ 为随机变量，揭示该产业中某个典型企业定位于地区 i 的盈利性，反映地区特征所带来的自然或地理优势的影响；$g_i(v_1, \ldots, v_{k-1})$ 表示先前已经位于地区 i 的企业所产生外溢的效应；$\in_{ki}$ 为附加的随机组成部分，揭示企业 k 的特征。

(1)自然优势。$\log\pi_{ki}$ 中实际上包含了自然优势，只是该条件对利润的效应由随机变量$\{-\pi_i\}$来表现。其中，$-\pi_i$ 的期望值揭示位于地区 i 的平均盈利性，$\{-\pi_i\}$的变化用以揭示利润对自然优势的敏感性。假定特别规定$\{\in_{ki}\}$是一个独立的威布尔随机变量，且独立于$\{-\pi_i\}$、不存在外溢(即对所有的 i，$g_i \equiv 0$)，则企业的区位选择是一个相对独立的随机变量，概率为：

$$prob\{v_k = i \mid \pi_1, \ldots, \pi_M\} = \frac{\pi_i}{\sum_j \pi_j}$$

式中：$-\pi_i$ 的期望值揭示 i 地区的平均盈利性，$\{-\pi_i\}$的分布满足两个参数限制。

首先，模型可以显现生产活动的整体分布状况，解释为什么某些地区的企业总比其他地方更多。基于平均盈利最大化的假定：

$$E_{\pi_1,\cdots,\pi_M}\pi_i/\sum_j\pi_j = x_i$$

式中：E 是对地区 i 的平均盈利水平的预期，x_i 是地区 i 的就业总量占整个地区同类产业就业的比例。

其次，假定对于自然优势的联合分布存在一个参数 $\gamma^{na}\in[0,1]$，并且有：

$$\mathrm{var}(\pi_i/\sum_j\pi_j) = \gamma^{na}x_i(1-x_i)$$

式中：参数 γ^{na} 表示自然优势对产业的重要性。假定模型中出现 $\gamma^{na}=0$ 的极端情况，则表明地区特征对产业的收益性不产生任何影响。此时企业的区位选择是独立的，每个企业选择地区 i 的可能性是 x_i。另一种极端情况是 $\gamma^{na}=1$，表明地区特征很重要，以至于完全压倒了企业本身所特有的一些因素，最终结果是某个拥有最好禀赋的地区将吸引所有的企业，呈现出高度集聚的状态。γ^{na} 越接近 0，则说明地区特征对于企业平均收益水平的影响趋于忽略不计；反之，γ^{na} 越接近 1，则说明有利的地区特征对企业收益的重要很高。

(2)外溢。假定企业根本不能从相互靠近中获得任何利益，或者企业之间的外溢是无穷大，因而这些企业都极端的集中在同一个地方。因此，若选择相似的区位表明企业获得全部收益均来自于外溢的潜在收益；若位于相互分离的地区，外溢的收益为零。外溢的重要性通过参数 $\gamma^s\in[0,1]$表示：

$$\log\pi_{ki} = \log\pi_i + \sum_{1\neq k}e_{k1}(1-u_{1i})(-\infty) + \in_{ki}$$

式中：$\{e_{k1}\}$是柏努利随机变量，假定等于 1 的概率为 γ^s，则 γ^s 反映在两企业(如 k 和 1)之间是否存在潜在的外溢。u_{1i} 表明企业 1 是否位于地区 i，如果位于地区 i，则 u_{1i} 取值为 1，反之则为 0。另外，假设企业间存在的外溢是一种对称和传递的关系，即 $e_{k1}=1$ $e_{1k}=1$，并且 $e_{k1}=1$ 且 $e_{1m}=1$，$e_{km}=1$。

(3)地理集中。根据 EG 模型，$G=\sum_i(s_i-x_i)^2$ 表达某类产业的地理集中状况。s_i 表示地区 i 中某类产业的就业总量占整个地区相同产业的就业比例，并有 $s_i = \sum_k z_k u_{ki}$ ，z_k 是该特定产业中第 k 个企业就业数占整个地区所属产业就业总量的比例，u_{ki} 表示如果企业 k 选择地区 i ，则 u_{ki} 取值为 1。s_i 表示地区 i 的某类产业占整个地区就业总量的比例，x_i 则表示地区 i 总就业占整个地区就业总量的比例。

EG 模型证明，如果有 N 个企业持续选址以使 $\log\pi_{ki}$ 所表达的利润函数最大化，并满足 $E_{\pi_1,\cdots,\pi_M}\pi_i/\sum_j \pi_j = x_i$ 、$\mathrm{var}(\pi_i/\sum_j \pi_j) = \gamma^{na} x_i(1 - x_i)$ 和 $\log\pi_{ki} = \log\pi_i + \sum_{1\neq k} e_{k1}(1 - u_{1i})(-\infty) + \in_{ki}$ ，则假定：

$$E(G) = (1 - \sum x_i^2)[\gamma + (1 - \gamma)H]$$

式中：$H = \sum_k z_k^2$ 是产业中企业规模分布的 Herfindahl 指数；γ 表示两种聚集优势：自然优势和外溢，且有 $\gamma = \gamma^{na} + \gamma^s - \gamma^{na}\gamma^s$ 。式 $E(G)$ 显示 G 的期望值与 3 大类因素有关：即自然优势及外溢带来的聚集力量、产业中企业的规模分布以及能够获得所需数据的地区层面或规模。由式 $E(G)$ 求解 γ，可得到如下产业地理集中的 EG 指数：

$$\gamma = \frac{G - (1 - \sum_i x_i^2)H}{(1 - \sum_i x_i^2)(1 - H)} = \frac{\sum_{i=1}^{M}(s_i - x_i)^2 - (1 - \sum_{i=1}^{M} x_i^2)\sum_{k=1}^{N} z_k^2}{(1 - \sum_{i=1}^{M} x_i^2)(1 - \sum_{k=1}^{N} z_k^2)}$$

式中：指数 γ 表示引起企业地理集中力量的大小，即自然优势和外溢力量的大小。EG 指数方法可以对企业在地理上的集中现象进行实证检验。模型显示，如果一个产业中的企业其区位选择是完全独立的，那么其分布是完全随机的，则 $E(\gamma) = 0$ 。因此，$\gamma = 0$ 不一定表示企业在空间上是完全均匀分布的，而是在没有任何自然优势和外溢存在时进行完全随机的、独立的区位选择所呈现出的一种分布状态。如果 $\gamma > 0$ ，则表示聚集的力量大于分散的力量，导致产业在地理上集中和专业化；反之，如果 $\gamma < 0$ ，则表示分散的力量在企业的区位选择中占据主导地位，引起产业在地理上的分散趋势。

在应用领域，Ellison 和 Glaeser(1997)最早利用 EG 指数对美国1972—1992 年制造业的集聚水平进行了测度。在此之后，EG 指数被广泛地运用于产业集聚度的测算中。例如，Rosenthal 和 Strange(2001)运用 EG 指数的方法，对美国四位数制造业的数据进行回归分析，并找到了导致产业地理集聚的微观基础。Braunerjelm 和 Johansson(2003)使用瑞士 1975—1993 年制造业和服务业四位数产业的产业生产分布、规模等级、贸易成本、知识集约等指标的数据进行 EG 指数的分析，从而测度了产业集聚的变动情况。Sjöberg 和 Siöholm(2004)利用 EG 指数测度了印度尼西亚 1980—1996 年的制造业空间集聚情况，并研究了自由贸易对空间分布的影响。

国内研究中，罗勇、曹丽莉(2005)运用 EG 指数对中国 20 个制造业 1993、1997、2002—2003 年的集聚程度进行了测度，认为1993—1997 年的产业集聚程度变动趋势与 1997—2003 年变动趋势相反，前者下降、后者上升；技术密集型产业、资本密集型产业、劳动密集型产业在产业集聚度上呈降序排列，产业的地理分布极为不平衡。另外，路江涌、陶志刚(2006)利用 EG 指数测度了 1998—2003年中国制造业的集聚程度发展趋势，并进行了国际比较。

与传统的产业集中度测算方法相比，EG 指数最大的优点在于：一是它考虑了产业内部企业规模的影响，能够从企业规模、信息外溢性、自然资源优势等方面对产业集聚的现象进行解释。二是在进行比较分析时，不考虑产业规模大小、企业地理分布、区域面积大小等因素，因此可以较为准确地用来进行跨地区、跨产业的比较，而非绝对的产业内部集聚度测量。EG 指数的缺点在于它不能表明导致其测度出的、较随机集中更为显著的集聚现象的原因。例如，一个产业 γ 值较大，也就意味着额外的集中，亦即比随机过程导致的集中更显著。它衡量的是控制企业规模分布的地理集中，但是 EG 指数并不能表明这种额外集中是由于资源禀赋、集聚经济还是其他原因。虽然 EG 指数采用 H 系数来控制产业集中的影响，Holmes 和 Stevens 指出，EG 指数仍然受产业内企业规模影响。很多产业中，如果不考虑小企业，那么 EG 指数会增加(贺灿飞、潘峰华，2007)。另外，测算中对空间区域的划分大多按照行政区域划分，这样就忽视了区域间的经济联系和整合。同时，在测算中往往会由于边界企业的存在而产生误差，当区域被划分得越小，该误差就会越为明显。

（二）K 函数

测度产业集聚水平的 K 函数方法由 March 和 Puech 从 Ripley 的 K 函数发展而来。该方法首先假设所有企业的空间分布已知，且企业以点的形式存在，称为“点模式”。该模式的特点用点密度表示，并由此估计区域内的点数。K 函数是定义在距离为 r 的空间范围内、所有的点是均匀分布的，是所有的点的平均邻居数目与所有的点随机分布时空间的点密度的比值，从而衡量区域内企业分布偏离均匀分布的程度。公式设计如下：设区域中每个企业点位 (x,y)，则点密度可以表示为：

$$\lambda(x,y)=\lim_{dS\to 0}N(\mathrm{d}S)/\mathrm{d}S$$

其中 dS 是以点(x,y)为中心的区域的面积，$N(\mathrm{d}S)$ 是区域内点的数目，因此点密度就是区域内点数目与区域面积的比值。由此，至少有一个点在区域内的概率 $\mathrm{P}(\mathrm{d}S)=\mathrm{d}S\lambda(x,y)$。对任何区域 S，

$$\lambda S=\frac{NS}{D}$$

λS 表示 S 区域内的期望点数。

另外，定义一个点至少在以点 (x_1,x_2) 或以点 (y_1,y_2) 为中心的区域内的概率为：

$$P(\mathrm{d}S_1,\mathrm{d}S_2)=P(\mathrm{d}S_1)/P(\mathrm{d}S_2)g[(x_1,x_2),(y_1,y_2)]$$

其中，$g[(x_1,x_2),(y_1,y_2)]$ 取决于两个区域的距离，也就是点 (x_1,x_2) 和点 (y_1,y_2) 的距离，可以表示为 $g(r)$。如果 $g(r)>1$，则说明点分布是集中的，反之则分散。

用 π_{r^2} 表示一点的期望邻居点数，而一个半径为 r 的区域内期望点数为 $\lambda_{K(r)}$ 。由此，K 函数可以建立为期望邻居个数与平均点密度的比值，公式如下（ ρ 为表示距离的变量）：

$$K(r)=\int_p^r g(\rho)2\pi\rho d\rho$$

由此判断区域中企业的集聚程度，当 $K(r)>\pi_{r^2}$ 时，点呈集聚分布；当 $K(r)<\pi_{r^2}$ 时，点呈分散分布。

在 K 函数的基础上，Besag(1977)将其进行标准化处理，得到 L 函数，公式为：

$$L(r)=\sqrt{\frac{K(r)}{\pi}}-r$$

其中，当 $L(r)>0$ 表示集聚分布，反之为分散分布。

K 函数与之前的 EG 指数方法不同，从距离的角度研究了测度产业集聚的方法。因此，K 函数方法最大的优点就在于弥补了之前方法中对于空间距离的忽视，更为详细和精确地测度了产业分布的空间状态；基于空间距离对产业集聚的测度，更为清楚地反映了产业集聚的范围和空间程度。

然而，K 函数的假设条件较为强烈，也有很多不足之处存在：一是 K 函数将企业假设为点，没有考虑企业规模对产业集聚的影响。二是 K 函数在以 r 为半径的区域中计算邻居企业的个数，因而，处于区域边界上的点企业将被计算在相邻的两个区域之内。这就造成了计算的误差，而这种边界效应由于假设的限制，要消除是十分困难的。三是 K 函数以企业的随机分布为比较的基准，而随机分布却是未知的。这样，比较既没有现实意义，也很难具有可比性，不同的随机分布可能会导致不同的结果，而且可能这种差异比较大。四是与之前的方法相比，K 函数假设企业具体的分布是已知的，并且需要所有企业的精确位置，相对距离等数据，不仅在数据收集上较为困难和繁复，工作量也相当繁重。

（三）传统 M 函数

假设研究区 A 分布有许多行业企业，定义 f_{isr}：r 半径范围内 S 行业每个企业的邻居（属于 S 行业）个数；N_s：区域内 S 行业的全部企业数；e_{isr}：以 S 行业的 i 企业为中心，r 半径内属于 S 行业的邻居的就业人数；e_{ir}：以 S 行业的 i 企业为中心，r 半径内属于全部行业的邻居的就业人数；E_s：A 区域内 S 行业的全部就业人数；E：A 区域内全部行业的全部就业人数。则 M 函数为：

$$M(r,S)=\frac{\sum_{i=1}^{N_s}\frac{e_{iSr}}{e_{ir}}}{N_s}\bigg/\frac{E_s}{E}$$

式中反映的是 r 范围内 S 行业的分布相对于全部行业的分布特征。随机分布条件下，$M=1$；$M>1$ 表示 r 半径范围内 S 行业的空间分布是集中的，M 越大，集中度越高；$M<1$ 说明 r 半径范围内 S 行业的空间分布是分散的。如特定 r 范围内，$M=2$ 说明该范围内 S 行业就业人数的相对密度是其在整个区域的两倍，反之亦然。若

e_{iS_lr} 为以 S_l 行业的 i 企业为中心，r 半径范围内 S_k 行业的就业人数，则 M 函数反映的是两个行业 S_l 、S_k 的空间临近分布，公式变为：

$$M(r,S_l,S_k)=\frac{\sum_{i=1}^{N_{S_l}}\frac{e_{iS_kr}}{e_{ir}}}{N_{S_l}}\bigg/\frac{E_{S_k}}{E}$$

$M(r,S_l,S_k)$ 值依赖于 S_l 和 S_k 行业的分布，值越大，两行业的空间分布一致性越强。

公式(1)和公式(2)中，e_{iSr} (e_{iS_kr}) 和 e_{ir} 采用的是某半径范围内研究行业的就业人数和同一范围内所有行业就业人数的比值，因此在一定程度上可以消除边界附近邻居个数被低估对运算结果的影响，即边界效应。

(四) M 函数的改进

M 函数以职工就业人数作为指标来衡量产业地理集中程度，其中隐含着一个假设：各地区的劳动生产率或技术贡献率是一样的。实际上，就业规模与产值规模并不完全吻合，仅用职工人数难免具有片面性。针对这一问题，根据北京市制造业空间分布数据的实际情况，对 M 函数进行改进，综合运用了企业就业人数和产值两个指标。这样就避免了使用单一的企业就业人数指标偏差过大的问题，同时也比单纯用企业个数更能反映产业空间集中与分散的真实情况。改进的 M 函数(M′) 公式为：

$$M(r,S)=\frac{\sum_{i=1}^{N_S}\left(\frac{e_{iSr}}{e_{ir}}+\frac{p_{iSr}}{p_{ir}}\right)}{N_S}\bigg/\left(\frac{E_S}{E}+\frac{P_S}{P}\right)$$

$M(r,S)>1$ 表现为集中，相反，$M(r,S)<1$ 则为分散，$M(r,S)>1.5$ 到达的距离为集中半径；$M(r,S)$ 达到最大值时的距离为显著集中距离。

式中 p_{iSr} 和 p_{ir} 分别为 r 半径内属于 S 行业和属于全部行业的邻居的经济规模；P_S 和 P 分别为整个区域内 S 行业和全部行业的经济规模。此时，行业间空间临近分布公式为：

$$M'(r,S_l,S_k)=\frac{\sum_{i=1}^{N_S}\left(\frac{e_{iS_kr}}{e_{ir}}+\frac{p_{iS_kr}}{p_{ir}}\right)}{N_{S_l}}\bigg/\left(\frac{E_{S_k}}{E}+\frac{P_{S_k}}{P}\right)$$

国内学者刘春霞等(2006)从实证的角度，选取了北京市的25个工业行业进行了相关研究，见表3-1。根据$M(r,S)$的模拟结果发现：不同的距离范围内呈不同程度的集中分布，多数行业存在一种内在的、能够体现规模经济效益与集聚效应的空间范围，超过该范围，企业的分布将逐渐下降；不同行业类型其空间集聚的程度差别较大，原料指向和劳动力指向型行业空间分布的集中程度高，资金和技术密集型行业空间分布的集中程度相对较低。橡胶制品业的集中度最高，专用设备制造业、交通运输设备制造业、电子及通信设备制造业的集中程度较低，尤其是电子及通讯设备制造业的集中半径最大。纺织业、塑料制品业、石油加工及炼焦业的集中程度比较高。

表3-1 北京市主要制造业行业集聚度的行业分布

行业	显著集中距离	行业	显著集中距离
交通运输设备制造业	1.56	印刷、记录媒介的复制业	4.0
专用设备制造业	1.9	医药制造业	4.2
电子及通信设备制造业	2.1	食品加工业	4.7
金属冶炼及压延加工业	2.2	塑料制品业	5.0
化学原料及化学制品制造业	2.3	纺织业	5.6
普通机械制造业	2.5	饮料制造业	6.2
电气机械及器材制造业	2.6	家具制造业	7.0
石油加工业	2.9	造纸及纸制品制造业	8.6
服装及其他纤维制品制造业	3.0	文教体育用品制造业	11.3
食品制造业	3.1	皮革、毛皮、羽绒及其制品业	12.5
金属制品业	3.2	木材加工及竹、藤、棕、草制品业	13.1
仪器仪表及文化办公机械制造业	3.8	橡胶制品业	16.9
非金属制矿物制品业	3.8		

根据 $M'(r,S_l,S_k)$ 的模拟结果发现：一是行业间的空间临近分布依赖于行业组内两个行业的分布，以不同的行业为中心，计算出的结果有时差别较大，甚至相反。例如，金属制品业和金属冶炼及压延加工业、交通运输设备制造业和非金属矿物制品业、化学原料及化学制品制造业和石油加工及炼焦业。从产业链的角度看，行业之间必定分化为具有主导地位的产业和附属地位的产业，具有主导地位的产业在很大程度上将决定附属产业的空间布局。如金属制造品业与金属冶炼及压延加工业，前者为附属型，而后者为主导型，即后者在发展过程中，将衍生出诸多的前者，因此，以后者为中心，集中范围小，趋向于集中；相反则大，趋向于分散。二是劳动密集型或原料型制造业行业之间空间分布的临近程度最高，如家具制造业、塑料制品业和橡胶制品业等。原因是这些行业占地小，货物大进大出，集聚要求较高，以减少大规模的物流，并且在工艺上具有一定的联系，需要快速、稳定的产业配套，因此容易形成产业集聚，即这些行业在一定程度上需要采取园区发展模式。三是资金或技术密集型行业与其他行业间空间临近分布的集中度较低，多呈分散分布。如化学原料及化学制品制造业、电子通信设备制造业等。表面上看，这些行业需要更强烈的空间集聚，原因是这些行业之间在工艺上的连续性更强。如化学原料与化学制品制造业与化学纤维制造业完全可以在一条生产线上进行。交通运输设备与玻璃制品、陶瓷制品行业，在生产工艺上不连续，但如果实现空间的集聚，也能减少大量的货物运输成本。但为什么这些需要大型物流支撑的产业相反较为分散呢？其原因主要集中在以下几个方面：一是每个行业都需要大规模的用地，或者特殊的环境，包括人力资源环境如化工与电子通讯设备制造业，两者容易在用地或环境上发生较大的冲突；二是单一行业，尽管与另外一个行业存在较大的关联，但某一行业并不完全隶属于或主导于另外一个行业。如化学原料与化学制品工业，尽管对化学纤维制造业有一定的主导作用，但该行业与医药、纺织、日用化工产品生产、石化等都有一定的关联，都内在地要求与之在地域上实现空间临近，但因此将形成产业用地、产业用地配套、产业用地拓展，以及各个行业辅助性服务用地等各类形式的用地与用地总量之间的矛盾；三是每种用地都有其内在的特殊性和产业用地配套，培养其适合生产的发展环境，因此，在阻挠与阻抗的博弈过程中，形成了各自的产业集中区，分别将化学工业与医药制造业、化学纤维制造业、纺织业等分割开来。但相对而言，化学工业总体上与医药制造业在环境要求上是矛盾的，因此，这两种产业的分散程度相对较高；而总体上，该产业与化学纤维制造业在环境上是一致的，且内在的联系更加紧密，故与医药业相比，其空间临近性更强一些。

表 3–2 北京 14 组制造业行业的空间临近分布的 M′值空间变化特征

中心行业	显著集中距离(km)	中心行业	显著集中距离(km)
家具制造业	1(2.6075)	化学原料及化学制品制造业	4(1.5236)
材加工及竹、藤、棕、草制品业	1(2.5852)	普通机械制造业	12(1.1156)
塑料制品业	1(1.8272)	服装及其他纤维制品制造业	1(1.0798)
橡胶制品业	3(1.7034)	纺织业	3(1.5565)
服装及其他纤维制品制造业	1(1.7667)	食品制造业	9(1.1696)
皮革、毛皮、羽绒及其制品业	1(1.5883)	饮料制造业	13(1.1254)
印刷、记录媒介的复制业	1(1.7653)	金属制品业	–
造纸及纸制品制造业	1(1.5244)	金属冶炼及压延加工业	1(1.8050)
文教体育用品制造业	1(1.3752)	化学原料及化学制品制造业	–
仪器仪表及文化、办公用机械制造业	1(1.4688)	石油化工及炼焦业	2(1.7694)
食品制造业	2(1.7573)	非金属矿物制品业	–
食品加工业	1(1.2238)	交通运输设备制造业	1(1.2969)
食品加工业	14(1.3400)	化学原料及化学制品制造业	–
饮料制造业	2(1.4752)	电子及通讯设备制造业	–

三、产业集群测度方法

（一）区位熵法(LQ)

区位熵方法又称为专门化率，在区域经济的分析中多用于测度某产业部门的专业化程度、空间集中程度，更多的用来测度地区的主导产业。其原理是用低层次地区某一产业在经济中的比重与高层次地区该产业在经济中的比重相比，从而测度该产业在该低层次地区的相对集中度和重要性。其具体公式如下：

$$LQ_{ij}=\frac{E_{ij}/\sum_{j}E_{ij}}{\sum_{i}E_{ij}/\sum_{i}\sum_{j}E_{ij}}$$

其中，E_{ij} 为区域 i 中产业 j 的产值(或就业等)，$\sum_{j}E_{ij}$ 为区域 i 所有产业的总产值，$\sum_{i}E_{ij}$ 为所有地区产业 j 的产值，$\sum_{i}\sum_{j}E_{ij}$ 为全国所有地区所有产业的产值。当 $LQ_{ij}>1$ 时，产业专业化水平较高，反之专业化水平较低。

区位熵的优点在于计算方法简单方便，并且能够较为直观地反映产业专业化程度。但同时，它的缺点也较为突出：一是没有反映企业规模对产业集聚的影响，这可能导致某地区位熵很大，但并没有产业集聚现象的产生，只是企业规模较大而已。二是 LQ 指数不能反映产业的空间联系，并不能解释产业集聚产生的来源。三是区位熵法不能说明产业集聚的门槛，也就是说，并没有统一、明确的研究提出产业集聚现象的区位熵数值。

（二）标准化区位熵法

标准化区位熵法是对区位熵法不足的弥补。由于运用区位熵法算得的产业区位熵结果并不能说明产业的绝对集聚程度，因此，Donoghue 和 Gleave 的研究认为，在统计上显示为显著的区位熵结果是判断产业集聚的标准。因此，在算得产业的区位熵结果后，以5%的显著程度检验区位熵是否为正态分布。若区位熵分布严重不对称，则要对其区位熵结果进行对数变换。最后对区位熵进行标准化，将 LQ_{ij} 指数转化为 z_{ij} 值。具体公式如下：

$$z_{ij}=\frac{LQ_{ij}-\mu}{\delta}=\frac{LQ_{ij}-\frac{1}{n}\sum_{i}LQ_{ij}}{\sqrt{\frac{\sum\left(LQ_{ij}-\frac{1}{n}\sum_{i}LQ_{ij}\right)^{2}}{n}}}$$

其中，LQ_{ij} 为区位熵指数，μ 和 δ 分别是区位熵的平均值和标准差。具体的判断标准是，当一个产业在某区域的区位熵指数超过其平均值两个标准差，则该产业在该区域形成产业集聚现象。

标准化区位熵法优点在于该方法是基于区位熵法的改进，使其对产业集聚的判断标准更为明确。而标准化区位熵法的缺点在于，首先，标准化区位熵法要求区位熵呈正态分布，但事实上区位熵的分布要由产业在空间上的分类决定。其次，与区位熵方法相似，标准化区位熵法没有考虑产业间的联系，因此不能直接判断产生产业集中就会形成产业集群。

（三）联系方法（Spatial Association 和 Industrial Linkages）

产业集聚表现在空间上和产量或就业人口的集中，而之前的测度方法大多仅仅关注于产业的集中，而非从产业间联系和产业集聚产生的原因来进行研究和测度。Streit 提出的联系方法试图从产业间经济联系和产业空间分布联系两个维度对产业集聚进行判断。从产业集聚的理论角度，经济联系强的产业一般会在空间分布上出现集聚的现象。

首先，通过不同地区产业就业人口的数据衡量产业在空间分布上的相似性，具体公式如下：

$$r_{ij}=\frac{\mathrm{cov}(x_{ig},x_{jg})}{\sigma x_{ig}\sigma x_{jg}}$$

其中，x_{ig} 和 x_{jg} 分别为区域 g 中产业 i 和产业 j 的就业人数，σ_{ig} 和 σ_{jg} 分别为就业人数数据的方差。运用此公式衡量产业的空间联系，如果相关系数很高，说明产业 i 和 j 可能位于区域 g 中相同的地区。

其次，衡量产业间的经济联系，根据投入产出表的原理，具体公式如下：

$$L_{ij}=L_{ji}=\frac{1}{4}\left[Q_{ij}\left(\frac{1}{\sum_{i}Q_{i}}+\frac{1}{\sum_{j}I_{j}}\right)+Q_{ji}\left(\frac{1}{\sum_{j}Q_{j}}+\frac{1}{\sum_{i}I_{i}}\right)\right]$$

其中，Q_{ij} 和 Q_{ji} 分别为产业 j 到 i 或 i 到 j 的销售额，Q_i 和 Q_j 分别为产业 i 和 j 的总产出，I_i 和 I_j 分别为产业 i 和 j 总投入。

最后，判断产业集聚现象的标准为：若 r_{ij} 显示显著，且 $L_{ij} > \frac{1}{n}\sum_j L_{ij}$ 或 $L_{ji} > \frac{1}{n}\sum_i L_{ji}$，则产业在空间和经济上均形成较强的联系，则可以判断有产业集聚的现象产生。

联系方法的突出优点在于从产业集聚的内涵和形成机制出发测度了产业集聚的水平，不足之处在于该方法需要将产业进行细致的分类，而细分产业的数据较难获得。

（四）图谱分析法(Graph Theoretic Approaches)

图谱分析法由 Campbell 提出，他运用图谱分析的方法对 1963 年美国华盛顿州的产业进行了产业集群现象的分析。图谱分析方法的原理在于，根据区域产业的投入产出表，设置一定的门槛，将产业经济联系和空间联系较强的产业辨识出来，并进一步绘制产业联系网络，测度区域产业集群。其具体做法是：

首先，将产业按照同样的部门进行分类，在投入产出表的矩阵中，将价值流超过 $1/n$ 总销售或总投入的格赋值为 1，不超过的为 0。这个矩阵被称为产业联系矩阵，并据此计算产业的连接性，即联系矩阵中某个产业存在的联系数和可能存在的联系数之比。其次，在产业联系矩阵的基础上建立产业距离矩阵。矩阵的对角线为 0，其他数值表示横纵两个产业间的联系数。如果是直接联系，且超过门槛值，则赋值为 1；如果是间接联系，则赋值大于 1。最后，根据产业距离矩阵，计算矩阵中产业的行的总和与整个矩阵数值总和的比值。该比值即为图谱分析方法中的产业联系的中心性，联系强的产业形成产业集群。

图谱分析方法较为直观，但在计算中要对大量企业进行测算，过程极为复杂；同时，计算中大量的信息被丢弃，也降低了测算结果的准确性。

（五）DO 指数法

Duranton 和 Overman(2005)采用了无参数回归模型分析方法，提出了一种聚集测度方法。该方法的优点在于回归函数的形式可以任意，放松了回归模型形式的限制，符合该方法设定要求。其具体做法如下：

(1)观察对象选择。设定相对阈值，把企业按就业规模降序排列。根据阈值从大到小选择，确保考虑到90%就业人数。

(2)密度kernel估计。A产业中有n个企业，计算每对企业的欧几里得距离（代表实际距离），有$n(n-1)/2$个距离。在估计双边距离分布时用kernel平滑法。在任何点d双边距离密度估计（以后称K函数）是：

$$\hat{K}(d)=\frac{1}{n(n-1)h}\sum_{i=1}^{n-1}\sum_{j=i+1}^{n}f\left[\frac{d-d_{i,j}}{h}\right]$$

$d_{i,j}$表示企业i和j的欧几里得距离，h是窗宽，f是kernel函数。用Silveman(1986)中高斯kernel的窗宽集计算密度。kernel密度估计是局部加权平均，在估计边界区域时会产生边界效应。通过Silveman(1986)反射法来处理边界问题。即：如果原来数据集是$X_1, X_2, \cdots$，反射的数据集是$X_l-X_l, X_2-X_2, \cdots$。用增大的数据集估计$\hat{K}_A^*(d)$，如果d>0，$\hat{K}_A(d)=2\hat{K}_A^*(d)$；$d\leq 0$，$\hat{K}_A(d)=0$。

(3)构造虚拟产业和企业。从所有地点中随机取区位构造虚拟企业，再计算双边距离集。任何已有的企业占一个地点，虚拟企业被随机分配到已有的地点。假设每个产业有1000个企业，和实际的企业数目相同。对应于A产业中有n个企业，从S(所有已存在的地点集)中无放回抽样随机取样本n，得到$\tilde{A}_m$，个虚拟产业($m=1,2,\cdots,1000$)。计算每个虚拟企业的平滑密度。

(4)构造产业内集中、分散指数。第一，局部集中、分散指数。考虑的范围是0—180公里。这个阈值是所有对制造企业的中间距离。在0—1000公里范围所有的密度之和为1。表示在0—180公里区间每公里，把虚拟企业密度估计以升序排列然后取第5个和第95个百分点得到的较低5%置信区间和较高5%置信区间。

与EG指数相比，该方法是能够评价偏离随机性的统计的显著性，避免了与规模和边界有关的问题。利用英国详尽的四位数产业的数据进行了检验，发现在5%置信水平下，52%四位数产业是集中的；通常聚集在0—50公里间发生；在产业间集中度是非常不平衡的；同一产业的企业有相同的集中模式。他们的结果与以前的相比明显地不同。例如根据EG指数在英国94%四位数产业是集中的，而用他们的方法只有52%。虽然该方法偏误较小，但由于计算是基于企业层面的数据且与企业间的距离有关，因此该方法的可操作性较差；Duranton 和 Overman(2005)的模型建立满足了产业聚集测度的众多测度要求，从其采用的无参数回归模型就能看出这一点，他们的方法虽然就我国来说数据采集存在一定的困难，却说明了产业聚集测度越来越接近现实。

四、综合评价

根据前文对测度产业集聚方法的评价标准，在认真分析模型原理的基础上，对以上的测度方法评价如下：

(1) 赫芬代尔指数、赫希曼-赫芬代尔指数、信息熵、锡尔指数、区位基尼系数等方法属于产业集中度测度方法。它们通过对产业产量、就业人口等指标的测度，判断了产业内部的集中程度，即产业内部的不平均现象。然而，这些方法共同的不足在于，首先，这些方法在计算时，往往仅考虑了一个地区一个产业的集中情况，因此，其测度结果并不具有产业间或区域间的可比性，可以说是绝对集中程度，而非相对集中程度。其次，这些方法最大的不足在于，测度了产业的不平均现象并不代表产业存在集聚现象。这些方法既没有从产业的空间联系和经济联系中探讨集聚现象的产生，也没有考虑到产业由于内部企业规模的不同造成的集中而非集聚。其中，区位基尼系数方法相较其他方法考虑了整个产业的状况和所有区域的状况，因此具有一定的可比性，是对先前方法的改进。而在今后的研究中对这几种方法的运用还要从产业集聚的来源入手，进一步挖掘和改进。

(2) 空间集聚指数方法和 K 函数方法对先前的传统方法有较大的进步和突破，可以说是目前对产业集聚的测度较为成熟、运用较为广泛的方法。空间集聚指数针对之前方法没有考虑产业内部企业规模的问题进行了改进，从企业规模、自然资源、信息溢出等角度说明了产业集聚的原因，测度结果也具有相对可比性。然而，该方法的不足在于，它对空间区域的划分依然停留在使用行政区域划分的阶段，这样的划分方法并非合理。K 函数方法在此基础上针对空间区域划分方法的问题进行了改进，从空间距离的角度建立产业联系矩阵，对产业空间联系有更为准确的把握。然而，它的假设条件较强，对企业规模有所忽视，计算时收集数据较为繁琐，因此实用性并不是很强。

（3）区位熵法、标准区位熵法、联系方法和图谱分析法对产业集群进行测度和判断。这些方法各有优点和不足，对产业集群的标准往往没有明确的判断门槛，在实证研究中应用较少。

综合以上方法，由于产业集聚的内涵丰富，对其测度方法不仅要求对集聚水平有所判断，还要具有可比性、明确的标准，并能够阐释产业集聚的产生机制。因此产业集聚的定量测度方法要满足以上条件较为困难，目前几乎没有能够满足所有标准的测度方法。同时，由于产业信息和数据的可得性，测度方法的实用性也比较有限。所以，在对产业集聚现象有定量测度的基础上，要将其与定性方法相结合，共同对产业集聚现象进行研究和判断。

表 3-3　产业集聚的不同研究方法及其评价

<table>
<tr><th colspan="2">研究方法</th><th>作用</th><th>缺陷</th></tr>
<tr><td rowspan="5">衡量产业地理集中</td><td>赫芬代尔指数</td><td>衡量产业绝对集中程度</td><td rowspan="5">仅衡量产业空间分布，是绝对的集中或分散程度，没有与其他经济活动相比较。测量产业的总体地理集中程度，并不考虑产业内企业规模分布对产业地理集中的影响，不能区分产业地理集中形成的原因</td></tr>
<tr><td>赫希曼-赫芬代尔指数</td><td>衡量产业相对集中程度</td></tr>
<tr><td>信息熵</td><td>测量一个系统的复杂程度。一个产业的空间分布越分散，表明这个系统越复杂</td></tr>
<tr><td>锡尔指数</td><td>测量收入的区域差异，也可以衡量产业的地理集中程度</td></tr>
<tr><td>基尼系数</td><td>将某产业分布与其他产业对比</td></tr>
<tr><td>衡量企业地理集聚</td><td>埃尔森指数</td><td>衡量的是控制企业规模分布的地理集中</td><td>该指数受产业内企业规模影响。很多产业中，如果不考虑小企业，那么该指数会增加</td></tr>
<tr><td>基于距离的产业集聚测量</td><td>K 函数法</td><td>可以测量一个产业内的企业在多大距离范围内是集聚的，可以比较真实地反映产业的空间集聚程度</td><td>对于数据和计算工具的要求比较高，不易操作</td></tr>
</table>

续表

研究方法		作用	缺陷
产业集群的定量辨识方法	区位熵法(LQ)	反映产业在某个区域的相对专业化程度	实际上没有明确的LQ数值门槛来确定产业集群;没有考虑区域内产业的绝对规模
	标准化区位熵法	反映产业在某个区域的相对专业化程度,但有统计上95%的置信度	区位熵不一定符合正态分布;没有考虑不同区域内的企业规模分布的影响;没有考虑产业间联系
	联系方法	理论上完全符合产业集群的定义	判断产业集群需要细分产业,但是细分产业的投入产出数据却不容易获得
	多元统计方法	通过聚类方法辨识的产业集群	没有考虑产业的实际联系;失实,即一个产业只能属于一个产业集群;没有空间维度
	图普分析法	通过绘制产业联系网络辨识区域产业集群	对于大量产业的情况操作起来也比较难,而且在计算过程中大量信息被丢弃

第四章

北京大都市区的产业分工与协作

第一节　研究范围与数据处理

一、研究范围

本章选定的研究范围大致包括 18 个县和 18 个区(见图 4-1)。其中北京市市域范围包括 16 个区和 2 个县,周边地区包括张家口市的涿鹿县和怀来县,保定市的涿州市、高碑店市、涞水县和易县,承德市的滦平县和兴隆县,廊坊市的 2 个市辖区、5 个县、1 个自治县和代管的 2 个县级市。

之所以选择上述地区,主要基于两个方面的考虑:一是北京市工业化进程相对较快,中心外围式工业空间组织模式已经基本趋向成熟,以北京市行政区范围作为核心的区域研究具有重大的理论和实践价值;二是上述北京市外围地区,主要位于城际公路干线上,因为交通通达性较好,与北京市内在的产业联系可能比较密切,有助于显示北京市与外围地区产业的空间组织关系。另外,由于廊坊市与北京的距离比较近,与北京市中心到怀柔区政府驻地距离是相同的,均在 50 公里范围内,一体化程度较高。其中:

安次区是廊坊市两个县级行政区之一,位于该市南部。全区面积 594.9 平方公里,总人口 35.5 万人。该区在 2009 年完成生产总值 35 亿元，其主要经济指标指数增速继续位居全市前列；而且安次距首都北京、天津和天津港分别为 50、60 和 100 公里，距首都机场和天津机场 70 公里，距京唐港、黄骅港 200 公里，距秦皇岛港 300 公里，形成了依托中心城市和空港、海港发展经济的独特区位优势。安次新一版规划提出了“乘势而上、跨越发展，全力打造现代化工业新区”的奋斗目标，要求深入实施“工业强区、项目壮区、环境兴区”发展战略，特别提出以龙河工业园和富士康为代表的园区及大项目建设需要实现新突破。通过迅速壮大经济实力，最终实现打造现代化工业新区的目标。

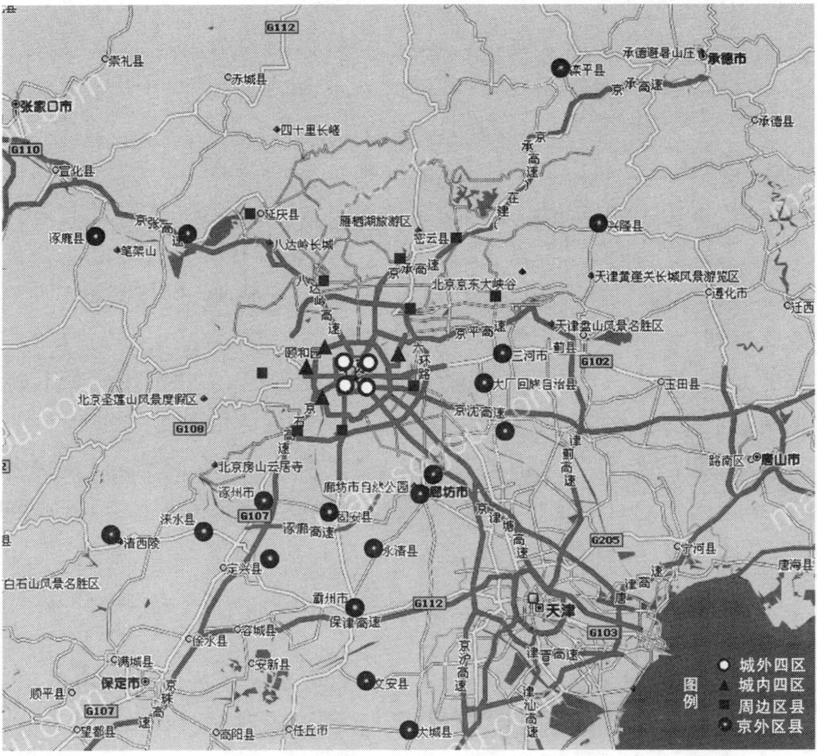

图 4-1　北京大都市区的研究范围

广阳区是廊坊市两个县级行政区之一，为市管县级区，辖廊坊市区大部，是廊坊市市级领导机关所在地，为全市的政治、经济、文化中心。全区总面积 390 平方公里，总人口 35 万，地处京津之间，距离北京和天津分别为 50 公里和 60 公里，距离周边飞机场不到 100 公里，多条铁路和高速公路从境内穿过，交通极其便利。广阳区坚持一二三次产业协调并进的发展模式，走可持续发展的道路。其中，一产坚持以“树、牛、菜、花”为主导，重点培育奶牛饲养和蔬菜种植，推进农业产业化进程，成为河北省首批十个“放心菜”基地之一；二产坚持引建并举，传统产业技术装备水平不断提高，高新技术及新兴产业正在起步发展，初步形成了食品、化工、建材、机械、家具制造等行业体系的工业新格局；三产坚持立足廊坊、服务京津，以市场建设为主体，以服务城市为功能，积极培育中介、信息、咨询等新兴行业，积极发展仓储超市等解决城乡居民就业的劳动密集型产业。

霸州市隶属于廊坊市，地处河北省冀中平原东部，是省辖县级市。全市总面积 784 平方公里，总人口 57 万，具有一个省级经济技术开发区。霸州市距北京、天津和保定分别为 80、70、65 公里，位于京、津、保三角地带中心。霸州已经初步形成了以开发区、胜芳经济协作区和扬芬港新城为载体，以金属延压、钢木家具、塑料加工、机械加工、林木加工、食品加工、线缆制造、乐器制造等八大优势产业为支撑，分工合理、功能完善、产业集中、产品市场占有率较高的工业经济体系。霸州将按照“置身沿海、对接京津、抢抓机遇、迅速崛起”的总体要求和“突出好、追求快、好中求快”的发展理念，坚定落实“1234”发展方略，即：“一个中心”（坚持以经济建设为中心）、“两个定位”（现代制造业、现代物流业、现代农牧业、现代旅游业的产业发展定位和人本化、生态化、现代化的城市定位）、“三大目标”（经济强市、文化名城、和谐霸州的目标定位）、“四大战略”（工业立市，民营壮市，开放强市，科教兴市的战略）。通过该发展战略，全力构筑“百亿霸州”的产业支撑、项目支撑、环境支撑、人才支撑、文化支撑、社会支撑，推进社会经济体系的快速、协调、可持续发展。

大厂回族自治县位于河北省中部，行政隶属于河北省廊坊市，西隔潮白河与北京市通州区相望，总面积 176 平方千米，总人口达 11.7 万，是离北京最近的少数民族自治县。近期，大厂回族自治县提出了“壮县、强市、富民”的工作思路，充分发挥民族、区位两大优势，坚持“依托首都发展互补经济、挖掘优势做大集群经济、突出特色打造品牌经济”的发展方向，千方百计抓工业、增投入、上项目，加快工业化、城镇化、农业产业化进程，努力构筑“做大县城、发展两翼、三点支撑”的经济格局，全力推进国民经济和社会事业协调发展，把大厂建设成为实力大厂、效率大厂、和谐大厂。其中空间发展战略规划将其定位为：构建通道，对接北京；东依密涿(高速路)，北联南接；资源共享，区域一体。即在县域内开辟新的通道，密切与通州区的联系，形成与北京空间的无缝隙对接，同时，加强与三河、香河的联系，推动一体化发展。其性质定位为：河北"两环"地区对接首都北京发展的中心区，现代制造、物流和服务业的聚集地，具有鲜明民族特色和时代特征的新城市。

大城县隶属于河北省廊坊市，地处京津走廊，距北京、天津和石家庄分别为160、70和230公里，是河北省"三沿"县和国务院批准的对外开放县，总面积904平方公里，总人口43万。大城县历史悠久、底蕴丰厚，并且交通便利，区位优越。特别是自2007年起利用2—3年时间，全力打造以廊沧高速龙街连接线、津保南线、大石线、京沪高速连接线为"四横"，以廊沧高速、廊泊线、津涞线为"三纵"的大交通路网框架，交通基础设施建设档次和水平的全面提高将大大缩短与京津的距离。规划提出，大城县将按照"提升现有园区(产业集群)、规划建设新园区"思路，积极构建园区发展新格局，加大摩配园区、有色金属加工贸易工业园区、保温建材工业园区、化工工业园区、平舒食品工业园区以及桑蚕产业工业基地、汇龙环保化工基地、飞天高能化工基地和南赵扶仿古家具工业基地。"五区四基地"建设力度，实现区域经济协调发展。

固安县隶属于河北省廊坊市，地处京津保三角地区腹地，距北京、天津和保定分别为50、110和120公里。固安古称方城，有"京南第一城"之称，与北京市大兴区仅以永定河相隔，是北京零距离县之一。全县幅员696平方公里，人口40万。规划将实施"开放兴县、工业富县、园区强县"三大主体战略，以"政府推动、企业运作"的开发体制，围绕三园(汽车产业园、轻纺产业园、建材家居产业园)、两区(文化会展区、物流配套区)的重点目标，建设固安新城；围绕"花木之乡"、"温泉古镇生态区"的总体目标，建设牛驼地热园区；围绕传统产业、结合城镇建设，打好区位牌、资源牌、市场牌，坚持一、二、三产业并举，大、中、小项目并举，着重引进高科技、高附加值以及大投入、高产出工业项目，确保全县项目建设水平得到明显提升。

文安县隶属河北省廊坊市，面积1028平方公里，总人口43万，地处环京津环渤海腹地，被京津保三大城市环抱其间，北距北京120

公里，东邻天津80公里，西距保定90公里，国家及省级3条公路干线纵贯全境。其中文安工业园区以现代制造业、新能源及环保产业为主导产业，人造板生产规模大，约占全国的六分之一，是北方最大的人造板生产销售基地，2005年被建设部中国建筑装饰协会、中国房地产业协会联合授予"中国名优人造板生产销售基地"称号，被中国社会科学院城市发展与环境研究中心、中国世界贸易组织研究会、全球品牌论坛评为"中国产业集群品牌50强"。

香河隶属河北省廊坊市，位于京津之间，幅员458平方公里，总人口31万，区位优越、交通便利，距北京市中心45公里，距首都国际机场60公里，距天津机场70公里，距天津新港110公里，距京唐港150公里。香河县提出了"工业强县、特色立县、开放活县"战略，按照"增投资、上项目、抓龙头、促聚集"的思路，全县围绕京津大力发展现代制造业，在短期内承接产业转移，在长远上建立配套工业体系，重点做大做强家具制造、纸制品包装、金属制品三大传统优势产业，不断培育发展壮大汽车配件、新型材料、纺织服装三大新兴产业。深入切实把"全党抓经济、重点抓工业、集中精力上项目"落到实处，优化区域发展布局，壮大主导产业，培育产业集群，提升工业经济实力，把加快发展与和谐发展统一起来，全力打造实力香河、魅力香河、活力香河，加速建设全面小康社会，为率先基本实现现代化奠定坚实基础。

高碑店隶属河北涿州，位于河北省中部，京、津、保三角腹地，面积672平方公里，人口55万，区位优势突出，交通便利，北距北京82公里，东南距天津134公里，南距保定68公里。京广铁路、京广公路、京深高速公路、京昆高速公路纵贯南北，津同公路横穿东西。境内公路村村相通，交通条件十分便利。高碑店坚持正确把握县域经济的特色、优势和定位，提出并实施了"工业立市"战略，把发展特色产业作为着力点和主抓手，努力打造核心竞争力，形成了汽车、食品饮品、机械制造、建筑、建材五业并举、齐头并进的产业格局，立足打造"京南交通枢纽、北方工贸名城"的目标，建设"节能环保宜居的现代化新兴中等城市"。

怀来县地处河北省西北部，燕山沉带西端，东与北京市延庆县、昌平区和门头沟区接壤，西与下花园区、涿鹿县交界，北与赤城县毗邻，是全国著名战斗英雄董存瑞烈士的故乡。怀来县幅员1793平方公里，总人口 34 万。怀来县农业资源和矿产资源丰富，是全国经济林建设百强县之一。

涞水县位于保定市西北部，京津经济圈内，毗邻北京市郊西南边缘，交通便利，京原铁路穿越山区，高易铁路穿越平原，通过京广西线公路，津同公路、涞张公路、涞涿公路、涞定公路五条干线辐射县外。涞水县提出，瞄准一个目标（建设北京生态卫星城），培育两个增长极（县城建设和野三坡旅游开发），发展“三园经济”（构筑首都资金、技术、人才和产业转移的工业园，构筑首都劳务、建材、农副产品的供应园，构筑首都居民观光娱乐、休闲居住的生态园），实施四大战略（工业强县、开放兴县、民营富县、旅游活县），实现五大突破（园区、县城、民营、旅游、农村五大经济取得新的突破），努力把涞水建成产业特色明显、竞争优势突出、经济社会和谐的环京生态旅游经济强县。

滦平县位于承德市西南部，总面积 3195 平方公里，总人口 35 万人，处于京、津、辽、蒙的省市“金三角”交汇点，素有首都北京北大门之称，是沟通京津辽蒙的交通要冲。滦平县矿产资源丰富，旅游资源独特。“三区一中心”发展总体规划提出，将抓住承德建设北方钒钛基地的机遇，建设钒钛钢铁初中级产品加工基地，并以发展钒钛铁、钒钛钢为重点，实现钒钛铁精粉的升级，以发展还原铁、提钒、提钛、特种钢为重点，延伸产业链条。通过建立工业园区，大力发展产业集群，提高区域的核心竞争力；通过小城镇布局的调整与建设带动第三产业的发展，使东北工业区成为全县经济持续快速发展的隆起带和领跑全县经济发展的“火车头”。

兴隆县地处承德市南部，长城北侧，全县总面积 3116 平方公里，总人口 32 万人，京承铁路纵贯兴隆全境，是京建、津围公路的必经之路。兴隆县具有丰富的旅游资源，例如有金山岭、金海湖、清东陵、黄崖关等众多的风景区。兴隆县提出了 5 大园区发展目标，分别为钢延产业园区、食品加工产业园区、化工产业园区、新型建材产业园区以及休闲旅游产业园区，初步形成了大产业、大聚集的发展格局。

易县位于保定市西北部，太行山北端东麓，总面积为 2534 平方公里，总人口为 53 万，是著名的革命老区。县内有 5 条河流穿过，水力资源丰富，山川秀丽，特产富饶，自然资源丰富。易县规划以建设生态文化旅游强县为目标，以建设社会主义新农村为主线，充分发挥资源和区位两大优势，着力实施“旅游兴县、借京兴县”两大战略，壮大生态旅游、林果药材、肉牛柴鸡、矿产建材四个产业，重点建设“二三五四”工程(建设南水北调和张石高速公路两个经济隆起带；建设西部山区铁选、高村石材、良村铸造三个项目集中区，建设清西陵生态文化旅游景区、狼牙山红色旅游景区、燕下都古燕文化旅游景区、紫荆关长城文化景区、洪崖山宗教文化景区五大景区；建设农副产品、矿产建材、旅游休闲度假、劳务输出 4 个基地)，努力打造生态易县、文化易县、繁荣易县、和谐易县。

涿州市隶属于保定市，总面积 742.5 平方公里，总人口 63 万，位于保定市北部，西邻涞水县，南连高碑店市，东接固安县，东北及北侧与北京市大兴区及房山区毗邻，因其独特的地理位置和丰富的历史文化资源，素有“天下第一州”美誉。涿州开发区是新型产业先导区和高科技示范区，初步形成了新型材料、生物技术、机械加工与制造等主导产业，显现出产业集群的规模竞争力，成为区域经济最具活力的增长点，以及吸引和利用外部资金的重要窗口和平台，是建设京南现代加工制造基地的支撑点。

涿鹿县隶属河北省张家口市，位于河北省西北部永定河上游，总面积 2802 平方公里，总人口 33 万人。涿鹿县资源丰富，产业基础较为雄厚，十一五规划中提出围绕建设“六个第一”，即全国最大的单晶硅信息产业研发生产基地、全国最大的安防产品生产基地、河北最大的花岗岩板材生产基地、华北最大的新西兰良种奶牛繁育基地、京西北最大的无公害农副产品供应基地、中华儿女祭祖第一圣地等，将以产业集群化发展为方向，构建起工业立县的战略支撑和骨干体系，实现由农业大县向工业强县的根本性转变；要将以中华合符文化为主的旅游品牌打造成为国内外知名品牌，实现文化大县、旅游强县的战略目标。其中，规划将涿鹿县的主导产业确立为高科技信息产业、机械加工制造业、化工制药产业、资源开发运销产业、农业产业化以及旅游产业等 6 个产业。

二、基础数据

本书的基础数据主要依托 2004 年北京第一次经济普查(工业版)资料。资料库中包括诸多字段(见表 4-1)，本书主要选取的字段是“地理位置”、“主要业务”和“工业总产值”三个字段。其中工业生产总值在 1000 万元以上的企业有 7041 个，1000 万元以下的企业有

7426个，数据库中还有一些“工业总产值”为零的企业。另外，河北省第一次经济普查的数据，同北京市数据库结构完全相同，具有相同的字段。为了使数据操作更加便捷，图示更加清晰明了，本章选取了北京和河北省工业总产值在1000万元以上的企业，并建立相应的数据库。

表4-1　本项目所依赖的主要字段

序号	地理位置	主要业务	业务分类	分类代码	营业收入（万元）	主营业务收入（万元）	工业总产值（万元）
1	市-区（县）-街道（乡镇）-门牌号（村）	如：印刷	如：印刷业和记录媒介的复制业	I	1093	988	1399
2	/	/	/	EK	/	/	/
……	/	/	/	/	/	/	/
7041	/	/	/	/	/	/	/

三、数据处理

（1）进行了基于投入产出表的主要业务分类。由于“主要活动”记录了每个企业的主打产品，如“纽扣生产”或“纽扣”、“水泥与石膏板”、“碳酸盐与石灰岩”、“轴承”、“水箱”等，没有明确的产业分类，因此无法对具体行业以及行业之间进行独立分析和比较分析，需要通过对其进行“类”的划分，以获取更多的信息。通过原始数据库的浏览，主观上认为划分的类别越多，结论的准确性越高，结论越能够显示出更多的规律性，故根据北京市2002年投入产出表的部门划分方法，将“主要业务”划分为83类。从统计的结果看，这种分类完全能够满足研究的需要。

（2）进行了产业链的划分。北京地区已经形成了一些相对稳定和完整的产业链。根据相关研究表明，北京已经初步形成了10条产业链。因此，在单行业以及多行业比较的基础上，需要进行产业链的分析，这是由产业经济发展的阶段性决定的。另外，北京市诸多的产业园区，已经形成了相对明确的产业集群，而产业集群对空间集聚具有一定的要求。对产业链的分析，能够比较明确地掌握北京及周边地区产业集群的发育情况，更有利于对产业转移和产业集聚有所认识，这是由研究需要决定的，原因是在掌握产业链的基础上，对单行业和多行业的空间集聚特征研究完全能够满足研究的需要，但经过论证的产业链，能够使研究具有准确的产业定位，避免重叠的产业对研究成果的负面影响。产业链的划分有两条途径：一是根据北京市2002年的投入产出表，运用主成分分析法与聚类分析法进行产业链的划分；二是结合学术界对产业链划分的研究成果，进行行业的补充，使产业链更加完整。经分析，北京市的产业链主要包括钢铁与机械、石化、食品、纺织、电子信息、汽车、文教生活、家具制造、医药以及建筑10大类（见表4–2）。

表4–2 北京市5大产业链的核心产业、传统产业和新型产业

产业链	核心产业	传统产业	新型产业
机械设备产业链	金融业与通用设备制造业	锅炉及原动机制造业、金属加工机械制造业、其他通用设备制造业、农林牧渔专用机械制造业、其他专用设备制造业、铁路运输设备制造业等	金融业、电气机械及器材制造业以及科技交流和推广服务业；科学研究和综合技术服务业
电子信息产业链	电子元器件制造业	通信设备制造业、电子计算机整机制造业、其他电子计算机设备制造业、家用视听设备制造业、其他通信电子设备制造业等；塑料制品业、玻璃及玻璃制品制造业、陶瓷制品制造业、铁合金冶炼业、有色金属压延加工业以及金属加工机械制造业	仪器仪表制造业和文化办公机械制造业；信息传输服务业、计算机服务业、软件业、科技交流和推广服务业等
汽车产业链	金融业与汽车零部件及配件制造业	钢铁金属、其他通用设备制造业、橡胶、塑料、纺织、皮革毛皮羽毛、电子等供给产业；机械电子器件制造、发动机动力传送器与车体制造、整车生产	道路运输业、城市公共交通运输业以及科技交流和推广服务业等

续表

产业链	核心产业	传统产业	新型产业
医药卫生产业链	金融业与医药制造业	包括种植业、畜牧业、渔业等在内的第一产业部门； 饲料加工业、造纸及纸制品业、农药制造业、医药制造业、医疗仪器设备及器械制造业、工艺美术品制造业在内的制造业部门	金融业、广告业、科学研究事业、专业技术服务业、科技交流和推广服务业、卫生事业、农林牧副渔服务业等各服务业部门
科研文教产业链	金融业	印刷业和记录媒介的复制业、造纸及纸制品业、文化用品制造业、金属制品业以及塑料制品业、房地产业以及家具制造业等； 电子信息、光机电一体化、新材料等。科研文教产业链也可以作为机械设备产业链、电子信息产业链、汽车产业链以及医药产业链的强有力的支撑	软件业、科学研究事业、科技交流和推广服务业、教育事业、文化艺术和广播电影电视业等科研文教事业

(3) 基于投入产出规模，计算产业链内所含行业的重要性。每个行业对产业的转移与集聚的影响是完全不同的，甚至有很大的差异。如汽车产业链中，以整车生产对产业的集聚影响最大，将导致金属制品、橡胶塑料制品、电子元器件等诸多的行业实现空间的集聚。因此，核心产业（特指制造业的某一个或几个行业）对外围产业的吸引能力最强。为了对这种吸引力进行度量，需要基于投入产出表对其重要性（即特定行业对外围产业的吸引力强度）进行赋值。其方法是：首先，计算每个行业在产业链中的投入（横列）与产出（纵列）总规模；其次，对总规模求和，并求取每个产业在总投入产出规模中的比重，将比重看作产业链内部产业的重要性程度，即比重越大，对产业的集聚能力越强，反之则越弱。如就汽车产业链而言，交通运输设备制造业的比重最高；电子信息产业链中，电子元器件制造业的比重最高。

从投入产出的角度，要用产业链内部行业的投入产出比重作为行业重要性的判断标准。其原因是：首先，从统计技术主成分分析法和相关性分析法等得出的结论，度量了某个行业对其他行业的敏感程度，没有从投入产出的“规模”来度量。例如，汽车制造业，从主成分分析法和相关性分析法得出的特征值较小，尚不如一般的金属制品业，更不如一些第三产业的行业门类，但投入产出的总值在钢铁机械产业链中是最大的，即该行业具有一定的稳定性，行业整体对外部环境的变化不够敏感。即假定在一个汽车制造业规模非常大的地区，其特征值可能没有多大的变化，但从投入产出规模来看，占主导地位极其明显，即重要性大，但敏感性高。因此，本书从投入产出规模来进行重要性的度量，从实践的角度看更具有应用价值。

第二节 北京大都市区的产业经济结构

根据相关研究成果，本书重点分析按照产品用途（即轻重）、生产要素以及环境依赖程度分类的产业所对应的规模结构（见表 4–3），以揭示更多的产业分工规律，为产业转移与集聚的分析奠定基础。如就中心城区和郊区而言，对比劳动密集型和劳动技术密集型的产业，就可以看出哪一类的劳动密集型产业经历了较大规模的空间转移才达到现状的空间结构状态以及集聚形态。需要说明的有两点：一是这些行业由于划分的标准不同，有些行业内部，由于产品之间还存在较大的差异，故不能代表整个行业的所有特征，这就是某些行业似乎是应该向郊区转移，但仍滞留在中心城区的原因。因此，本书的研究，侧重行业转移与扩散规律，而非完整意义上的企业规律。二是本书基于北京市 2004 年的第一次经济普查资料，缺乏连续年份的数据，因此只能是静态分析。这就生成了一个弊端，即无法从产业转移与集聚的动态角度进行分析，也就是说，无法赋予某个行业或产业链以动态的变量指标，这将掩盖部分特征，如哪个行业转移的速度更快，哪个行业在近几年的发展过程中更加趋向于空间集中等。因此，目前只能研究哪些产业更多地布局在某一地域范围内，哪些行业在空间上更加集中。如顺义区历史上是一个以轻型工业为主的地区，目前集聚了大量的重化工业，尤其是汽车产业链较为发达，因此可以判断某些行业更加适合采取园区的发展模式，某些行业更加适合在郊区发展。

表 4–3　行业性质的划分方案

类型		行业
要素密集度	劳动密集型	服装及其他纤维制品制造；皮革、毛皮、羽毛（绒）及其制品业；家具制造业；文教体育用品制造业；金属制品业；食品加工制造业；纺织业；木材加工及竹、藤、棕、草制品业；印刷业和记录媒介的复制。
	劳动技术密集型	医药制造业；橡胶制品业；通用设备制造业；专用设备制造业；电气机械及器材制造业。
	资本密集型	农副产品加工业、饮料制造业、烟草制造业、造纸及纸制品业、石油加工—炼焦及核燃料加工业、化学纤维制造业、塑料制品业、非金属矿物制品业。
	资本技术密集型	化学原料及化学制品制造业、黑金属冶炼及压延加工业、有色金属冶炼及压延加工业。
	技术密集型	技术高密集型：包括交通运输设备制造业、通信设备、计算机及其他电子设备制造业；技术中度密集型：包括石油加工—炼焦及核燃料加工业、橡胶制造业、有色金属冶炼及压延加工业、通用设备制造业、黑色金属冶炼及压延加工业、仪器仪表及文化—办公用机械制造业、化学纤维制造业、医药制造业、专用设备制造业、电气机械及器材制造业、电气机械及器材制造业、化学原料及化学制品制造业、烟草制品业。
环境依赖度	环境破坏型	石油加工—炼焦及核燃料加工业、橡胶制品业、塑料制造业、有色金属冶炼及压延加工业、黑色金属冶炼及压延加工业、化学纤维制造业、化学原料及化学制品制造业、造纸及纸制品业以及塑料制品业等。
	环境友好型	通信设备—计算机及其他电子设备制造业、医药制造业、电气机械及器材制造业、食品制造业、纺织服装—鞋—帽制造业、工艺品及其他制造业等。
资源与能源依赖型	/	交通运输设备制造业、石油加工—炼焦及核燃料加工业、有色金属冶炼及压延加工业、通用设备制造业、黑色金属冶炼及压延加工业、化学纤维制造业、专用设备制造业、饮料制造业、非金属矿物制品业和金属制品业。

一、按行业分类的结构特点

（一）重工业占绝对的主导地位

(1)北京及周边地区是一个典型的重工业地区。如按照本章确定的重工业标准，2004 年重工业的比重高达 64%，轻工业只有 36%。其中 2004 年末全国规模以上轻重工业比例为 49.1∶50.9，即在重工业主导的中国产业经济中，北京都市圈属于典型的重化工地区。根据工业化的发展阶段，北京都市圈属于工业化后期向后工业时期过渡，是一个工业化发展较为发达的地区（见表 4–4）。

(2)按照《统计年鉴》确定的轻工业与重工业的标准，北京市自身近几年来重工业的主导地位得到进一步巩固。这表现在三个方面：一是虽然首钢的搬迁使北京市重工业比重有所下降，2008 年重工业占工业总产值的 83.9%，比 2006 年下降了 0.8%；但与 2004 年相比，重工业比重依然增长了 2.8 个百分点。二是从近几年的发展趋势来看（如图 4–2)，重工业的主导地位得到进一步巩固，例如，由 2001 年的 74.2%增长到 2007 年的 84.4%，增长了约 10 个百分点。二是轻、重工业的比值相对较低，与全国相比存在较大的差异。如 2001—2007 年北京市的“轻工业/重工业”值均远远低于全国水平（2001 年北京市为 0.35，全国为 0.65；2007 年，北京市降低为 0.18，全国则降低为 0.42)，即全国“轻工业/重工业”值不断下降的同时，北京市也不断下降。根据工业经济理论，重工业发展代表地区工业发展水平，但轻重工业的比重是否能够代表地区发展水平是相对的。同时，根据世界城市发展理论，进入后工业化时期，地区核心城市，或者在世界城市体系中能够起到重要作用的城市，其重工业都退居二线，轻工业占主导地位。

因此，可以得出以下两个结论：一是北京市从综合指标判定，已经进入了工业化后期阶段，但产业结构方面仍然偏重于重工业，需要在结构上加强轻工业的发展，通过轻工业的发展，带动产业技术和产业结构的提升，确保北京市良好的城市生态环境，为实现世界城市的发展目标奠定产业基础。二是目前北京市重工业基础较为雄厚，在一定程度上将刺激产业集群的形成和发育，对于延伸北京及周边地区的产业链具有重要的经济价值，但与此同时，需要有侧重地加强产业的转移，在实现产业由中心城区向11个新城以及重点新城转移的同时，也需要加强与天津、唐山等京津冀都市圈其他核心城市的分工与协作，通过地区在重工业领域的联合发展，实现地区产业体系的重构。

表4-4　2001—2007年北京市与全国的轻、重工业发展情况

年份	轻工业(%)		重工业(%)		轻工业/重工业	
	北京市	全国	北京市	全国	北京市	全国
2001年	25.8	39.4	74.2	60.6	0.35	0.65
2002年	24.4	39.1	75.6	60.9	0.32	0.64
2003年	21.2	35.5	78.8	64.5	0.27	0.55
2004年	18.9	33.5	81.1	66.5	0.23	0.50
2005年	16.8	32.4	83.2	67.6	0.20	0.48
2006年	15.3	30.0	84.7	70.0	0.18	0.43
2007年	15.6	29.5	84.4	70.5	0.18	0.42

资料来源：《北京统计年鉴(2009)》、《中国统计年鉴(2004—2008)》。轻重工业产值均按规模以上工业统计数据计算；轻工业与重工业比重均以各自产值除以当年工业生产总值(按当年价格)计算。

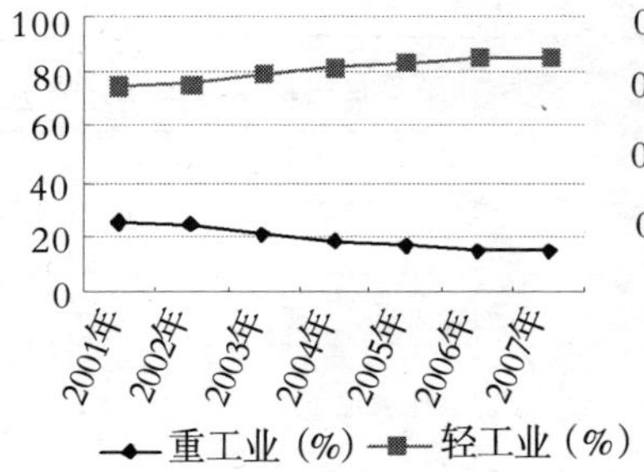

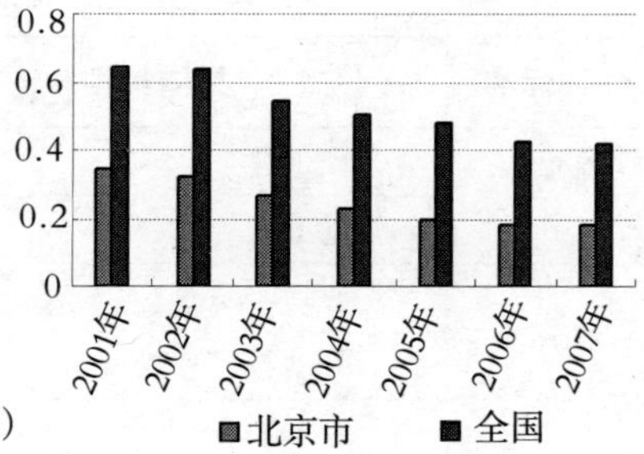

图4-2　2001—2007年北京市规模以上工业中轻/重工业比重(左)以及与全国轻/重工业比值对比(右)

（二）劳动密集型和技术密集型地位突出

(1) 劳动密集型产业地位相对较为突出。如按照要素密集度进行的产业类型划分标准，2004年北京都市圈中，劳动密集型产业比重达到22.2%，资本密集型和资本技术密集型分别占36.5%和

32.6%；而劳动技术密集型和技术密集型分别只占1.8%和6.9%（见表4–5）。因此，从数据上看，北京市劳动密集型产业仍然占有相当重要的地位。

(2) 技术密集型产业比重占有绝对的优势。如从统计上看，技术密集型产业仅占7%的比重，但从行业的内部划分看，资本密集型和资本技术密集型产业中，有相当一部分产业属于技术密集型产业。如北京市石化产业较为发达，也同时具有自身的产业发展特点。如石油加工—炼焦及核燃料加工业中，下游产品，如聚乙烯、聚丙烯、1,4－丁二醇、碳酸二甲酯以及IGCC技术在石油产品开发过程中生成的下游产品，主要是精细化工产品都具有极高的技术含量；化学纤维、塑料制品业、非金属矿物制品业等行业中，部分生产属于精细化工，部分生产附带新材料的生产。这些行业均为高技术密集型的产业。之所以这些“常规”的重化工业仍然在北京都市圈生存，其关键点在于产业存在的方式具有一定的特殊性。例如，从第一次经济普查数据，即各石化企业的细分产品类型看，北京的化学产业不是石化产业链，更多的是精细化工产业（成品生产而非基础原料的提炼与加工），以及为医药产业配套的高技术型化工产业。

表4–5 2004年根据第一次经济普查数据整理的不同类型产业规模结构(%)

分类标准	具体类型	工业生产总值比重(%)
按轻重工业分类	轻工业	36.0
	重工业	64.0
按生产要素分类	劳动密集型	22.2
	劳动技术密集型	1.8
	资本密集型	36.5
	资本技术密集型	32.6
	技术密集型	6.9
按环境依赖度分类	资源与能源依赖型	26.9
	环境破坏型	50.6
	环境友好型	22.6

(3) 劳动密集型产业地位下降,技术在产业发展中的地位得到很大提升。例如,按照《统计年鉴》的统计数据以及按照要素密集度进行的产业类型划分标准,2008 年劳动密集型产业比重为 7%,比 2004 年下降了 15.2%。劳动要素在产业发展中的重要性下降,而技术要素的地位得到很大提升。例如,与 2004 年相比,劳动技术密集型产业的比重增加了 7.1%,技术密集型产业的比重上升了 35.6%,2008 年该类型产业占工业生产总值的比重高达 42.5%,超过了资本密集型和劳动密集型产业。

(4) 资本要素在产业发展中的地位依然突出。例如,与 2004 年相比,资本技术密集型产业的比重下降了 23.2%,大量机械制造与设备制造业由资本技术密集型转变为单纯的技术密集型产业,技术超越资本成为产业发展的第一要素。但是,资本对产业发展仍然具有重要意义。根据 2008 年的统计数据,资本密集型比重仍然高达 32.3%,技术密集型产业比重则达到了 42.5%。

(三) 环境破坏型产业仍然广泛存在

(1) 环境破坏型产业的比重超过 50% 以上。如根据本书确定的产业分类标准,北京都市圈范围内环境破坏型产业工业生产总值仍占 50.6% 的比重,资源与能源依赖型和环境友好型产业则分别占 26.9% 和 22.6%(见表 4-5)。另外,从产业类型的划分看,资源与能源依赖型的产业往往是环境破坏型产业,如石化工业、橡胶塑料业、金属冶炼及压延业、化学制品业均为环境破坏型产业,造纸和纸制品制造业中,纸制品制造业不属于环境破坏型产业,但也不能属于环境友好型产业。因此,一方面,需要从产品的角度进行深入分析,加强与北京都市圈与其他地区行业结构与产品性质的比较,从生产工艺的角度做更加深入的比较分析;另一方面,需要从都市圈内部空间结构的角度进行比较分析,以更加全面地揭示该产业类型之所以存在的主要原因。

(2) 环境破坏型产业比重呈现出持续下降的特征。随着居民环保意识的增强以及对环境质量要求的提高,特别是北京奥运会“绿色奥运”的需要,以首钢为代表的众多重化工企业纷纷从北京市迁出。如表 4-7 所示,与 2004 年相比,2008 年化学原料及化学制品制造业、塑料制品业、黑色金属冶炼及压延加工业等环境破坏产业的企业数量、工业总产值和从业人数占所有行业的比重都呈现出相对下降的态势。据统计,2008 年环境破坏型产业占工业生产总值的比重相较 2004 年降低了 32.4%,而环境友好型产业的比重上升了 9.8%。另外,废弃资源和废旧材料回收加工业得到了较快发展,2008 年占工业生产总值的比重达到了 0.04%,是近几年随着城市环境建设需求的一个新增行业。

表 4-6　2008 年北京市不同产业类型结构

分类标准	具体类型	工业产值(当年价格,万元)	占工业生产总值比重(%)	与 2004 年相比的比重变化(%)
按轻重工业分类	轻工业	16742793	16.1	-19.9
	重工业	87388135	83.9	19.9
按生产要素分类	劳动密集型	7287691	7.0	-15.2
	劳动技术密集型	16001995	8.9	7.1
	资本密集型	33579401	32.2	-4.3
	资本技术密集型	9756445	9.4	-23.2
	技术密集型	69966166	42.5	35.6
按环境依赖度分类	环境破坏型	18994761	18.2	-32.4
	环境友好型	33700927	32.4	9.8
资源与能源依赖型	/	61269822	58.8	31.9
总计		104130928	100.0	0

资料来源:根据《北京统计年鉴(2009)》测算。

(3) 资源与能源依赖型产业比重上升,工业发展对资源和能源的依赖程度加深。2008 年,北京市资源与能源依赖型产业占工业生产总值的比重为 58.8%,比 2004 年上升了 31.9 个百分点(见表 4-6)。其中,工艺品及其他制造业、电力和热力的生产和供应业、燃气的生产和供应业、石油加工、炼焦及核燃料加工业、通用设备制造业以及专用设备制造业的生产总值得到快速增长。特别是电力、热力的生产和供应业,占工业生产总值的比重提高了 9.5 个百分点。其中,电力和热力的生产和供应业(9.52%)、燃气的生产和供应业(0.73%)表现出较快的增长速度,一方面表明北京市正处在快速的城市扩张阶段,城市人口的持续增加,居民基本生活保障需求总量在不断地扩大;另一方面，电力、热力的快速增加表明北京市能源结构正处在快速调整过程中，城市环境建设需求已经对产业结构产生较大的影响。

表 4-7　2008 年相对于 2004 年的北京市各产业变化情况(%)

产业类型	企业数量		工业总产值		从业人数	
	数值增长率	比重变化	数值增长率	比重变化	数值增长率	比重变化
煤炭开采和洗选业	4.17	-0.21	192.70	0.67	-15.52	-0.77
石油和天然气开采业	/	0.04	/	0.85	/	1.12
黑色金属矿采选业	33.33	-0.03	187.96	0.07	32.18	0.02
有色金属矿采选业	0.00	0.00	0.00	0.00	0.00	0.00
非金属矿采选业	30.77	-0.06	89.12	0.00	37.96	0.01
其他采矿业	0.00	0.00	0.00	0.00	0.00	0.00
农副食品加工业	31.58	-0.83	101.65	-0.13	5.97	-0.44
食品制造业	37.25	-0.62	54.21	-0.55	9.29	-0.38
饮料制造业	-2.90	-0.67	51.61	-0.53	12.26	-0.22
烟草制造业	100.00	0.00	103.25	-0.01	-1.00	-0.02
纺织业	8.28	-1.17	19.28	-0.49	-13.90	-1.08
纺织服装、鞋、帽制造业	35.32	-0.95	55.68	-0.35	0.18	-1.34
皮革、毛皮、羽毛(绒)及其制品业	32.14	-0.13	98.86	-0.01	-17.67	-0.13
木材加工及竹、藤、棕、草制品业	88.00	0.07	36.64	-0.08	-4.53	-0.09
家具制造业	74.39	0.09	146.89	0.06	70.74	0.47
造纸及纸制品业	52.69	-0.18	124.89	0.04	22.48	-0.01
印刷业和记录媒介的复制	11.67	-2.29	78.19	-0.23	10.92	-0.43
文教体育用品制造业	7.32	-0.34	49.67	-0.07	20.75	-0.02
石油加工、炼焦及核燃料加工业	12.82	-0.29	173.88	1.60	44.05	0.21
化学原料及化学制品制造业	65.04	-0.06	-18.48	-4.76	-11.58	-1.39
医药制造业	40.65	-0.56	110.70	-0.03	35.00	0.32
化学纤维制造业	180.00	0.08	82.45	-0.01	72.12	0.03
橡胶制品业	109.09	0.13	92.20	-0.02	75.36	0.22
塑料制品业	60.57	-0.15	85.57	-0.11	20.49	-0.04

续表

产业类型	企业数量		工业总产值		从业人数	
	数值增长率	比重变化	数值增长率	比重变化	数值增长率	比重变化
非金属矿物制品业	42.18	-1.15	96.67	-0.24	5.92	-0.98
黑色金属冶炼及压延加工业	43.75	-0.10	25.20	-4.03	-35.05	-2.74
有色金属冶炼及压延加工业	123.91	0.37	119.62	0.02	31.82	0.04
金属制品业	72.13	0.22	138.68	0.21	31.03	0.21
通用设备制造业	117.88	1.95	155.19	0.64	42.52	0.81
专用设备制造业	154.62	2.91	164.06	0.80	71.65	1.89
交通运输设备制造业	62.74	-0.14	62.33	-3.48	12.97	-0.84
电气机械及器材制造业	97.90	1.03	111.33	-0.04	38.52	0.50
通信设备、计算机及其他电子设备制造业	67.65	0.04	111.55	-0.19	67.57	3.17
仪器仪表及文化、办公用机械制造业	121.97	1.33	92.39	-0.22	43.06	0.40
工艺品及其他制造业	129.17	0.42	1141.86	0.65	99.94	0.42
废弃资源和废旧材料回收加工业	/	0.24	/	0.04	/	0.08
电力、热力的生产和供应业	263.33	0.82	957.37	9.52	63.85	1.08
燃气生产和供应业	157.14	0.09	585.58	0.73	13.17	-0.06
水的生产和供应业	141.67	0.12	-7.99	-0.34	17.03	-0.03

资料来源：根据《北京统计年鉴》(2005、2009)测算。2004年石油和天然气开采业和废弃资源和废旧材料回收加工业的统计数据为0；各项指标均按当年价格计算。

(四) 世界城市产业结构发展现状

自18世纪英国工业革命以来，现代工业已经发展了近250年，经历了手工业、机器大工业以及现代工业等三个阶段。工业在国民经济中的地位由兴起、发展、鼎盛到衰退和复兴，工业内部的产业结构也不断发生变化。伦敦、纽约和东京作为顶级的世界城市，工业历史悠久，研究这三个世界城市的工业现状特征以及地方政府采取的发展政策，对于北京市工业的发展具有前瞻性意义。

(1) 产业结构趋于稳定，以服务业为代表的第三产业占据绝对主导地位，以制造业为主的第二产业退居次要地位。二战后，在第二次工业革命的推动下，第二产业在国民经济中的地位不断攀升，尤其是以钢铁、汽车、化工为代表的重化工业得到飞速发展。20 世纪 50 年代中期以来，在第三次科技革命的冲击下，工业在国民经济中的地位每况愈下，特别是随着环保理念深入人心，污染严重的重化工业受到严重冲击。具体表现为工业占国民经济总产值的比重下降、占从业总人数的比重下降。例如：

伦敦制造业明显滞后于其他产业。伦敦是最早进行工业革命的地区，工业曾经是国民经济的主导，但是随着金融、商业服务等第三产业的兴起，工业逐渐退居二线。2007 年，伦敦市制造业总增加值约 130 亿英镑，占所有产业的 5.5%（同期英国的制造业比重是 13.3%），不及金融服务业的 1/3（见表 4-8）。

表 4-8　2007 年伦敦市各产业占国内增加总值的比重(%)

产业类型	内伦敦	外伦敦	伦敦	英国全国
总计	100	100	100	100
农林牧渔业	0	0	0	0.7
采矿业与采石业	0.2	0	0.1	0.4
制造业	4.4	7.7	5.5	13.3
电力、燃气和水的生产与供应业	0.6	0.9	0.7	1.6
建筑业	2.1	7.9	4	6.4
批发与零售业(包括汽车交易)	6.5	14.4	9.1	11.9
住宿与餐饮业	3	3.1	3	2.9
交通、仓储与邮政业	5.9	12.7	8.1	7.1
金融服务业	23.5	4.2	17.4	7.9
房地产、租赁与商业活动	32.7	24	29.8	23.8
公共管理与防卫	5.1	5.3	5.1	5.3
教育	3.5	6.1	4.3	6
健康与社会事业	4.1	7.4	5.2	7.1
其他服务	8.4	6.3	7.7	5.3

资料来源：*Focus On London* 2009。

同时，伦敦市就业岗位不断流失，从业人数占所有行业的比重不断下降。据统计，在20世纪的最后20年中，伦敦市所有的制造业部门都流失了工作岗位，其中工程业流失了10万个工作岗位，信息与通讯技术产业流失约7.4万个。1991年，制造业从业人数所占比重为9.9%，2001年下降到6.5%，平均以每年超过34%的速度下降，与工业统称第二产业的建筑业也以11%左右的速度下降(见表4–9)。

表4–9 1991年和2001年伦敦各行业的就业结构(%)

行业	1991年	2001年	变化率
金融商业	26.5	33	24.53
其他	5.9	7	18.64
宾馆、看护、维护修理	20.2	22.2	9.9
农业	0.1	0.1	0
矿业、采石、电、气和水	1	0.3	－0.7
教育社会工作、健康服务	15.5	14.4	－7.1
建筑业	3.7	3.3	－10.81
交通运输、通信	9.3	8.1	－12.9
制造业	9.9	6.5	－34.34
公共管理、保卫	7.9	5.1	－35.44

资料来源：*Planning for London's Growth*。

纽约成为制造业结构比重最低的世界城市。与伦敦类似，纽约作为较早进行工业革命的城市之一，随着金融服务等第三产业的发展，制造业逐渐成为边缘产业。2007年，制造业营业额仅占所有行业的5.2%，从业人员占所有从业人员的6%，企业数占所有企业总量的比重不足5%。与此相比，批发与零售业共占据47.8%，专业服务业的比重接近15%；同期，制造业的从业人数占所有行业的6%，企业数占4.8%。由此可见，纽约市的第三产业已牢牢占据主导地位，第二产业，尤其是制造业，已经让位于北京市长期倡导发展的、并作为产业结构调整引擎的信息产业(营业额的比重高达8.2%)(见表4–10)。

表 4-10　2007 年纽约市各行业综合比较表

产业类型	企业数		从业人数		营业额	
	数量（个）	比重（%）	数量（万人）	比重（%）	数量（亿美元）	比重（%）
总计 *	170184	100	239	100	4794	100
批发	17870	10.5	19	7.8	1735	36.2
咨询业	24163	14.2	31	12.9	564	11.8
零售	30252	17.8	25	10.6	555	11.6
健康保障与社会救助	19100	11.2	56	23.5	479	10
信息产业	5508	3.2	18	7.7	393	8.2
制造业	8228	4.8	14	6	250	5.2
不动产及租赁	17748	10.4	10	4.1	247	5.2
其他服务业	18357	10.8	12	5.1	173	3.6
管理支持以及其他服务业	7833	4.6	23	9.6	145	3
住宿与餐饮服务业	15065	8.9	21	8.9	143	3
艺术与娱乐休闲	4530	2.7	7	2.9	89	1.9
教育服务	1530	0.9	2	0.9	20	0.4

资料来源：*2008 New York State Statistical Yearbook*。纽约市包括布朗克斯区、布鲁克林区、曼哈顿区、皇后区和斯坦腾岛五个区；“总计”中不包括农、林、牧、渔等第一产业。

东京保持着制造业的优势地位。从总产出、就业人数及企业数等 3 个方面考察，目前东京的主导产业是服务业和批发零售业。如 2005 年服务业（不包括金融保险业）和批发零售业分别占总产值的 29.1%和 21%，2006 年服务业（不包括金融保险业和餐饮业）的企业数与从业人数分别约占所有行业的 18%和 20%，同期批发零售业的企业数比重达 28.61%、从业人数接近 21.9%（见表 4-11）。

但与伦敦和纽约不同，虽然制造业在东京所有行业中的比重在下降，但仍稳居第二梯队，是东京的最重要产业之一。2005 年，制造业总产出与金融保险业大体相当，占所有行业的 10.6%（大约是伦敦、纽约的两倍），2006 年东京都制造业企业数达 3.8 万个，约占所有行业的 15%，从业人数约占 10.6%，是金融保险业的两倍多（见表

4–11)。东京作为世界金融中心,仅次于伦敦、纽约、香港和新加坡,成为世界第五大金融中心(2010 年世界金融中心排序)。由此可见,东京的制造业不仅在国内,在国际上也有一定的影响力;东京是世界上唯一一个制造业相对极其发达的世界城市。

表 4–11 2006 年东京都各行业企业数与从业人数比较

产业类型	企业数		从业人数	
	企业数(万个)	占企业总数比重(%)	从业人数(万人)	占从业总人数比重(%)
总计	25.5	100.00	846.8	100.00
批发零售业	7.3	28.61	185.2	21.88
其他服务	4.6	17.83	163.3	19.29
制造业	3.8	15.03	89.7	10.6
餐饮业	1.7	6.7	77.7	9.17
信息与通信产业	1..5	6.03	75.9	8.97
医疗、健康与社会保障	0.2	0.88	58.3	6.89
建设业	2.8	11.12	44.8	5.29
运输业	0.5	2.03	40.7	4.81
教育	0.2	0.97	40.5	4.79
金融保险业	0.4	1.44	35.8	4.23
不动产业	2.3	9.19	24.9	2.94
综合服务	0.0 0	6.1	0.72	
电力、燃气和水的生产与供应业	0.0	0.03	3.1	0.37
农林牧渔业	0.0	0.12	0.4	0.04
采矿业	0.0	0.03	0.3	0.03

资料来源:东京都统计年鉴 http://www.toukei.metro.tokyo.jp/tnenkan/tn-eindex.htm

(2) 技术密集型产业成为工业发展的主流。第三次科技革命虽然对传统工业造成了巨大的冲击,同时也带来了信息化和现代化的机遇。新能源和新材料的出现扩大了工业生产的领域,新技术的运用提高了劳动生产率并降低生产成本,尤其是信息技术在工业生产和管理中的应用,极大地提高了管理效率,实现了传统工业向现代工业的转变。因此,技术革新成为发达国家工业转型的主要手段,技术密集型产业已经成为工业发展的主流。

以伦敦为例,虽然伦敦总体就业在收缩,但是工人的生产率却得到很大提升,在20世纪的最后20年中,制造业工人的生产率提高了约120%。同时,制造业对员工的技能依赖越来越强,管理人员、专业人员和助理专业人员、技术人员等较高技能水平的人员占了伦敦制造业总就业量的50%以上。伦敦是许多企业总部所在地,因此,伦敦制造部门的很多实际工作并不是生产流程的组成部分,而是诸如管理、行政类的办公室工作。伦敦管理与行政类工作占制造业总就业量的33%,而生产类工作岗位占了总量的28%*。

以东京为例,自20世纪80年代东京都工业外迁以来,科技对于这一新兴工业地带的发展至关重要,产学研互动的模式在区域内得到积极推广,目前该地区集聚了大型企业的开发据点、理工科大学等教育研究机构、兼备市场把握能力和产品开发能力的产品开发型中小企业、能生产高精度产品并且能短期交货的基础技术型中小企业,并成为新技术、新产品孵化基地的集聚地。从工业结构来看,印刷出版业和技术密集型的电机、通信机械、精密机械和运输机械是工业主导部门。根据2007年东京都工业统计数据,技术密集型企业的工业产值约4.7万亿日元,占工业生产总值的60%之多。

(五) 北京与世界城市产业结构差异比较

世界城市经历了长期的工业发展历史,制造业在世界城市和经济体系中发挥巨大作用。2008年的金融危机爆发后,以金融业为主导产业的伦敦和纽约,遭受着巨大的损失;相对而言,东京经济体系较为完整,尤其是保持制造业的比重和快速增长,并着重调整制造业内部结构,因此,在金融危机中表现相对从容,成功地实现了经济发展的软着陆。同时,在后金融危机时期,引起学术界和政府管理层关于如何看待和调整城市产业结构的讨论,以及培育城市如何长期有效地应对突发事件、增强城市发展稳定性的探讨。其中,环保理念中的"低碳经济"和"绿色工业"两大概念受到推崇,并在长期的经济活

---

* 《伦敦制造业发展战略与行动纲要(2005—2008)》系列,载《中国科技信息》2006年第7期,第314—319页。

动中，世界城市受这两个概念的制约和刺激，不断实现经济发展方式的转变。如 1997 年 12 月，《联合国气候变化框架公约》第三次缔约方大会在日本京都召开，并通过了《京都议定书》。2005 年 2 月 16 日，《京都议定书》正式生效。这是人类历史上首次以法规的形式限制温室气体排放，"低碳经济"就是在这样一个大背景下被提出的。"低碳经济"最早见诸政府文件是在 2003 年的英国能源白皮书《我们能源的未来：创建低碳经济》，由此被广泛应用。2009 年 12 月，在丹麦首都哥本哈根召开的、由 190 多个国家政府官员参加的"联合国气候变化大会"吸引了全世界的眼球，再次引起各国对气候变化问题的高度关注，"低碳经济"也成为全球流行语，并得到更多的关注和支持。目前对"低碳经济"定义的论述很多，但是都强调了经济全过程中的低能耗、低污染、低排放。综合起来，"低碳经济"就是以低碳技术为基础，以经济和环境协调发展为目的，以低碳能源、清洁生产和循环利用实现可持续发展的增长模式。其中，低碳技术涉及电力、交通、建筑、冶金、化工、石化等部门以及在可再生能源及新能源、煤的清洁高效利用、油气资源和煤层气的勘探开发、二氧化碳捕获与埋存等领域开发的有效控制温室气体排放的新技术。"绿色工业"是"低碳经济"在工业生产中的具体体现，是一种实现清洁生产、生产绿色产品、能循环利用的工业模式。

伦敦作为英国经济中心和技术中心，是英国"低碳经济"发展的先行者。例如，英国是最早提出"低碳经济"的国家，也是在低碳技术和"低碳经济"模式探索中成效最显著的国家之一。英国政府成立了一个碳基金公司，该公司是一个由政府投资、按企业模式运作的独立公司，目标是帮助商业和公共部门减少二氧化碳排放，并寻求低碳技术的商业机会。在低碳技术领域，英国将能源作为今后长期战略中的主攻方向之一，不仅投入巨额资金，还整合资源建立了新的研究中心，致力于能源创新和加速推进关键技术的商业化开发。2003 年以来，先后成立了英国能源研究中心、能源技术研究所、国家核实验室等研究机构，启动了"清洁化石燃料计划"、"氢战略框架"、"超级发电计划"(Super Gen)等研究计划。日本是《京都议定书》的倡导国，也是推动"低碳经济"的先行者。在低碳技术方面，日本也将能源作为主攻方向，投入巨资开发利用太阳能、风能、光能、氢能、燃料电池等替代能源和可再生能源，并积极开展潮汐能、水能、地热能等研究。

2004年5月，日本公布了“新产业创造战略”，将燃料电池等7个领域作为重点。2007年日本通产省曾提出一项新计划，将在未来5年内投入2090亿日元，用于发展清洁汽车技术。同年5月，日本经济、贸易和产业省也计划在5年内投资17.2亿美元开发低碳排动力系统和燃料。虽然美国一度拒绝批准《京都议定书》，但是随着环境问题日益成为全球性问题，美国也逐渐改变态度。2007年，美国参议院提出了《低碳经济法案》，时任总统乔治·W·布什也提出了美国应对气候变化的“长期战略”。在开发清洁能源的过程中，美国科研机构把重点放在了开发太阳能、生物燃料和先进照明技术等方面，特别是在开发太阳能方面取得了长足进展。由此可见，“低碳经济”不仅仅是新能源的开发和新技术的应用，更是一次思维方式、生产和管理模式的变革；不仅会带来产业结构的变更，更会造成产业内部的生产流程、产业链结构的改变。可以预见，在全球经济复苏、气候危机严峻的大背景下，以低能耗、低排放、低污染为主要特征的低碳经济，将成为各国转变经济增长模式、找寻新经济增长点的核心领域。世界城市，以及其他地区的核心城市将成为该生产模式的先行者。

北京市工业较为发达，二产比重较高，与东京具有相似性。但同时，两个城市在工业内部结构方面表现出较大的差异。因此，加强东京与北京的比较，将为北京市未来产业结构的调整，寻求新的战略支撑点奠定基础。总体上，表现为如下几个方面的差异：

(1) 重工业所占比重过高。东京都轻工业与重工业的发展比较协调。例如，2006年重工业所占比重为68.9%，比北京市低15%，轻、重工业之比接近3∶7。以石油加工、炼焦及核燃料加工业为例，该产业占北京市工业生产总值的7.23%（2008年），仅占东京都的0.06%（2006年）。

众所周知，东京起步于20世纪60年代世界范围内对工业产品的巨大需求，尤其是大型装备机械等重化工产品。在将近50年的经济发展过程中，东京重新审视自身在国际上的地位，以及东京工业，尤其是重工业在地区经济发展中的价值。而根据北京市经济结构演进过程看，重化工业不仅在比例上占有明显的优势，在增长速度方面也体现出了一定的优势。但近几年来，北京市一直保持着经济的快速发展，相对而言，东京尽管在产业结构体系上表现出一定的优势，但却处于经济增长的低迷时期，尚未找到实现经济快速发展的突破口。因此，不免对东京，以及发达的日本经济增长产生疑惑，即为什么处于经济结构良性状态下经济增长却出现异常；北京为什么能在结构调整尚未完成前仍能保持经济，尤其是重工业的较快增长。疑惑可能有如下几个答案：一是北京工业化水平与东京相比仍相对落后，需要通过重化工业的拉动继续完善经济体系，即通过产业链的延伸，有侧重地加强轻工业的发展，将重化工的初级产品生产转移到周边地区，率先改善轻重工业的结构；二是北京市的持续快速发展建立在国内巨大的消费市场需求基础上，即在国际贸易市场一体化的背景下，北京市选择了恰当的产品市场定位，进而刺激了重工业的发展。如现代汽车良好的市场定位，促使北京的汽车工业能够稳定快速发展，并在全国占有较为突出的优势，进而带动地区经济的发展；首钢选择合适的机会实现整体搬迁，着重发展总部经济以及技术含量高的冷轧及系列产品，保持了在钢铁行业的龙头地位。三是北京作为中国的首都城市，是各类政治、经济、文化活动集中的地区，当前的经济体制背景下，“北京”成为代表中国企业形象的一种无形资本，优化了企业的发展环境。当然，这种无形资本的形成也具有一定的社会经济背景，如企业入驻相关园区的“准入”标准相对较高，包括投资强度、品牌价值、环保要求、质检标准等，促使产品销售市场具有相对良好的信誉度。

通过上述的分析，用发展的视角看，北京市轻重工业的结构性调整已经势在必行，重工业的内部结构调整将成为整体结构调整的先驱。

(2) 技术要素在产业发展中的作用有待进一步提高。技术密集型产业是东京都的主导产业类型，2006 年占工业生产总值的 60.7% 之多，比北京市高 17.7%。其中，交通运输设备制造业占 17.91%，比北京市高 6.83%，这主要得益于东京都强劲的汽车产业，以丰田汽车为首的日本知名汽车企业大多布局在东京都。虽然北京市在通信设备、计算机及其他电子设备制造业的比重高于东京都，但是该类企业多位于产业链的底端而从事设备或零部件的生产与组装，因此，研发和设计能力相对较弱。精密仪器制造业也是东京都重要的产业部门，2006 年该产业所占比重约 6%，而北京市仪器仪表及文化、办公用机械制造业的比重仅占 2.03%，远远低于东京都地区。

相对东京而言，尽管北京市有现代、奔驰、吉普等专业汽车生产企业，但该类汽车生产企业均为外商投资企业，研发和设计主要依托国外跨国公司总部；吉利、比亚迪以及金杯、福田等汽车，相对技术含量较低，因此，难以通过技术创新带动地区主导产业的发展，并进而成为引导地区发展的技术进步的纽带。由于技术创新需求不足，诸如精密仪器等的研发与生产往往依托国外现有技术，反过来弱化了该类产品实现核心技术创新的源动力。因此，努力提高技术密集型产业的比重，加大研发投资、鼓励企业进行技术创新是北京市产业发展的重点，也是北京实现快速的产业结构升级的保障和率先抢占国内外市场的基础。

(3) 环境友好型产业比重偏低，产业发展对资源和能源的依赖程度过高。2006 年，东京都环境友好型产业比重超过 60%，比北京高 28.3%。同时，资源与能源依赖型产业仅占 18.3%，比北京市低 40.5%。(见表 4-12)作为工业发达，重工业仍占有一定比重的东京，为什么资源依赖型的产业比重如此之低。经分析，原因在于东京凭借其技术上的优势，在太阳能、风能、燃料电池等新能源开发领域处于世界领先地位，因而在工业生产中对于石油、煤炭等传统能源的依赖型不高。另外，东京都的金属制品业、钢铁产业等产业大多转向技术密集型产业，而且这些产业都有一些大型企业，它们几乎掌握了整个产业链的生产，避免了东京生产机械类产品从初级产品到中端产品，再从中端产品向终端产品过渡。

相对而言，北京市已经形成了 10 大产业链，包括高端的汽车和钢铁产业链以及医药、电子信息等，但这类产业链在全国的竞争力均相对较弱。如上海、广州、武汉、长春等几个城市的汽车产业已经具有较长的发展历史，且逐渐培育了自主创新能力；另外，中国的医药生产和研发企业主要集中在武汉、哈尔滨等地区，而钢铁基地，尤其是精品钢、特种钢等的生产，宝钢、武钢等企业都具有较强的研发实力；与此同时，电子信息产业，广东省诸多城市都具有一定的竞争力，浙江、江苏以及山东等地区的电子信息产业也具有较强的生产和研发能力，尤其是生产能力。在一定程度上，中国电子信息产品的研发处于初级阶段，北京因为缺乏一线生产能力，研发能力也相对较为薄弱。另外，包括整个中国在内，北京新能源的开发尚处于初级阶段。例如中国的太阳能开发主要集中在江苏南京/无锡、河北保定、山东德州、广东深圳以及湖北省的武汉(光谷)等地区，多晶硅的生产主要集中在中国的中西部地区等。其他的，如风能的利用主要集中在内蒙、河西走廊、山东沿海等地区，燃料电池的生产属于显著的资源破坏和资源依赖型产业，主要分布在煤炭资源较为发达的山西、内蒙、山东等地区。由于中国尚未建立高技术的新能源生产基地，产品网络应用的难度较大，如风能尚未全面实现与国家电网的并网，因此，北京市很难利用风电系统取代火电。综上所述，北京市必然存在部分资源依赖型产业，对环境的破坏较为严重。

表 4-12　2006 年东京都不同产业类型结构

分类标准	具体类型	工业产值(当年价格，万日元)	工业生产总值比重(%)	与北京相比(%)
按轻重工业分类	轻工业	55849755	31.1	15.0
	重工业	539313968	68.9	-15.0
按生产要素分类	劳动密集型	184149350	23.5	16.5
	劳动技术密集型	16249241	2.1	-6.8
	资本密集型	55380642	7.1	-25.1
	资本技术密集型	55849748	7.1	-2.3
	技术密集型	470651162	60.2	17.7
按环境依赖度分类	环境破坏型	178535074	22.8	4.6
	环境友好型	474738639	60.7	28.3
资源与能源依赖型	/	142902864	18.3	-40.5
总计		782280143	100.0	0

资料来源：根据东京都统计年鉴以及《北京统计年鉴(2009)》测算。

*注："与北京相比"是指 2007 年东京都各产业占工业生产总值比重与 2008 年北京市相应产业占工业生产总值比重之差。

二、产业链结构特点

（一）现已形成10大产业链

2002年，北京市的主要产业链包括钢铁与机械、石化、食品、纺织、电子信息、汽车、文教生活、家具制造、医药以及建筑产业链（见表4-13）。其中：

钢铁机械产业链。该产业链为北京及周边地区最大的产业集群。主要包括15个部门。其中汽车制造业在投入产出中的比重最大，达到35%以上，其次是汽车零部件及配件制造业（20%）和金属制品业（14%），专用设备制造业和非金属矿物制品制造业所占比重也相对较高。相对而言，首钢的搬迁导致北京市该产业链发生了巨大的变化，跳出了钢铁工业与首都经济定位相悖的格局，进入新的发展阶段，即以汽车产业为代表的机械产品主导的高技术制造业时代。

石化产业链。该产业链中，主要包括14个行业，其中石油加工业在投入产出中所占比重最大，超过40%，其次是基础化学原料制造业（13%）以及合成材料制造业等产业（9%）。另外，医药制造业、专用化学产品制造业以及其他非金属矿物制品制造业都占有一定的比例。从目前北京市产业发展阶段看，这些产业，都属于高技术产业。由此可以判断，随着新型产业的不断培育，传统的石化工业将被新型的精细化工产业所代替，北京正在进入新型化工时代。

电子信息产业链。该产业链中，电子元器件制造业（43%）和通信设备制造业（28%）占有举足轻重的作用，表明北京市高技术制造业已经有了较大程度的发展，现代化高端技术产业集群已经培育起来。如在该产业链中，较为发达的文化办公用品制造业、家用视听设备制造业、金属加工机械制造业比重都相对较低，由此判断北京市在该产业链范围内某些行业的专业化程度越来越高，与之相配套的仪器仪表制造业比重相对较为突出，据此可以判断北京市该产业链内部也正在不断的优化升级，标志着北京市信息时代即将到来。

汽车产业链。该产业链中，汽车制造业和汽车零部件及配件制造业占总体规模的70%，相反，炼铁业不足1%，金属制品业也只有13%，但精密仪器仪表的生产开始唱主角。根据相关的研究成果，认为北京市汽车零部件产业仍处于相对落后的阶段，北京市以奔驰、现代两大整车生产集团为核心的汽车产业链尚未完善。随着市场化进程的不断发展，汽车工业势必将成为该产业链中的主体，汽车零部件的辅助地位不断提升，北京将进入真正的汽车工业时代。

医药产业链。该产业链中，石化工业、基础化学原料制造业占主体，占总体规模的比重接近 70%，医药制造业只占 12%；而与之相关的农业方面，只有饲料加工产业，表明北京市医药制造业主要以化学药品的研发、生产与制造为主，相对较为发达的日用化学产品制造业也是良好的佐证。经分析，认为北京市的医药制造业是化学工业的衍生行业，在全市尚未形成相对独立的、具有明显原创性的、体现现代生物技术的产业集群，未来需要在巨大的舶来技术消化能力基础上，立足生物科技，强化医药产业的专业化、全球化，以引导北京提前进入生物科技时代。

纺织产业链。该产业链中，棉、化纤纺织及印染精加工业与纺织服装、鞋、帽制造业以及针织品、编织品及其制品制造业占有相对明显的地位，其比重高达 70% 以上。相对而言，纺织制成品制造业以及化学纤维制造业比重较低。这表明北京市纺织产业仍处于低端产品的生产阶段，距离大都市型的“现代服装”产业仍具有一定的差距，可以判断，北京市具有现代都市特色的服装产业链尚未形成。这要求：一方面加强纺织制成品的生产，使北京依托巨大的消费市场，发展成为现代服装研发、生产与展示基地，构建都市型服装博览平台，与上海、广州、香港、大连都地区形成错位发展的良好态势。

文教生活产业链。该产业链中，造纸与纸制品制造业所占比重接近 40%，是其主导性行业。经生产产品的性质分析，北京市该产品均来自纸制品制造业。北京市巨大的商务、教育、行政办公等首都性质的经济功能在该行业中已经表现出来。其中印刷业和记录媒介的复制业作为都市型行业，在中国诸多中小城市的发展刚刚起步，而北京，在投入产出中其比重已经接近 20%。从该产业的发展可以看出，北京市已经具备国际大城市的特征，并可以认为该行业具有一定的“标志性”。与之配套的日用化学产品制造业、塑料制造业等也较为发达，标志着该产业链已经发育成熟。

表 4-13　北京市 2002 年主要产业链及其内部不同行业占投入产出总规模的比重(%)

产业链	行业	比重	产业链	行业	比重	产业链	行业	比重
钢铁机械产业链	炼焦业	0.332	食品产业链	谷物磨制业	25.554		仪器仪表制造业	13.758
	水泥、石灰和石膏制造业	3.431		饲料加工业	23.786	文教生活产业链	造纸及纸制品业	38.754
	陶瓷制品制造业	0.248		制糖业	0.652		印刷业和记录媒介的复制业	19.611
	耐火材料制品制造业	0.767		植物油加工业	25.771		文化用品制造业	0.591
	其他非金属矿物制品制造业	6.785		屠宰及肉类加工业	24.236		玩具体育娱乐用品制造业	0.489
	炼铁业	0.829	纺织产业链	棉、化纤纺织及印染精加工业	32.550		日用化学产品制造业	14.494
	金属制品业	13.782		毛纺织和染整精加工业	10.427		橡胶制品业	2.963
	锅炉及原动机制造业	1.065		麻纺织、丝绢纺织及精加工业	0.173		塑料制品业	19.937
	金属加工机械制造业	2.123		纺织制成品制造业	11.508		水泥、石灰和石膏制造业	3.161
	其他专用设备制造业	8.198		针织品、编织品及其制品制造业	15.430	家具制造产业链	木材加工及木竹藤棕草制品业	16.372
	汽车制造业	35.155		纺织服装、鞋、帽制造业	23.795		家具制造业	8.510
	汽车零部件及配件制造业	19.867		化学纤维制造业	6.118		陶瓷制品制造业	0.947
	其他交通运输设备制造业	3.071	电子信息产业链	玻璃及玻璃制品制造业	1.245		其他专用设备制造业	29.176
	电机制造业	3.919		金属加工机械制造业	0.328		金属制品业	40.047
	工艺美术品制造业			文化、办公用机械制造业	1.374		金属加工机械制造业	4.949

续表

产业链	行业	比重	产业链	行业	比重	产业链	行业	比重
石化产业链	石油和天然气开采业	14.326	电子信息产业链	其他专用设备制造业	2.086	医药产业链	饲料加工业	1.460
	石油加工业	40.734		通信设备制造业	28.257		造纸及纸制品业	8.352
	基础化学原料制造业	12.709		电子计算机整机制造业	9.796		石油加工业	49.529
	肥料制造业	0.631		其他电子计算机设备制造业	7.481		基础化学原料制造业	18.704
	农药制造业	0.081		电子元器件制造业	43.346		农药制造业	0.205
	涂料颜料油墨及类似产品制造业	2.449		家用视听设备制造业	1.143		日用化学产品制造业	4.060
	合成材料制造业	9.059		其他通信、电子设备制造业	1.415		医药制造业	12.126
	专用化学产品制造业	3.333		仪器仪表制造业	3.529		其他专用设备制造业	5.563
	日用化学产品制造业	1.860	汽车产业链	皮革毛皮羽毛(绒)及其制品业	1.387	建筑产业链	石油加工业	54.401
	医药制造业	4.683		炼铁业	0.925		基础化学原料制造业	20.359
	化学纤维制造业	0.252		金属制品业	13.273		涂料颜料油墨及类似产品制造业	5.644
	塑料制品业	4.348		锅炉及原动机制造业	0.779		塑料制品业	6.921
	水泥、石灰和石膏制造业	1.365		汽车制造业	44.774		水泥、石灰和石膏制造业	3.255
	其他非金属矿物制品制造业	4.169		汽车零部件及配件制造业	25.103		其他非金属矿物制品制造业	9.420

表 4-14　北京市 2004 年各行业的规模与比重(亿元,%)

行业	规模	比重	行业	规模	比重
石油加工业	595.70	17.37	毛纺织和染整精加工业	8.85	0.26
水泥、石灰和石膏制造业	239.64	6.99	有色金属矿采选业	8.84	0.26
合成材料制造业	207.76	6.06	炼铁业	8.22	0.24
其他食品加工和食品制造业	198.28	5.78	谷物磨制业	7.23	0.21
医药制造业	186.88	5.45	铁合金冶炼业	6.93	0.20
煤炭开采和洗选业	140.90	4.11	其他交通运输设备制造业	6.89	0.20
塑料制品业	136.79	3.99	其他非金属矿采选业	6.44	0.19
钢压延加工业	129.44	3.77	信息化学品制造业	6.36	0.19
印刷业和记录媒介的复制业	117.89	3.44	锅炉及原动机制造业	4.89	0.14
纺织服装、鞋、帽制造业	116.24	3.39	通信设备制造业	4.67	0.14
专用化学产品制造业	90.87	2.65	电子元器件制造业	4.47	0.13
造纸及纸制品业	78.90	2.30	制糖业	4.42	0.13
酒精及饮料酒制造业	74.45	2.17	其他电子计算机设备制造业	4.33	0.13
屠宰及肉类加工业	73.64	2.15	金属加工机械制造业	4.15	0.12
饲料加工业	71.11	2.07	化学纤维制造业	3.20	0.09
家具制造业	71.09	2.07	炼钢业	2.71	0.08
基础化学原料制造业	69.37	2.02	文化用品制造业	2.57	0.07
烟草制品业	58.40	1.70	医疗仪器设备及器械制造业	2.39	0.07
电力、热力的生产和供应业	56.45	1.65	工艺美术品制造业	2.32	0.07
植物油加工业	54.86	1.60	农药制造业	2.13	0.06
其他非金属矿物制品制造业	53.01	1.55	仪器仪表制造业	1.73	0.05
棉、化纤纺织及印染精加工业	41.34	1.21	耐火材料制品制造业	1.60	0.05

续表

行业	规模	比重	行业	规模	比重
汽车零部件及配件制造业	38.66	1.13	文化、办公用机械制造业	1.51	0.04
涂料颜料油墨及类似产品制造业	37.49	1.09	家用器具制造业	1.50	0.04
皮革毛皮羽毛(绒)及其制品业	36.44	1.06	电机制造业	1.48	0.04
其他饮料制造业	33.87	0.99	水的生产和供应业	1.29	0.04
玩具体育娱乐用品制造业	29.29	0.85	石油和天然气开采业	1.20	0.03
纺织制成品制造业	27.23	0.79	水产品加工业	1.16	0.03
日用化学产品制造业	26.77	0.78	其他工业	0.98	0.03
金属制品业	22.20	0.65	陶瓷制品制造业	0.85	0.02
橡胶制品业	22.00	0.64	麻纺织、丝绢纺织及精加工业	0.67	0.02
其他电气机械及器材制造业	21.67	0.63	农林牧渔专用机械制造业	0.50	0.01
其他专用设备制造业	20.61	0.60	有色金属冶炼业	0.32	0.01
其他通用设备制造业	19.76	0.58	其他通信、电子设备制造业	0.32	0.01
木材加工及木竹藤棕草制品业	19.16	0.56	炼焦业	0.17	0.00
汽车制造业	18.43	0.54	废品废料	0.14	0.00
黑色金属矿采选业	17.53	0.51	燃气生产和供应业	0.10	0.00
有色金属压延加工业	17.02	0.50	建筑业	0.07	0.00
玻璃及玻璃制品制造业	16.90	0.49	家用视听设备制造业	0.05	0.00
针织品、编织品及其制品制造业	12.82	0.37	电子计算机整机制造业	0.01	0.00
肥料制造业	10.59	0.31	铁路运输设备制造业	0.01	0.00

生活服务产业链。该产业链包括食品产业链和家具制造产业链。从食品产业链中可以看出，各行业的发展比例是相对均衡的，即基础性配套行业相对完整。但该产业链中，由于北京市2002年的投入产出表中尚无“食品制造业”的细分行业，只能从“食品加工业”的角度进行分析。从家具制造产业链中可以看出，金属制品和其他专用设备制造业比重较高，相对而言，木材加工及木竹藤棕草制品业的比重相对较低，标志着北京市家具行业迈入新的发展阶段，新型材料家具已经占市场的主导地位。

（二）不同产业链各具特色

根据相关的研究成果，认为北京市各个产业链具有以下几个较为鲜明的特征：

电子和信息产业链、医药产业链是北京及周边地区第三产业的功能优势和科技优势与第二产业相结合而发展起来的基本产业部门。表明北京市周边地区已经形成了较为完备的配套体系，无论是产业集聚还是产业转移的结果，都标志着北京与周边地区已经在某些行业形成了一体化发展空间，在未来的产业转移与集聚过程中，随着北京市产业结构、人力资源结构以及环境发展需求的提高，周边地区将逐渐形成更多的经济增长极，作为北京市产业布局总体框架的有效补充。

造纸及纸制品、文教生活用品、家具制造业的内部联系逐渐加强。一方面标志着这三个产业作为生活主导的产业在北京已经发育成熟，行业竞争的方式逐渐发生变化，开始由卖方市场进入买方市场；另一方面，标志在这几个行业已经进入了另外一个发展阶段，即通过规模效益和集聚效应的有效发挥，以产业集群或大型企业集团的形式走规模化和品牌化战略，实现产业的联动发展，是提高企业竞争力和北京市整体行业竞争力的主要途径。

资源环境条件对北京及周边地区的产业发展产生了一定的约束，但钢铁和机械产业链以及石化产业链中核心产业的发展却出现了相反的趋势，后者利用已有的基础和相对有利的微观区位获得了明显的发展。由此可见，北京市仍需要加速产业结构的升级，强化高附加值产品的生产，并通过环境、土地、税收等各要素加以限制。钢铁、石化产业链要求内部实现产品结构的调整，在满足产业构建的基础上，加速与周边地区的产业分工与协作。在产业转移的过程中，不仅要求实现中小型企业、单行业的转移,还要求大型企业,以及产业链的全线转移,以保障地区经济效益的提高。

（三）与世界城市的比较

由于伦敦、纽约,甚至巴黎工业体系相对不完整,因此,不属于产业链的研究范畴之内,因此,仍以东京都作为比较的对象。

东京都目前已经形成了5大主导产业链。20世纪80年代后,东京都的工业带逐渐向广义多摩地区迁移,形成了具备更为丰富的生产功能和研究功能的产业集群。其中,钢铁机械产业链居主体地位,2006年该产业链占东京都工业生产总值的59.24%,吸纳了45.28%的就业人口;其次是电子信息产业链和印刷出版产业链,分别占工业生产总值的18.18%和15.5%,其中印刷出版产业吸纳的就业人数仅次于钢铁机械产业;位于第三梯队的是食品产业链和石化产业链,其产值占工业生产总值的比重均不到10%;纺织产业和家具制造业的产值均不到1%,吸纳的就业人口也十分有限。(见表4-15)

表4-15 2006年东京都主要产业链发展情况

产业链	占工业生产总值比重(%)	占就业总人数比重(%)	产业链	占工业生产总值比重(%)	占就业总人数比重(%)
钢铁机械产业链	59.2	45.3	食品产业链	8.63	9.73
电子信息产业链	18.2	8.6	石化产业链	6.19	7.16
印刷出版产业链	15.5	22.0	纺织产业链	0.76	3.95
			家具制造产业链	0.73	1.73

资料来源:根据东京都统计年鉴 http://www.toukei.metro.tokyo.jp/tnenkan/tn-eindex.htm 测算。

通过对2006年的数据分析,认为在产业链内部的产品构成、技术含量等方面,北京市与东京都有如下几点异同:

(1) 在产业链结构方面,与东京都一样,钢铁机械产业链和电子信息产业链也是北京市最主要的产业集群;但是,石化产业链在北京市占据更重要的地位，其涵盖了14个细分行业，既包括位于产业价值链底端的石油开采和加工业、基础化学原料制造业等资源依赖型行业，还包括合成材料制造、医药制造、专用化学产品制造等高技术产业。同时，北京市的印刷出版产业不如东京都发达。如2008年北京市印刷出版产业链的就业人口比重仅占总就业人口的4.8%，相对而言，东京都该产业的比重高达22%，高于北京5倍。

（2）钢铁机械产业链以机械产品制造为主，产业链的技术含量和附加值明显高于北京市。如表4-16所示，交通运输设备制造业占全产业链生产总值的比重达30.24%之多，通信设备制造业的比重也高达21.66%，机械产品制造部门约占全产业链的92.53%。相比之下，北京市的钢铁机械产业链主要集中在零部件及配件制造业（20%）和金属制品业（14%）等技术含量较低的环节。在钢铁机械产业链中，机器设备的制造，特别是发动机、底座等关键部件的研发和生产，是整个产业链的核心环节，也是技术含量和附加值最高的部门。因此，北京市应当加强机械产品的研究设计环节，发挥零部件及配件制造业带来的集聚优势，加快发展机械产品的生产能力。

（3）电子信息产业链以整机设备的制造为主，产业链的技术密集型属性明显。2006年，通信设备制造业占产业链生产总值的比重接近70.6%；而劳动密集型的电子零部件制造业仅占29.41%。在电子信息产业领域，尤其是消费类电子产品，东京都的研发和设计能力非常突出，因而整个产业的竞争力很强。与此相反，电子元器件制造业在北京市的电子信息产业链中具有举足轻重的作用（43%）。虽然近年来电子信息产业在北京的发展十分迅速，但是与东京都相比，还需大力增强核心技术开发能力。

表4-16　2006年东京都主要产业链内部各行业发展情况

产业链	行业	占工业生产总值比重（%）	占就业总人数比重（%）
钢铁机械产业链	交通运输设备制造业	30.24	17.36
	通信设备制造业	21.66	10.33
	电器机械及器材制造业	18.25	17.91

续表

产业链	行业	占工业生产总值比重(%)	占就业总人数比重(%)
钢铁机械产业链	通用设备制造业	12.95	22.53
	精密仪器制造业	9.43	10.28
	钢铁业	3.24	2.33
	金属制品业	2.64	16.99
	有色金属及制品业	1.49	2.02
	石油加工与炼焦	0.10	0.24
电子信息产业链	通信设备制造业	70.59	54.42
	电子零部件及设备制造业	29.41	45.58
印刷出版产业链	印刷及相关产业	94.53	87.52
	造纸业	5.47	12.48
食品产业链	食品及相关产品制造	85.72	95.48
	饮料、烟草和饲料	14.28	4.52
石化产业链	化学工业	84.26	48.98
	塑料制品业	14.80	49.48
	石油加工与炼焦	0.94	1.54
纺织产业链	皮革、毛皮、羽毛(绒)及其制品业	68.95	44.37
	服装及相关产品制造	26.62	44.56
	纺织品	4.42	11.07
家具制造产业链	家具制造业	76.68	76.92
	木材生产与加工业	23.32	23.08

资料来源：根据东京都统计年鉴 http://www.toukei.metro.tokyo.jp/tnenkan/tn-eindex.htm 测算。

三、单行业结构特点

（一）高产出部门仍集中在钢铁机械与石化产业链

如石油加工产业产值占工业总产值的比重高达 17.4%，超过产业比重 1%以下所有行业的总产值。其中水泥、石灰和石膏制造业、合成材料制造业、专用化学产品制造业、基础化学原料制造业、其他非金属矿物制品制造业以及汽车零部件及配件制造业等 10 个属于这两个产业链的行业，总产值占全部工业生产总值的 30.4%，占工业生产总值在 1000 万以上的全部企业工业总产出的 47.8%，占上述标准范围内的重工业的 75%。因此，从单行业的规模看，北京及周边地区形成了相对独立而完整的产业链体系，核心产业又占有绝对的优势地位。

（二）多数制造业的从业人口呈现出不断下降趋势

据统计，1995—2005 年 26 个制造业部门中，22 个部门就业人口呈现出明显的下降趋势，行业比重高达 85%（见表 4-17）。

下降速度最快的前 10 个行业包括：化学纤维制造业，石油加工、炼焦及核燃料加工业，皮革、毛皮、羽毛（绒）及其制品业，黑色金属冶炼及压延加工业，工艺品及其他制造业，纺织业，木材加工及竹、藤、棕、草制品业，化学原料及化学制品制造业，文教体育用品制造业和农副食品加工业。其中重化工业占 4 个行业，其他 6 个行业均为轻工业。

所属的重化工业均为传统的钢铁石化工业。如化学纤维制造业下降速度最快，达到 22.4%，其次是石化工业和钢铁工业。这一方面表明该产业，尽管在北京市仍占有绝对的产出优势，但其技术含量不断提高，逐渐由资本密集型向资本技术密集型产业转变；另一方面，表明北京市在近 10 年的产业结构升级和地区转移过程中已经取得重大成效，重化工在行业内部不断实现生产方式的转型，落后产能逐渐实现了空间的转移。

所属的轻工业均为劳动密集型产业。如皮革、毛皮、羽毛（绒）及其制品业每年下降的速度达到11%，纺织业、木材加工、食品加工产业每年的递减速度也分别达到了4%—10%，基本平行于GDP的增长速度，即这几个行业的平均劳动生产率以200%的相对速度在不断提高。表明北京市在积极培育产业集群，大力发展产业链，促进产业集聚的过程中，逐渐提高了北京地区各行业的经济效益。

（三）部分劳动技术密集型产业保持了快速的增长

分析发现，呈现出持续快速增长的行业主要集中在家具制造、纺织服装、医药以及电子信息产业等四个产业。其中后两个产业是典型的劳动技术密集型产业，而根据上述产业链的分析，家具制造业和纺织服装产业也正由劳动密集型产业向劳动技术密集型产业转化。例如：

1995—2005年，家具制造业(3.28%)、纺织服装、鞋、帽制造业(2.77%)、医药制造业(2.43%)和通信设备、计算机及其他电子设备制造业(0.92%)均保持了快速增长或缓慢增长的趋势(见表4-17)。

2000—2005年，家具制造业(9.39%)、纺织服装、鞋、帽制造业(6.95%)、医药制造业(4.25%)、通信设备、计算机及其他电子设备制造业(2.7%)和仪器仪表及文化办公用机械制造业(2.38%)增长速度加快(见表4-17)。

通过对比发现：家具制造、纺织服装鞋帽制造两个处于劳动密集型和劳动技术密集型的行业过渡阶段的行业，劳动生产率正在不断提高，在北京市特有的产业发展环境下，仍处于生产不断扩张的态势。相对而言，属于劳动技术密集型的医药制造和电子信息产业链，增长速度也表现了较好的发展态势，尤其是电子信息产业链，增长速度由“九五”期间的不足1%，提高到“十五”期间的2.7%，该行业发生了巨大的变化。另据数据统计，2004—2007年，该行业的增长速度达到了5%以上，表明该产业链的发展促使其核心产业得到了巨大的发展。

表 4-17 北京市 1995—2005 年制造业就业人员总量增长率与结构变化率(%)

行业	规模增长率			结构变化率		
	1995—2000 年	2000—2005 年	1995—2005 年	1995—2000 年	2000—2005 年	1995—2005 年
农副食品加工业	-9.23	1.46	-4.39	-5.28	3.48	-1.08
纺织业	-7.84	-7.73	-8.46	-3.82	-5.9	-5.3
纺织服装、鞋、帽制造业	-1.69	6.95	2.77	2.6	9.07	6.33
皮革、毛皮、羽毛(绒)及其制品业	-9.86	-9.92	-10.74	-5.93	-8.13	-7.65
木材加工及竹、藤、棕、草制品业	-12.19	0.73	-6.47	-8.36	2.73	-3.24
家具制造业	-3.01	9.39	3.28	1.21	11.57	6.85
造纸及纸制品业	-3.37	-0.11	-1.91	0.84	1.88	1.48
印刷业和记录媒介的复制	-1.44	0.51	-0.51	2.86	2.51	2.93
文教体育用品制造业	-6.85	-1.6	-4.63	-2.78	0.36	-1.33
石油加工、炼焦及核燃料加工业	-0.07	-19.03	-10.91	4.29	-17.42	-7.83
化学原料及化学制品制造业	-10.02	1.17	-5	-6.1	3.18	-1.71
医药制造业	0.25	4.25	2.43	4.62	6.32	5.98
化学纤维制造业	-8.74	-31.16	-22.4	-4.76	-29.8	-19.71
橡胶制品业	2.41	-7.48	-2.9	6.87	-5.64	0.46
塑料制品业	-4.24	3.51	-0.48	-0.07	5.56	2.96
非金属矿物制品业	-5.25	-1.04	-3.45	-1.12	0.93	-0.11
黑色金属冶炼及压延加工业	-2.97	-14	-9.4	1.26	-12.29	-6.26
有色金属冶炼及压延加工业	-14.07	11.66	-2.23	-10.32	13.88	1.15
金属制品业	-6.67	4.24	-1.49	-2.61	6.31	1.92
通用设备制造业	-4.89	-0.8	-3.12	-0.74	1.17	0.23
专用设备制造业	-2.46	0.52	-1.07	1.79	2.52	2.36
交通运输设备制造业	-5.1	0.11	-2.76	-0.96	2.1	0.61
电气机械及器材制造业	-4.63	-3.33	-4.34	-0.48	-1.41	-1.03
通信设备、计算机及其他电子设备制造业	-0.99	2.7	0.92	3.33	4.74	4.41
仪器仪表及文化办公用机械制造业	-6.64	2.38	-2.44	-2.57	4.41	0.94
工艺品及其他制造业	-7.22	-8.44	-8.51	-3.18	-6.62	-5.35

（四）部分高技术型机械工业保持了相对增长态势

据统计，近十年来，北京市部分金属制造业部门的就业规模呈现出先下降后明显上升的过程。例如，专用设备制造业、交通运输设备制造业和金属制品业在 1995—2000 年分别以 2.46%、5.1%、和 6.67%的速度下降，2000—2005 年其增长速度分别转变为 0.52%、0.11%和 4.24%。其中，连续 10 年来，交通运输设备制造业和金属制品制造业两个部门的发展速度尤为明显，增长速度分别达到 5.21%和 10.91%（见表 4–17）。由此见证，该行业和产业链在北京逐渐发生了增长方式的转变，逐渐形成以汽车工业为核心，以汽车产业链为主导，钢铁机械产业为配套的金属机械工业发展体系。

（五）环境破坏型和高耗水型产业呈持续下降趋势

据统计，1995—2000 年北京市的造纸及纸制品业，非金属矿物制品业，纺织业以及皮革、毛皮、羽毛(绒)及其制品业四个行业分别以 3.37%、5.25%、7.84% 和 9.86%的速度下降，2000—2005 年这些部门分别以 0.11%、1.04%、7.73%和 9.92%的速度在下降。其中，近 10 年来，后两者下降的相对速度分别达到 15.57%和 19.78%（见表 4–17），其中纺织业与皮革、毛皮、羽毛(绒)及其制品业仍保持高速下降态势。这一方面表明该行业正在加速实现生产方式的转变，实现内部产业结构的快速调整，新的产业组织形式正在形成；另一方面，表明该行业正在面临着大规模的产业转移，已经成为北京市都市发展过程中的夕阳产业。

（六）高耗能与资源依赖型产业呈极快下降的趋势

据统计，1995—2000 年和 2000—2005 年两个时段，北京市橡胶制品业(2.41%，－7.48%)、通用设备制造业(－4.89%，－0.8%)、电气机械及器材制造业(－4.63%，－3.33%)、黑色金属冶炼及压延加工业(－2.97%，－14%)、石油加工、炼焦及核燃料加工业(－0.07%，－9.03%)和化学纤维制造业(－8.74%，－31.16%)分别下降 2.9%、3.12%、4.34%、9.4%、10.91%和 22.4%，成为两个下降速度最快的产业链（见表 4–17）。尽管该产业链在北京市就工业总产值而言，仍然占有明显的主导地位，但通过发展速度可以看出该行业也是北京市正在加速调整的主要行业。

（七）与世界城市的比较

根据2006年东京都工业各细分行业的产值数据和从业人数（见表4-18），以及2008年北京市各行业的发展情况（见表4-19），可以比较清晰地反映出世界城市的单行业结构特点以及未来北京市工业的发展重点。

(1)技术密集型的设备制造业是世界城市工业发展的主导部门。以东京为例，占工业生产总值比重最高的前五个产业中，有四个属于机械设备制造业，分别为交通运输设备制造业、通信设备制造业、电器机械及器材制造业、通用设备制造业。这四大行业占工业生产总值的50%，其中交通运输设备制造业占生产总值的17.91%。而北京市前5位的金属工业行业分别为通信设备、计算机及其他电子设备制造业，交通运输设备制造业，石油加工、炼焦及核燃料加工业，以及黑色金属冶炼及压延加工业，即包括资源依赖型的石化工业和金属冶炼工业，相对而言，金属制品工业的比重只有5%左右。与东京都的精密仪器制造业（5.6%）、电子零部件及设备制造业（5.3%）比重相近。

表4-18 2006年东京都工业发展情况

产业类型	工业总产值（亿日元）	占总产值比重（%）	从业人数（万人）	占从业人数比重（%）
总计	78228.0	100	36.7	100
交通运输设备制造业	14012.8	17.91	2.9	7.86
印刷及相关产业	11464.8	14.66	7.1	19.27
通信设备制造业	10039.5	12.83	1.7	4.68
电器机械及器材制造业	8456.9	10.81	3.0	8.11
通用设备制造业	6001.6	7.67	3.7	10.20
食品及相关产品制造	5785.7	7.40	3.4	9.29
精密仪器制造业	4371.7	5.59	1.7	4.66
电子零部件及设备制造业	4182.6	5.35	1.4	3.92
化学工业	4083.1	5.22	1.3	3.51

续表

产业类型	工业总产值（亿日元）	占总产值比重(%)	从业人数（万人）	占从业人数比重(%)
钢铁业	1501.8	1.92	0.4	1.06
其他	1235.8	1.58	1.3	3.46
金属制品业	1224.1	1.56	2.8	7.69
饮料、烟草和饲料	963.4	1.23	0.2	0.44
橡胶制品业	879.6	1.12	0.5	1.36
陶瓷、石料制品业	745.3	0.95	0.5	1.49
塑料制品业	717.2	0.92	1.3	3.54
有色金属及制品业	688.8	0.88	0.3	0.92
造纸业	663.3	0.85	1.0	2.75
家具制造业	438.3	0.56	0.5	1.33
皮革、毛皮、羽毛(绒)及其制品业	408.7	0.52	0.6	1.75
服装及相关产品制造	157.8	0.20	0.6	1.76
木材生产与加工业	133.3	0.17	0.1	0.40
石油加工与炼焦	45.5	0.06	0.0	0.11
纺织品	26.2	0.03	0.2	0.44

资料来源：根据东京都统计年鉴 http://www.toukei.metro.tokyo.jp/tnenkan/tn-eindex.htm 测算。

(2) 印刷出版业在世界城市工业发展中占据重要地位。伦敦、纽约和东京不仅是本国的经济中心，也是本国乃至世界的文化中心，因此对印刷出版有很强的需求。例如，东京都 2006 年印刷及相关产业占工业生产总值的 14.66%，仅次于交通运输设备制造业。伦敦 2004 年印刷出版业占工业生产总值的 33%以上。同时，印刷出版业为世界城市提供了大量的就业岗位。例如，2006 年东京都的工业从业人员中有 19.27%来自印刷及相关产业。2004 年伦敦市印刷出版业的从业人员占制造业就业总量的36%。因此，无论从产值还是从就业来考虑，印刷出版都是世界城市最重要的工业部门之一。与此相比，北京市印刷出版业的发展十分滞后。2008年，印刷业和记录媒介的复制产业仅占北京市工业总产值的1.15%占从业人数的3.81%。北京作为中国的文化中心，印刷出版业可发展的空间还很大，特别是文化创意产业作为北京市新兴的重点产业，能够为印刷及相关产业带来很好的发展机遇。

(3) 食品、纺织服装等劳动密集型(都市型)产业较为发达。如东京都是世界著名的服装生产、销售与展示中心。但相对而言，其占工业生产总值的比重只有0.2%，远远低于北京市0.94%的比重。由此可见，东京都服装生产已经由生产向生产性服务转变，突出表现在其纺织产品仅占生产总值的0.03%，北京同比达到0.62%。同样，食品工业也具有类似的特征，东京都食品及相关产品制造的比重超过7%，达到7.4%，成为第六大都市型工业。相对而言，北京市食品制造业产值不足1.5%，明显低于农副产品加工业2.2%的比重。北京市不仅面临着食品工业的振兴，也面临着农副产品向食品制造业的升级。

表4-19　2008年北京市工业发展情况

产业类型	工业生产总值		从业人员数		企业单位个数	
	数量(亿元)	比重(%)	数量(万人)	比重(%)	数量(个)	比重(%)
合计	10413.1	100	123.4	100	7206	100
通信设备、计算机及其他电子设备制造业	2385.9	22.91	14.9	12.04	513	7.12
电力、热力的生产和供应业	1242.4	11.93	5.4	4.39	109	1.51
交通运输设备制造业	1153.3	11.08	11.1	9.02	428	5.94
石油加工、炼焦及核燃料加工业	753.2	7.23	1.8	1.49	44	0.61
黑色金属冶炼及压延加工业	596.7	5.73	3.8	3.04	46	0.64

续表

产业类型	工业生产总值		从业人员数		企业单位个数	
	数量（亿元）	比重（%）	数量（万人）	比重（%）	数量（个）	比重（%）
专用设备制造业	434.4	4.17	8.3	6.75	606	8.41
通用设备制造业	409.2	3.93	7.5	6.06	597	8.28
电气机械及器材制造业	387.2	3.72	5.7	4.63	471	6.54
化学原料及化学制品制造业	306.7	2.95	4.3	3.50	439	6.09
非金属矿物制品业	296.5	2.85	7.3	5.91	482	6.69
医药制造业	263.9	2.53	4.6	3.69	218	3.03
煤炭开采和洗选业	257.1	2.47	2.1	1.66	250.35	
农副食品加工业	232.1	2.23	3.3	2.68	225	3.12
仪器仪表及文化、办公用机械制造业	211.4	2.03	3.6	2.91	384	5.33
金属制品业	210.8	2.02	4.5	3.66	494	6.86
食品制造业	148.4	1.43	3.7	2.96	210	2.91
饮料制造业	136.1	1.31	2.7	2.20	67	0.93
印刷业和记录媒介的复制	120.0	1.15	4.7	3.81	335	4.65
燃气生产和供应业	110.7	1.06	0.9	0.71	18	0.25
纺织服装、鞋、帽制造业	98.2	0.94	7.1	5.77	295	4.09
石油和天然气开采业	88.8	0.85	1.4	1.12	3	0.04
工艺品及其他制造业	82.1	0.79	1.4	1.10	110	1.53
塑料制品业	76.9	0.74	2.2	1.78	281	3.90
造纸及纸制品业	71.3	0.68	1.3	1.02	142	1.97

续表

产业类型	工业生产总值		从业人员数		企业单位个数	
	数量（亿元）	比重（%）	数量（万人）	比重（%）	数量（个）	比重（%）
有色金属冶炼及压延加工业	67.8	0.65	0.8	0.66	103	1.43
纺织业	64.2	0.62	3.1	2.49	157	2.18
家具制造业	47.6	0.46	2.1	1.69	143	1.98
烟草制造业	29.7	0.28	0.1	0.06	2	0.03
黑色金属矿采选业	29.5	0.28	0.4	0.31	8	0.11
水的生产和供应业	26.5	0.25	0.7	0.54	29	0.40
橡胶制品业	23.3	0.22	0.9	0.75	46	0.64
文教体育用品制造业	16.6	0.16	0.9	0.74	44	0.61
木材加工及竹、藤、棕、草制品业	15.0	0.14	0.4	0.30	47	0.65
皮革、毛皮、羽毛（绒）及其制品业	8.1	0.08	0.3	0.26	37	0.51
废弃资源和废旧材料回收加工业	4.4	0.04	0.1	0.08	17	0.24
非金属矿采选业	3.6	0.03	0.2	0.13	17	0.24
化学纤维制造业	3.6	0.03	0.1	0.10	14	0.19
有色金属矿采选业	0.0	0.00	0.0	0.00	0	0.00
其他采矿业	0.0	0.00	0.0	0.00	0	0.00

资料来源：根据《北京统计年鉴（2009）》测算。

第三节 北京大都市区的产业空间布局

一、产业规模分布情况

(1) 就工业生产总值而言,整体上呈现出核心外围式空间结构,且外围相对形成了几个相对明显的经济增长极。如工业生产总值前10位的县区中,有9个为北京市下辖的县区,其中有5个为北京市城八区。如东城区所占比重最高,达到16.1%,其次是西城区,所占比重也达到8.5%,朝阳区和海淀区分别达到7.6%和4.1%,成为北京及周边地区最为发达的经济增长极。北京市周边地区的房山区、大兴区、昌平区以及延庆县纳入前10行列。外围地区只有霸州市纳入前10行列,但广阳区、三河市、通州区、怀柔区和丰台区纳入前15的行列之内,集聚了大规模的工业企业。由此可见,北京市核心外围式经济发展结构已经形成,核心区仍然是制造业的主导区域。

(2) 就地均工业产值而言,整体上也呈现出典型的核心外围式空间结构。如地均工业产值前10位的县区中,也有9个为北京市下辖的县区,其中有6个为北京市城八区。他们分别为东城区、西城区、宣武区、崇文区、朝阳区和海淀区,郊区的丰台区、房山区和大兴区名列其中;北京周边地区只有廊坊市的广阳区位居其列。(见表4–20)

(3) 北京都市圈范围内已经形成了经济发展的三个圈层式结构形态。如处于Class1—Class3的17个地区中,有13个县区为北京市的下辖区县,其工业生产总值约占都市圈范围内工业总产值的76%。(见图4–3,4–4)

一是东城区、西城区、朝阳区、海淀区、房山区和大兴区,这6个区不仅工业生产总值相对规模较大,单位面积产出也相对较高,是北京市及周边地区最重要的工业集聚区,可以成为北京市及周边地区工业发展的核心区;

二是昌平区、顺义区、延庆县、广阳区、三河市、霸州市、通州区以及怀柔区、丰台区,共9个区,工业生产总值和地均工业生产总值也占有较为突出的地位,可以称为北京市及周边地区工业发展的外围区;

三是北京市的密云县、平谷区、门头沟区以及石景山区由于空间距离、环境条件、规划定位等原因，在经济发展，尤其是重化工业增长方式调整的过程中，承担着特殊的职能，与其他地区一起可以称之为工业发展的直接影响区。

表 4–20 工业生产总值与地均工业产值的地区分布情况

地区	工业生产总值（亿元）	产值比重（%）	地均工业产值（万元/Km²）	地区	工业生产总值（亿元）	产值比重（%）	地均工业产值（万元/Km²）
东城区	574.3	16.1	226625.9	涿州市	57.6	1.6	776.3
西城区	302.2	8.5	95585.1	香河县	33.1	0.9	723.1
宣武区	24.8	0.7	13114.8	延庆县	129.7	3.6	650.7
崇文区	20.6	0.6	12445.5	平谷区	44.7	1.3	470.6
朝阳区	272.0	7.6	5977.6	怀柔区	80.2	2.3	377.8
广阳区	120.2	3.4	3839.9	文安县	27.7	0.8	282.9
海淀区	147.1	4.1	3421.4	安次区	15.0	0.4	252.8
丰台区	76.6	2.2	2511.1	密云县	49.2	1.4	220.6
房山区	469.4	13.2	2359.3	门头沟区	30.2	0.8	208.3
大兴区	210.9	5.9	2035.1	大城县	18.4	0.5	201.8
三河市	114.6	3.2	1782.7	固安县	7.7	0.2	109.8
霸州市	124.2	3.5	1584.6	永清县	7.7	0.2	99.4
大厂回族	26.3	0.7	1494.3	怀来县	15.3	0.4	85.3
顺义区	142.8	4.0	1399.7	兴隆县	25.0	0.7	80.3
昌平区	179.6	5.0	1336.7	易县	13.2	0.4	52.2
通州区	110.3	3.1	1217.7	涞水县	6.3	0.2	37.9
石景山区	10.3	0.3	1215.6	滦平县	10.9	0.3	34.1
高碑店市	53.0	1.5	787.9	涿鹿县	7.7	0.2	27.7

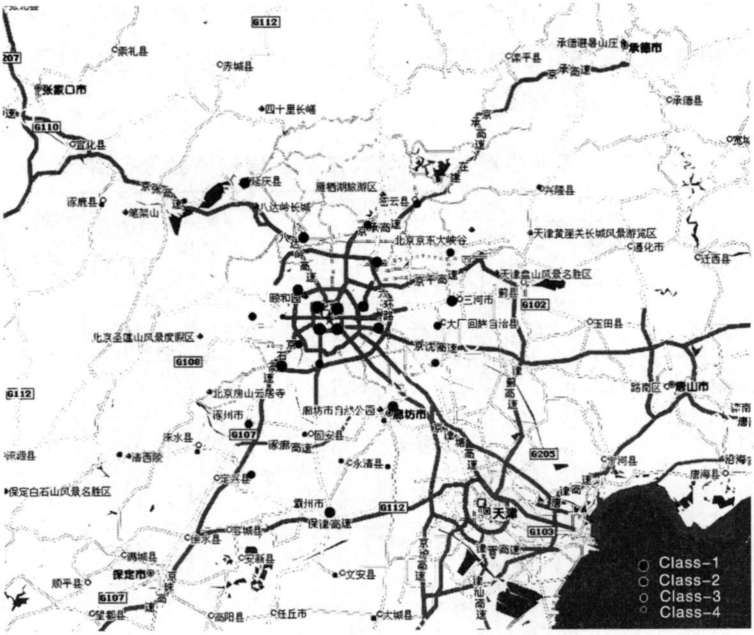

图 4-3 生产总值的地区差异

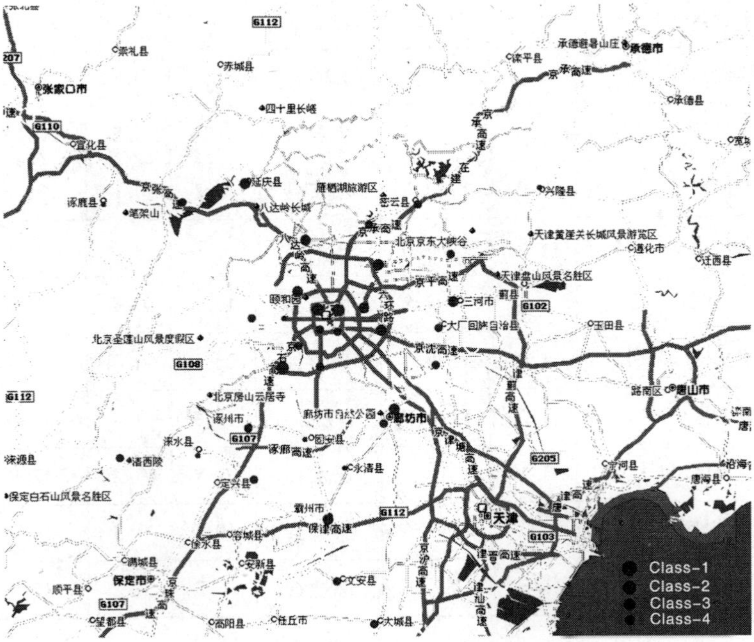

图 4-4 地均生产产出的地区差异

二、行业地区分布情况

（一）按产品类型分类的行业分布情况

（1）轻工业的分布呈现出典型的“低—高—低”式圈层状。其中核心地区轻重工业比重相差不大，具体范围为城八区，崇文区除外；外围地区轻工业明显高于平均水平，具体范围为顺义、延庆、怀柔、密云、平谷；直接影响区范围内，京外区县的轻工业规模较小，只有三个地区略微高于平均水平。之所以出现这种空间结构形态，原因集中在 2 个方面：一是从行业分类的角度分析，发现中心城区范围内劳动力资源丰富，相当一部分的产业既要满足地区产业发展的基本规律，又要满足劳动就业的社会需求；二是郊区范围内，低端技术劳动力资源比中心城区更加丰富，且相对而言，劳动密集型产业自身附加值相对较低。因此，就目前发展现状而言，已经由中心城区转移到郊区。（见图 4–5）

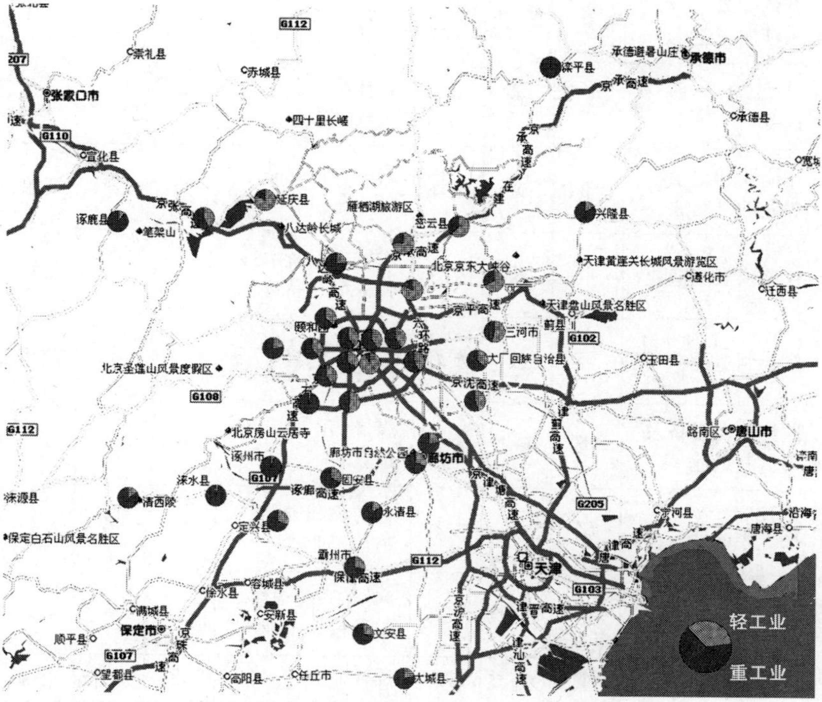

图 4–5　北京大都市区按产品类型分类的行业分布情况

表 4-21 北京大都市区产业分类明细表

行业	分类 1	分类 2	分类 3	行业	分类 1	分类 2	分类 3
专用化学产品制造业	重	资-技	破坏	其他工业	轻	劳	资源
制糖业	轻	资	资源	其他非金属矿物制品制造业	重	资	资源
植物油加工业	轻	资	资源	其他非金属矿采选业	重	资	资源
针织品、编织品及其制品制造业	轻	劳	友好	其他电子计算机设备制造业	轻	技	友好
造纸及纸制品业	轻	资	破坏	其他电气机械及器材制造业	重	技	友好
有色金属冶炼业	重	资-技	破坏	皮革毛皮羽毛(绒)及其制品业	轻	劳	友好
有色金属压延加工业	重	资-技	破坏	农药制造业	重	资	破坏
有色金属矿采选业	重	资	资源	农林牧渔专用机械制造业	重	资-技	资源
印刷业和记录媒介的复制业	重	劳	破坏	耐火材料制品制造业	重	资	资源
仪器仪表制造业	重	技	友好	木材加工及木竹藤棕草制品业	轻	劳	友好
医药制造业	轻	技	友好	棉、化纤纺织及印染精加工业	轻	劳	破坏
医疗仪器设备及器械制造业	重	资-技	友好	煤炭开采和洗选业	重	资	资源
烟草制品业	轻	资	友好	毛纺织和染整精加工业	轻	劳	友好
信息化学品制造业	重	资-技	破坏	麻纺织、丝绢纺织及精加工业	轻	劳	友好
橡胶制品业	重	劳-技	破坏	炼铁业	重	资-技	资源
文化用品制造业	轻	劳	友好	炼焦业	重	资-技	资源

续表

行业	分类1	分类2	分类3	行业	分类1	分类2	分类3
专用化学产品制造业	重	资-技	破坏	其他工业	轻	劳	资源
文化、办公用机械制造业	重	技	友好	炼钢业	重	资-技	资源
玩具体育娱乐用品制造业	轻	资	友好	酒精及饮料酒制造业	轻	资	友好
屠宰及肉类加工业	轻	劳	友好	金属制品业	重	劳	资源
涂料颜料油墨及类似产品制造业	重	资	破坏	金属加工机械制造业	重	资	资源
通信设备制造业	轻	技	友好	建筑业	轻	资	破坏
铁路运输设备制造业	重	资-技	资源	家用视听设备制造业	轻	技	友好
铁合金冶炼业	重	资-技	资源	家用器具制造业	重	资	友好
陶瓷制品制造业	重	资	资源	家具制造业	轻	劳	友好
塑料制品业	重	资	破坏	基础化学原料制造业	重	资-技	破坏
饲料加工业	轻	资	资源	化学纤维制造业	重	资-技	破坏
水泥、石灰和石膏制造业	重	资	破坏	黑色金属矿采选业	重	资-技	资源
水的生产和供应业	轻	资	友好	合成材料制造业	重	资-技	破坏
水产品加工业	轻	资	友好	锅炉及原动机制造业	重	资-技	破坏
石油加工业	重	资-技	破坏	谷物磨制业	轻	劳	友好
石油和天然气开采业	重	资	资源	工艺美术品制造业	轻	劳-技	友好
日用化学产品制造业	重	资-技	破坏	钢压延加工业	重	资	资源

续表

行业	分类1	分类2	分类3	行业	分类1	分类2	分类3
燃气生产和供应业	轻	资	资源	废品废料	轻	劳-技	友好
专用化学产品制造业	重	资-技	破坏	其他工业	轻	劳	资源
汽车制造业	重	资-技	资源	肥料制造业	重	资	破坏
汽车零部件及配件制造业	重	资-技	资源	纺织制成品制造业	轻	劳	友好
其他专用设备制造业	重	劳-技	资源	纺织服装、鞋、帽制造业	轻	劳	友好
其他饮料制造业	轻	资	资源	电子元器件制造业	轻	技	友好
其他通用设备制造业	重	劳-技	资源	电子计算机整机制造业	轻	劳-技	友好
其他通信、电子设备制造业	轻	技	友好	电力、热力的生产和供应业	重	资	资源
其他食品加工和食品制造业	轻	劳	资源	电机制造业	重	资-技	破坏
其他交通运输设备制造业	重	技	资源	玻璃及玻璃制品制造业	重	资	破坏

表 4-22 北京大都市区不同地区轻重工业的偏离度

序号	地区	轻工业	偏离程度	重工业	偏离程度
京外区县	安次	-18.5	■(负向)	10.4	★★(正向)
	广阳	-34.4	■	19.3	★★
	三河	49.4	★★	-27.7	■
	霸州	-24.5	■	13.8	★★
	固安	-8.2	■	4.6	★

续表

序号	地区	轻工业	偏离程度	重工业	偏离程度
京外区县	永清	-55.5	■■	31.1	★★★
	香河	22.0	★★	-12.3	■
	大城	-42.4	■	23.8	★★★
	文安	-20.3	■	11.4	★★
	大厂回族	-1.6	■	0.9	★
	涿州	-87.0	■■	48.8	★★★★
	高碑店	-14.1	■	7.9	★
	涞水	-89.4	■■	50.2	★★★★
	易县	-55.3	■■	31.0	★★★
	涿鹿	-69.7	■■	39.1	★★★★
	怀来	16.3	★	-9.2	■
	滦平	-95.9	■■	53.8	★★★★
	兴隆	-55.5	■■	31.2	★★★
	昌平	-31.8	■	17.9	★★
周边区县	大兴	43.8	★★	-24.6	■
	房山	-89.5	■■	50.2	★★★★
	门头沟	-36.3	■	20.4	★★★
	延庆	127.5	★★★★	-71.6	■■
	昌平	-31.8	■	17.9	★★
	怀柔	106.5	★★★	-59.8	■■
	顺义	126.5	★★★★	-71.0	■■
	密云	73.7	★★★	-41.4	■■

续表

序号	地区	轻工业	偏离程度	重工业	偏离程度
周边区县	平谷	90.5	★★★	-50.8	■■
	通州	16.8	★	-9.4	■
城外四区	丰台	10.3	★	-5.8	■
	石景山	6.4	★	-3.6	■
	海淀	0.6	★	-0.4	■
	朝阳	12.0	★	-6.7	■
城内四区	崇文	153.5	★★★★	-86.1	■■
	宣武	-9.5	■	5.4	★
	西城	7.2	★	-4.0	■
	东城	9.5	★	-5.3	■

注：偏离度=(各区不同类别的比重—北京及周边地区平均比重)/北京及周边地区平均比重*100%。下同。

(2) 重工业的分布在一定程度上呈现出较为典型的辐射状。其空间走向呈现出以北京为核心，北京—保定方向的重工业比重最高，其次是北京—衡水方向。由于张家口和承德与北京之间存在生态隔离带，所以北京西北和东北方向在重工业方面表现出较为明显的突变性特征(参见表4-21,4-22)：

一是就城八区而言，只有宣武区，其偏离度超过全市的平均水平，其他7个地区，尤其是崇文区，是典型的轻工业集中区。

二是就北京市周边郊区县而言，轻工业集中，重工业偏离度较大。在10个区县中，只有门头沟区和房山区重工业较为发达，其他的，如延庆、怀柔、顺义、密云和平谷区，尽管重工业较为发达，但就总体结构看，仍偏向于轻工业。

三是就京外区县而言，除了三河市、香河县以及怀来县以外，其他地区均以重工业为主。如涿州市、涞水县、涿鹿县、滦平县重化工业比重远远超过轻工业；永清县、大城县、易县以及兴隆县等，位居其后。其他的如安次县、霸州市、固安县、文安县、大厂县、高碑店市等轻重工业大体相当。

（二）按环境依赖度分类的行业分布情况

（1）资源与能源依赖型产业部分呈现出典型的核心外围式空间结构（见表 4-23，图 4-6）。如北京市城八区只有海淀区承担了比重相对较大的该类产业。周边区县中主要是门头沟、昌平和怀柔的比重相对较大。

（2）环境破坏型产业呈现出比较典型的“反核心外围”式空间结构（见表 4-23，图 4-6），主要表现为北京市除崇文区外的城八区该类产业比重相对较大。原因在于：根据产业分类标准，精细化工、纸制品、印刷业和记录媒介的复制业、信息化学品制造业、日用化学产品制造业、棉－化纤纺织及印染精加工业以及建筑业等城市工业都视为环境破坏型产业。如城内四区专用化学产品制造业的比重达到 25%以上，印刷业和记录媒介的复制业、纸制品以及石油加工业分别超过 40%，农药和棉－化纤纺织及印染精加工业也分别超过 35%和 50%。

表 4-23　按环境依赖度分类的行业分布情况

序号	地区	资源与能源依赖型	偏离程度	环境破坏型	偏离程度	环境友好型	偏离程度
京外区县	安次	90.7	★★	-39.1	■	-21.6	■
	广阳	114.4	★★★	-54.8	■■	-15.2	■
	三河	179.5	★★★	-72.6	■■	-53.4	■■
	霸州	183.9	★★★	-81.8	■■	-38.3	■
	固安	118.2	★★★	-47.8	■	-35.4	■
	永清	-18.9	■	8.3	★	4.2	★
	香河	23.3	★	-16.5	■	8.8	★
	大城	77.1	★★	-38.4	■	-6.9	■
	文安	73.1	★★	-57.4	■■	39.9	★★
	大厂回族	138.1	★★★	-88.0	■■	30.1	★★

续表

序号	地区	资源与能源依赖型	偏离程度	环境破坏型	偏离程度	环境友好型	偏离程度
京外区县	涿州	84.0	★★	-10.6	■	-76.8	■■
	高碑店	143.5	★★★	-73.6	■■	-8.2	■
	涞水	1.5	★	32.5	★★★	-73.9	■■
	易县	122.1	★★★	-48.0	■	-39.5	■
	涿鹿	98.1	★★	-27.2	■	-56.9	■■
	怀来	88.7	★★	-85.0	■■	82.5	★★
	滦平	223.5	★★★★	-76.0	■■	-98.5	■■
	兴隆	219.8	★★★★	-84.4	■■	-75.5	■■
周边区县	大兴	-31.1	■	-9.6	■	58.4	★★
	房山	-83.9	■■	85.9	★★★★	-90.4	■■
	门头沟	123.4	★★★	-60.6	■■	-13.0	■
	延庆	-11.7	■	-70.9	■■	171.2	★★★
	昌平	78.7	★★	-38.6	■	-8.4	■
	怀柔	74.1	★★	-50.8	■■	24.1	★
	顺义	-36.4	■	-58.4	■■	173.0	★★★
	密云	47.8	★	-60.3	■■	76.6	★★
	平谷	-19.2	■	-35.5	■	101.7	★★★
	通州	-1.1	■	2.9	★	-5.1	■
城外四区	丰台	-1.5	■	-0.3	■	2.4	★
	石景山	-51.3	■■	39.3	★★★	-25.9	■

续表

序号	地区	资源与能源依赖型	偏离程度	环境破坏型	偏离程度	环境友好型	偏离程度
城外四区	海淀	16.8	★	10.0	★★	-42.3	■■
	朝阳	-66.7	■■	28.5	★★	16.5	★
城内四区	崇文	-87.9	■■	-82.0	■■	287.1	★★★★
	宣武	-2.5	■	34.6	★★★	-73.8	■■
	西城	-47.7	■■	19.6	★★	13.5	★
	东城	-56.7	■■	23.8	★★	14.9	★

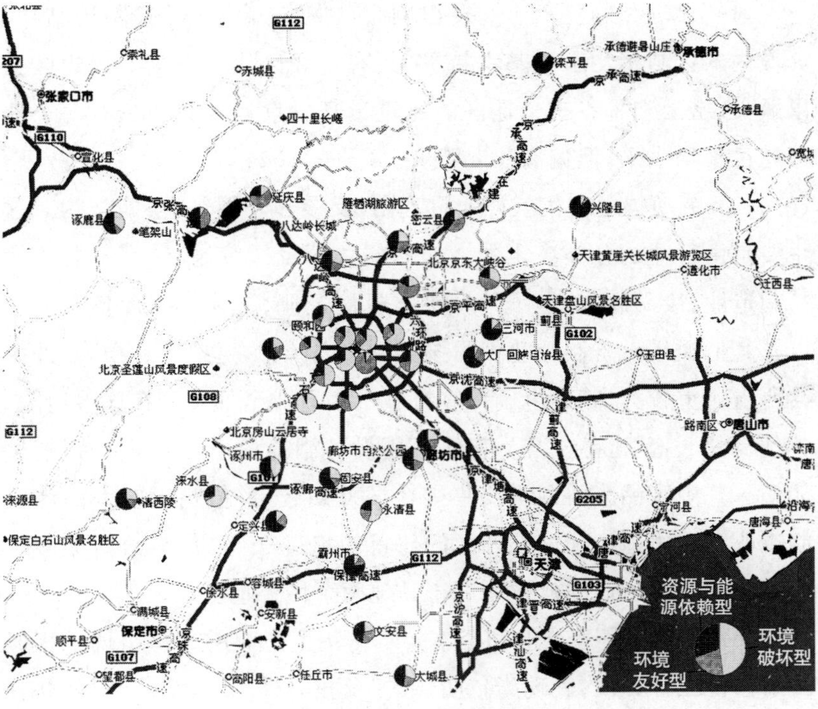

图 4-6　按环境依赖度分类的行业分布情况

(3) 环境友好型产业呈现出比较明显的“低—高—低”式圈层结构(见图 4–6)。与轻重工业的分布模式类似,与之不同的地方在于偏离程度要明显低于上述两大产业类型。原因集中在两个方面:一是环境友好型产业多为轻工业,因此北京市周边区县占很大的优势;二是纺织服装、医药制造、文化用品、玩具娱乐用品、新鲜食品加工、家具、组装加工型电子信息产品等市场和高级技术劳动力依赖型的产业,外围地区比周边区县的优势更加明显。同时,这些产业的劳动生产率又相对较低,技术含量不高,故比城内四区相对优势较为明显。根据统计,环境友好型行业共有 29 个,其中外围区县中 21 个行业的工业生产总值超过单行业总产值的 50%,有 17 个其比重超过 70%。

(三) 按要素密集度分类的行业分布情况

(1) 劳动密集型产业呈现出明显的“低—高—低”式圈层结构。如城内八区与平均水平基本持平,只有宣武区比重较高。周边区县以顺义、密云和平谷三个地区的比重最高。京外区县中只有 7 个地区超过平均水平,但偏离程度不大。(见表 4–24)

(2) 劳动技术密集型产业呈现出“反核心外围”式空间结构。这主要是由行业的分类决定的。如本项目中将橡胶制品业、工艺美术品制造业、废品废料、电子计算机整机制造业、其他专用设备制造业以及其他通用设备制造业划为该类型。据统计,这些行业中,京外区县所占比重较大,其中电子计算机整机制造业全部布局在这些地区,其他专用设备制造业以及其他通用设备制造业所占比重分别超过 60%。其中废品废料则主要集中在城外四区,产值相对较大的橡胶制造业在周边地区和城外四区的比重均超过 35% 以上,故海淀和丰台的劳动技术产业的比重略高于其他两个城外地区。(见表 4–24)

(3) 资本密集型产业和资本技术密集型产业的布局出现了相似的结构特征,两者均表现为较明显的“反核心外围”式空间结构,并表现出相对明显的轴线指向性。该特性与重工业的空间结构形态具有明显的一致性。原因是资本密集型产业和资本技术密集型产业多为

重工业，重合度为 80%。因此资本密集型和资本技术密集型产业两者在空间上是互补的。（见表 4–24）

（4）技术密集型产业呈现出不规则的分布，并主要集中在少数几个增长点（见图 4–7）。如城八区的崇文区、东西城和朝阳区，周边区县主要集中在大兴区和门头沟区，京外地区则主要集中在廊坊市的广阳区、大城县和固安区。从产业分类的角度看，本项目认为共有 10 个产业可以归之为技术密集型。其中仪器仪表、文化、办公用机械制造业、通信设备制造业、其他电子计算机设备制造业、其他电气机械及器材制造业等产值高、技术含量相对较低的重工业主要分布在京外地区，所占比重超过 80%；而医药制造业和电子元器件制造业等又主要分布在城八区。因此在空间上并没有显示出典型的核心外围式空间结构模式。

图 4–7　按要素密集度分类的行业分布情况

表4-24 按要素密集度分类的行业分布情况

序号	地区	劳动密集型	偏离程度	劳动技术密集型	偏离程度	资本密集型	偏离程度	资本技术密集型	偏离程度	技术密集型	偏离程度
京外区县	安次	5.4	★	159.3	★★	-9.5	■	17.7	★★	-94.6	■■
	广阳	-25.6	■	255.7	★★★	28.1	★★	-42.0	■	61.5	★★★
	三河	-51.0	■■	148.3	★★	98.6	★★★★	-88.4	■■	17.3	★
	霸州	-30.2	■■	20.5	★	105.2	★★★★	-88.2	■■	-50.2	■■
	固安	58.5	★★	1192.2	★★★★	-33.2	■	-80.4	■■	42.2	★★
	永清	-39.4	■■	24.9	★	-7.3	■	44.1	★★★	-50.2	■■
	香河	25.8	★	312.7	★★★	9.6	★	-51.8	■	25.5	★
	大城	0.6	★	554.3	★★★	-29.8	■	-24.3	■	119.8	★★★
	文安	54.5	★★	101.4	★★	18.1	★★	-57.5	■	-26.8	■
	大厂回族	48.0	★★	-84.3	■	63.8	★★★	-90.6	■■	-41.2	■
	涿州	-72.0	■■	187.0	★★	-12.7	■	68.4	★★★	-75.5	■■
	高碑店	26.9	★	199.8	★★	-32.9	■	26.2	★★	-90.4	■■
	涞水	-87.1	■■	-21.8	■	23.3	★★	45.2	★★★	-51.6	■■
	易县	-36.5	■■	-45.3	■	79.0	★★★	-44.5	■	-79.8	■■
	涿鹿	-33.0	■■	290.1	★★★	19.5	★★	4.8	★	-100.0	■■
	怀来	-95.4	■■	-96.7	■■	101.6	★★★★	-22.5	■	-100.0	■■
	滦平	-93.6	■■	-89.4	■■	-53.1	■■	149.7	★★★★	-100.0	■■
	兴隆	-46.7	■■	-97.9	■■	115.8	★★★★	-75.9	■■	-79.5	■■

续表

序号	地区	劳动密集型	偏离程度	劳动技术密集型	偏离程度	资本密集型	偏离程度	资本技术密集型	偏离程度	技术密集型	偏离程度
周边区县	大兴	70.1	★★	10.6	★	-40.9	■■	-21.5	■	91.2	★★★
	房山	-90.2	■■	-92.7	■■	-72.4	■■	168.3	★★★★	-95.7	■■
	门头沟	-20.9	■	-69.7	■	97.4	★★★★	-88.3	■■	-13.5	■
	延庆	72.9	★★	-96.9	■■	-45.9	■■	-89.3	■■	458.5	★★★★
	昌平	-0.4	■	-87.5	■■	50.7	★★★	-54.5	■	13.1	★
	怀柔	48.0	★★	2.0	★	50.2	★★★	-88.2	■■	-4.3	■
	顺义	114.9	★★★	-81.3	■	25.1	★★	-89.7	■■	-55.9	■■
	密云	124.5	★★★	-73.4	■	-39.7	■	-24.6	■	-52.4	■■
	平谷	140.1	★★★	-82.1	■	-9.0	■	-74.1	■■	-29.5	■
	通州	42.3	★★	142.8	★★	-6.2	■	-16.7	■	-63.0	■■
城外四区	丰台	48.7	★★	150.7	★★	29.6	★★	-64.9	■■	-48.1	■
	石景山	37.6	★	-40.7	■	56.3	★★★	-67.7	■■	-88.5	■■
	海淀	10.5	★	411.8	★★★	-38.8	■	15.4	★★	-13.1	■
	朝阳	-6.2	■	-93.1	■■	-4.1	■	5.6	★	40.7	★★
城内四区	崇文	32.3	★	-81.9	■	-81.9	■■	-89.6	■■	777.6	★★★★
	宣武	336.5	★★★★	-97.9	■■	-95.0	■■	-98.0	■■	-85.9	■■
	西城	-7.7	■	-90.8	■■	6.0	★	-3.8	■	35.3	★★
	东城	-7.0	■	-91.9	■■	1.2	★	0.7	★	37.8	★★

三、与世界城市的比较

（一）产业的整体空间布局

(1) 都市型工业在CBD高度集中。从世界城市总体的产业布局看，存在普遍的规律性。即为了适应中心城区高工资、高租金的竞争压力，一部分受惠于大城市发展又最小受制于大城市制约的都市型产业发展起来，并在旧工业区逐渐成长，并以低能耗、高附加值为特点的服装制造业和印刷出版业为主导。如：

曼哈顿地区，地处纽约市的中心地区，是纽约服装业最集中的地域，更是世界最大的服装制造业中心，目前聚集了超过2600家的服装和纺织企业，雇员超过59000人，其雇员和产值均分别占曼哈顿制造业的35%和38%。出版印刷业的雇员和产值分别是12%和11%，其他行业的比重都相对较低。与此同时，这两大行业呈现出持续快速增长的态势，集聚的强度越来越大。如1981—2001年，纽约市曼哈顿区印刷出版业区位商由1.77上升为2.13。2001年曼哈顿区印刷出版业的从业人员占了纽约整个制造业就业人员的20.4%，成为仅次于服装制造业的重要都市型产业。东京都市型工业在CBD集中的态势也较为明显。如出版印刷业主要布局在千代田区、中央区、港区、涉谷区、新宿区、文京区、丰岛区及板桥区等10个区。1997年和2001年这10个区的出版印刷及相关产业的企业数分别占东京出版印刷业企业总数的70%和68%，从业人数分别占整个东京的76%和78%，出厂额占整个东京的82%和85%。尤其是东京的都心三区，即东京的CBD，印刷业更是达到了高度集中的发展态势。在都心三区仅仅42平方公里的土地上，聚集了3005家出版印刷工场所，其出版印刷业的工场所数、就业人数、产值和附加价值分别占都心三区制造业比重的75%、87%、93%和94%。其中，千代田区的产值和附加价值占制造业的比例超过了99%。

(2) 小型制造业呈现微离心化态势。为了配合工业和制造业不同程度的分散化趋向，小型制造业出现了离心化的趋势，从原来拥挤的城市中心搬出，转移到了近郊地带，以寻求更大的发展空间。因此，最直接的表现就是，占地不大、又依赖市场的小型制造业、工业在次中心地区开始大量积聚，成为整个地域的发展极点，突出地表现为集中在城市除CBD以外的中心地区，形成一个CBD和外围地区相隔离的发展带。如：

东京的内环地区，不仅是东京人口居住最密集的地区之一，也是东京经济的中坚力量。该区面积大约占东京的1/4，从业人口占东京的55%；小型制造业的产值占东京的42%，约是都心三区的22倍；从业人数接近外环的2倍、都心三区的6倍。纽约的小型制造业也有同样的趋势。如曼哈顿的小型制造业并不发达，相反，布鲁克林、布朗克斯两大核心区的比重最高，分别达到36.7%和23.7%，处在郊区的皇后区和斯坦腾岛分别只有20.5%和8.5%（见表4–25）。

表4–25 纽约市不同地区的就业分布

区名	布朗克斯	布鲁克林	曼哈顿	皇后区	斯坦腾岛	纽约市
建筑业	24.4	21.2	11.1	24.3	41.4	18.3
小型制造业	23.7	36.7	12.3	20.5	8.5	21.3
批发贸易业	25.3	21.3	32.1	14.6	10.6	24.2
运输仓储业	19.7	21.1	32.7	37.6	34.4	31.3
废物处理与公用事业	6.9	5.6	5.8	2.9	5.2	5.0

（3）传统工业远郊化态势相对较为明显。在工业衰退过程中，部分工业从城市中心向外围扩散。随着集聚不经济的产生，交通运输工具的发展降低了从郊区到中心城市的通勤成本以及通讯技术的发展，导致人口的迁移与就业的变动，产业也发生了相应的演变。特别是人们对生存环境的要求不断提高，工业转移到市郊地区，甚至直接转移到周边的卫星城地区。如：

1948年至1990年期间，美国中心城市的城市人口百分比从64%下降到39%；制造业就业百分比从67%下降到45%，1966—1991年间，在内、外伦敦的制造业就业都有较大幅度的减少，分别达到了53.8%和41.2%，在大都市圈外围减少了16.1%，而在更外围的圈层中则有所增加。东京地区，外环以外地区的农业、制造业的从业人口比重超过了整个行业的20%，而其他行业的从业人口比重均不足20%。在向外转移的工业行业中，主要是以传统工业制造业为主。如在东京的外环，电气机械制造业是主要的支柱产业，其次是运输机械设备、一般机械设备、食品、精密仪器等。其中，电气机械设备业作为东京的主导产业，已经基本转移到外环地区，其从业人数和产值占整个东京的行业的比重高达 74% 和 87%。相对而言，纽约、伦敦两个城市的核心区范围内传统工业已经实现了全部转移。

(4) 产业链生产布局呈现出明显的圈层式结构。随着产业发展以及企业内部分工的不断细化，很多企业依据产业链的要求对企业的生产活动进行了重组，大部分企业将处于产业链中间环节的大规模生产活动向大都市区外围或者更远的地区转移，但总部、研发、设计、销售等机构仍然保留在城市中心，大都市核心区更多的成为一个科技、研发中心而不是一个生产中心。如：

纽约市服装制造业 19% 的就业人口主要为经营管理、专业设计和营销人员，高于美国 7% 的平均水平约 12 个百分点。从细分出版印刷业的地区分布来看，印刷业的产业链布局也体现出该类特征。如纽约的出版业主要集中在纽约的中心城区曼哈顿区，印刷业则主要分布在曼哈顿上城区和布鲁克林区，制版业、制本业、印刷物加工业及印刷关联服务业大多处于纽约远郊，甚至新泽西市和康梅克市。东京 70% 以上的报业集中在都心的千代田区、中央区和港区；出版业除在千代田区最为集中外，还分布在新宿区和文京区；印刷业分布在中央区、新宿区和文京区；而制版业、制本业、印刷物加工业及印刷关联服务业主要集中在新宿区和文京区。

（二）北京市与世界城市的比较

(1) 都市型工业更偏向近郊地区。从世界城市产业布局的基本情况看，即使在纽约、东京这样发达的地区，也都没有完全摒弃制造业，只是随着产业结构的升级，对城市中心的制造业进行了逐步的调整，使其适应地区的发展。因此，高附加值、高地均产出的都市型产业的制造业得到了更好的发展。在区位选择上，世界城市的都市型工业均分布在中心城区，且大多在 CBD 区域高度集聚。但就北京市产业分布情况而言，都市型工业近郊化的趋势更为明显，在 CBD 的分布并不广泛。如北京初步形成了以怀柔和顺义为代表的食品饮料产业聚集区，规划了以六大服装产业基地为主的北京东部服装产业带；在朝阳和宣武、顺义、大兴、怀柔逐步集聚了印刷包装业企业；与第三产业中的旅游业联系最为紧密的工业美术生产企业向崇文、通州等区域集中。这些城区大多位于北京的四环至六环之间，因此与世界城市相比，分布近郊化的态势较为明显。

(2) 传统工业在近郊仍有残留。如东京都区部的外围地区集中了部分机械业，且主要分布在大田区，还有少量重化工业集中在市町村，大部分都转移到了千叶和神奈川地区。跟东京相比，北京市的传统工业还有部分残留在近郊（即外城四区，包括海淀、朝阳、石景山、丰台；11 个新城包括通州、顺义、大兴、昌平、房山和亦庄开发区等），这些地区集中了大量大型的现代化工业和传统工业，重工业比重较高（见表 4–26）。跟世界城市产业布局经验相比，北京市外城四区的工业布局有些粗放，甚至存在高污染行业。如城外四区通信设备计算机及其他电子设备制造业的产值占首位，相对而言，11 个新城的比重略微偏低，尽管总产值仍高于城外四区；另外，北京市城外四区还分布有黑色金属冶炼及压延加工以及化学原料及化学制品制造业两大高污染行业，尽管后者在城外地区的比重远远地区 11 个新城的比重，但仍高达 5.6%，相当于东京都核心区域纺织服装、精密机械等等主导产业的比重。

表 4–26　2008 年北京地区工业总产值排名前五位行业的生产总值及其占全区的比重

城外四区			11 个新城		
行业名称	工业总产值（亿元）	占全区工业比重（%）	行业名称	工业总产值（亿元）	占全区工业比重（%）
全区合计	2328.5	100	全区合计	2643	100
通信设备、计算机及其他电子设备制造业	604.2	25.9	交通运输设备制造业	545.1	20.6
黑色金属冶炼及压延加工	479.6	20.6	通信设备计算机及其他电子设备制造业	518.6	19.6
交通运输设备制造业	168.6	7.2	化学原料及化学制品制造业	269.1	10.2
化学原料及化学制品制造业	130.1	5.6	石油加工炼焦及核燃料加工业	237.2	9
电气机械及器材制造业	104.2	4.5	煤炭开采及洗选业	103.7	3.9

(3) 北京市产业链离散程度较低。如北京的服装加工产业主要聚集在大兴、顺义、通州、平谷、密云和延庆6个区县，这些区县已经形成各具特色、功能配套的东部服装产业带。在这个产业带内集中了260多家企业，产值达80多亿元，占全行业的53.05%。但从细分行业看，所谓的纺织服装产业还涵盖了相当一部分纺织行业，生产纺织原料、面料、织物等初级产品，下游的服装设计、开发、市场营销、服饰展览等相对较为匮乏。以纽约服装产业布局为例，该类产业仅仅集中在曼哈顿区北至第40街，南至第34街，东到第五大道，西到第九大道的街区中，服装园内的6000家企业中，大约有4000家是与服装产业相关的商业。这些企业除了服装制造商和承包商以外，还包括服装辅料供应商、饰物/珠宝生产商、展室、批发和零售商店、采购分理处、流行预测服务机构以及服装设计学校等支撑机构，还有大量其他法律、融资等服务机构即纽约曼哈顿区保留的服装企业均处于产业链终端或者高附加值的环节。

第四节　北京大都市区的产业分工与协作

一个地区的优势产业，可以用区位熵来测定，区位熵分析可以通过测定各产业在各地区的相对专业化程度，间接反映区域间经济联系的结构和方向。当区位熵大于1时，意味着这一地区的A行业在本地区具有扩张能力，具有优势地位。区位熵(Location Quotient, LQ)=(某地区A行业增加值/该地区全部行业增加值)/(全区域A行业增加值/全区域全部行业增加值)。

根据区位熵理论，实际上并不能完全说当区位熵大于1时，意味着这一地区的A行业在本地区具有扩张能力，具有优势地位。而只能说明该产业发展速度较快，产业结构占有较大的份额。若要同全区域进行比较，必须加入一个总量的概念，只有当这两个指标都达到了一定的总量才能说明优势地位。因此，区位熵的概念没有注入总量的内涵，这种专业化程度是相对某一特定区县的。

一、行业的地域专业化程度

北京及周边地区各区县的专业化程度整体上呈现出“反核心外围”式结构。主要表现为两个方面：

一是京外区县在 LQ＞5 的范围内表现出较为明显的优势。总起来看，京外区县高区位熵的产业数量相对较多。如广阳区多于 10 个，易县和永清等地区也相对较多；相对而言，北京市周边区县只有密云、通州的专业化程度较高；城八区只有丰台专业化较强。同样，10＞LQ＞5 的区间也表现出上述规律（见表 4–27）。

二是城八区在 5＞LQ＞1 的范围内开始表现出一定的优势（见表 4–27）。即城八区范围内各产业的规模结构更加均衡，产业链相对更加完整。根据国际大都市产业发展与演变的基本规律，认为这是轻工业较为发达，结构上由重工业向轻工业转变过程的一种必然现象，也是都市圈核心外围地区产业发展的普遍规律。

二、地域专业化的行业分布

北京作为国际性城市，都市圈范围内产业的专业化水平是显示其发展特点的度量指标之一。通过分析，对北京市都市型产业的发展情况有了新的认识。这体现在以下两个方面：

一是京外区县 LQ＞10 的行业主要以重化工业为主。如 LQ＞50 的行业主要包括农林牧渔专用机械制造业（55.7）、炼铁业（72.8）、黑色金属矿采选业（115.2）、其他非金属矿采选业（69.0）；LQ＞40 的行业主要包括家用器具制造业（40.1）、汽车制造业（48.1）、文化与办公用机械制造业（49.7）；20＞LQ＞40 之间的行业同样表现出上述规律。1＞LQ＞5 之间的行业零星地出现纺织服装、农副产品加工与食品制造等行业（见表 4–29）。由此可以判断，京外区县承担了大量的重化工业，尤其是污染型和资源依赖型的产业，相比而言，北京市域范围内则主要承担了重化工业中技术含量相对较高的行业。从总体上看，京外区县可以认为是钢铁机械的专业化生产基地，而北京下辖的区县，则可以概括为汽车机械产业的专业的集聚区。限于当前以河北省县市区为主体的经济单位经济总量较小，故承担的生产任务相对北京而言是较低的，但随着外围区县经济的不断发展，尤其是制造业发展规模的不断膨胀，北京市域范围内将有大量的机械工业发生产业转移，尤其是遵循着产品周期理论，随着机械工业不断实现标准化，北京市域范围内将逐渐摆脱金属机械和石化工业作为制造业主体的境况。

二是北京下辖区的专业化程度主要体现在轻工业和环境友好型

产业。如只有昌平的铁合金冶炼业(20.3)、炼铁业(18.6)、黑色金属矿采选业(13.3),密云的耐火材料制品制造业(13.0)、煤炭开采和洗选业(10.0),平谷的肥料制造业(18.5)以及通州的有色金属矿采选业(18.0)为资源依赖以及环境破坏型产业。城八区所有的优势产业主要集中在家具制造业、文化用品制造业、印刷业和记录媒介的复制业、医药制造业、针织品—编织品及其制品制造业、纺织服装—鞋—帽制造业等产业。其中部分重化工业,就其产品而言,均属于技术含量高、环境污染少的轻工产品(见表4-29)。由此可以判断:一方面,轻工业发展的门槛相对较低,但诸多轻工业属于市场依赖型产品,同时也是支撑城市就业不可或缺的产业类型,因此,包括纽约、巴黎、伦敦等世界城市在内,印刷业、家具制造业、文化用品制造业以及纺织服装产业,尽管某些生产环节技术水平相对较低,但仍然是都市型产业。这些城市同时也是所谓的“劳动密集型”产业的“创新源”,因此在长期的阻挠与阻抗的作用过程中,实现了产业的升级换代,出现了各种类型的、适应市场发展变化的新产品、新业态。另一方面,正是这些所谓的低门槛型产业,构筑了相对完整的都市型产业集群,代表着城市与地区的产业结构升级,正是这些所谓的“劳动密集型”产业发展规模与增长速度,代表了一个地区的整体创新能力。但也应该认识到,这些产业需要大量的技术支撑,都市型产业结构升级面临巨大挑战。

表4-27 北京及周边地区区位熵分布

地区	县区	LQ＞10	5＜LQ＜10	1＜LQ＜5	0＜LQ＜1	LQ＝0	地区	县区	LQ＞10	5＜LQ＜10	1＜LQ＜5	0＜LQ＜1	LQ＝0
京外区县	安次	3	4	13	12	51	周边区县	昌平	2	2	9	43	27
	霸州	3	1	13	37	29		大兴	2	2	15	37	27
	大厂回族	5	1	5	22	50		房山	0	1	3	45	34
	大城	2	6	14	20	41		怀柔	1	1	11	30	40
	高碑店	3	1	12	26	41		密云	4	3	10	28	38
	固安	6	5	11	19	42		平谷	2	2	12	28	39

续表

地区	县区	LQ＞10	5＜LQ＜10	1＜LQ＜5	0＜LQ＜1	LQ＝0	地区	县区	LQ＞10	5＜LQ＜10	1＜LQ＜5	0＜LQ＜1	LQ＝0
京外区县	广阳	10	7	12	29	25	周边区县	顺义	1	2	15	33	32
	怀来	2	2	6	28	45		通州	3	4	18	33	25
	涞水	4	7	3	18	51		延庆	1	4	8	24	46
	滦平	3	2	6	25	47		门头沟	1	3	5	33	41
	三河	4	3	15	32	29	城外四区	丰台	2	6	18	31	26
	文安	4	3	14	29	33		石景山	0	3	14	18	48
	香河	3	6	18	14	42		海淀	0	6	17	32	28
	兴隆	3	3	5	24	48		朝阳	0	0	17	36	30
	易县	7	3	10	20	43	城内四区	西城	0	0	20	38	25
	永清	8	1	8	25	41		东城	0	0	17	41	25
	涿鹿	7	3	6	15	52		宣武	2	0	1	18	62
	涿州	6	3	15	32	27		崇文	3	1	5	18	56

三、与世界城市的比较

（一）总体概况

（1）产业梯度合理性较弱。各地区在生产要素上的差异，决定了在产业上也存在一定的梯度，从而不同的地区产生不同的比较优势产业，比较优势是产业分工的重要基础，从这个意义上说，产业梯度是产业分工与合作的基础。如东京都市圈地区，其产业的发展大致可以分为四个层次：一是以出版印刷业和重机械制造业为主要支柱工业的东京市以及市郊地区，工业化高级阶段的特征较为明显。二是大阪、名古屋、琦玉和神奈川地区。虽然这些地区基本是以普通机械制造业等为主要的支柱行业，但诸如研发机构、电子通信设备制造业等资本与技术密集型产业也在此地域密集，并且逐渐占据重要的份额。这些地方的工业则属于工业化的中期阶段。三是千叶和茨城地区,千叶地区虽然是东京的重要工业港口,但其经营的基本是基础重工业,进行的是原材料加工等低端生产环节。茨城地区则以强大的农业为支撑,工业贡献并不突出,因此,其工业制造业的总量及结构仍处于工业化的初级阶段。根据地方不同的特点,东京都市圈四个层次分明,产业梯度较大,并按照工业化的不同阶段进行了区分。

但京津冀区域的产业梯度的合理性相较于世界城市而言较低。如北京地区主要是以都市型工业、生物医药、汽车工业等为主导产业。天津则重点发展航空航天、石油化工、装备制造、电子信息、生物制药、新能源新材料、轻工纺织、国防科技等产业。河北则形成以黑色金属冶炼及压延加工业、农副食品加工业、通信计算机及电子设备工业、电气机械及器材工业、金属制品业和专用设备工业等支柱产业的工业体系。

从上面的分工可以看出,虽然京津冀区域的经济差异很大,但产业梯度差异不大,产业分工层次不清晰,合理性较差。电子信息是现代高端产业,发展潜力大、前景广阔,但这样高端的产业却在天津和廊坊都作为支柱产业发展。而北京地区仍然存在一些传统工业,如汽车工业、装备制造业。

(2) 区域分工外扩趋势低。世界城市的区域分工与合作的范围更广,甚至已经在全球范围形成一种分工与配合。如美国以纽约为中心的“波士华”区域,内部已经形成了层次分明的分工与合作体系,而在外部则依托于整个东北部工业区,形成传统工业与现代工业的配合体系。东京都市圈的合作范围也十分广泛,并延伸出了京滨、横滨、京叶等多个合作的工业带。相比之下,虽然京津冀也形成了一个初级的区域分工与合作体系,但这种合作范围实际上很窄,没有形成在整个区域的蔓延,大多只是集中于几个节点城市,特别是天津、河北省的几个核心城市,如廊坊、唐山、秦皇岛以及保定、石家庄等。但目前能与北京之间实现产业间密切联系的只有天津和廊坊。如廊坊市依托北京市电子信息产业的人力资源、技术和产品销售市场,发展了电子信息产业,并成为主导产业。对此,河北省要求廊坊努力建设成为全省高新技术产业和信息产业的重要基地,并成为全省高技术产业发展的重点,打造京廊津塘高新技术产业带。另外,由于北京、天津、廊坊的密集合作，推动了京津冀地区一体化程度的加深，在最近开展的“京津冀区域产业分工与合作研究”中明确提出要根据各个企业自身的情况，通过控股、参股及组建企业集团的形式进行全方位的合作。首先在煤炭、钢铁、医药等行业可以组建跨地区的大集团，打破地区行政性垄断隔离，提高企业效益、资源利用率。其次，在产业链建设上，加强关联行业企业间协同发展，如煤炭、矿石等企业组建战略同盟。通过产业链的联合，加强关联行业企业间的合作。基于第二产业的合作，将力争在人才、现代物流、旅游、生态、金融以及教育与科研等几个方面也加强联系，实现区域的协同发展。

(3) 产业定位差异化较小。世界城市的产业分工一般较为明确，且地区的产业定位差异化大，鲜有重复的产业，以减少同质竞争的压力，增加地区之间合作的紧密性。如东京都市圈主导产业的定位中，除神奈川和琦玉均发展了电子工业外，其他地区各有侧重，形成了有序的产业承接和转移体系。相对而言，京津冀各城市间产业定位的差异化则较小。如以汽车产业为例，自世界领先汽车制造商——“现代”落户北京顺义后，天津便建立了汽车工业配套园，在该园区的企业既有来自日本、韩国、中国台湾、中国香港等地的企业，也有来自德国、英国等欧洲国家的企业，这些企业可为“现代”等多种车型配套。另外，随着北京奔驰戴－克公司入驻北京经济技术开发区，为“奔驰”配套的德资企业维倚特公司便把地址选在了廊坊市汽车零部件产业园。这是区域产业分工与协作的一种良好势头，但与此同时，天津一汽、丰田等汽车整车生产能力也较强，与上海、广州、长春、武汉、沈阳、重庆等共同纳入中国8大汽车生产基地范围之内。据研究，京津冀都市圈内部各城市之间在优势工业行业的选择和发展方面，总体上已经形成了一个产业分工的大概轮廓，即北京的工业发展倾向于以高新技术为主导，尤其是通信设备、计算机及其他电子设备制造业和交通运输设备制造业发展优势明显；天津工业体系完备，发展特点是以通信设备、计算机及其他电子设备制造业等高新技术型工业和石油、化工、冶金等重化工业并重；河北八市的工业行业发展最突出的是黑色金属矿采选业、石油和天然气开采业、煤炭开采和洗选业等能源原材料开采业，以及黑色金属冶炼及压延加工业等重化工业和农副食品加工业、饮料制造业等农产品加工工业。但同时也应强调的是，京津冀都市圈范围内的各个城市之间优势产业的选择仍然存在较为明显的雷同性，尤其是北京与天津之间、天津与河北八市之间制造业发展优势的互补性不强，没有形成具有层次结构的产业集聚和明确合理的分工体系。如该研究将京津冀都市圈 36 个工业行业分为四类，第一类是具有快速增长优势，并且竞争力也很强的行业，分别是黑色金属冶炼及压延加工业、电气机械及器材制造业、医药制造业、仪器仪表及文化办公用机械制造业、黑色金属矿采选业；第二类是具有快速的增长优势，但缺乏竞争优势的行业，它们是通信设备、计算机及其他电子设备制造业（即电子及通信设备制造业）、交通运输设备制造业、普通机械制造业（即通用设备制造业）、家具制造业。据北京、天津市统计年鉴（2009 年）显示，北京和天津在该类产业中具有很强的相似性，即两大非资源型城市，却依托其原有的工业体系以及现有的国家级技术园区，在发展高技术产业的同时，均发展了包括装备制造业、化学原料及制成品制造业以及金属制品工业。

表 4–28　东京都市圈产业分工格局

地区名	业务核心城市	主导工业
东京中心部	区部	印刷业
多摩自立都市圈	八王子市、立川市	小型制造业
神奈川自立都市圈	横滨市、川崎市	化学、石油、机械、钢铁、电子
琦玉自立都市圈	大宫市、浦和市	机械、铸造加工、光学仪器、电子等领域
千叶自立都市圈	千叶市	临港工业
茨城南部自立都市圈	土浦市、筑波地区	初级工业

（二）案例分析

1. 美国“波士华”地区产业分工与合作

以自身资源禀赋为依赖的港口分工。以纽约为中心的“波士华”区域，地处美国东北沿海，港口众多，就历史发展的脉络来看，港口对城市的崛起有着关键的作用，因此，有序的区域分工格局实际上可以从港口间的合理分工得到反映。纽约港是美国东部最大的商港，重点是发展集装箱运输；费城港主要从事近海货运；巴尔的摩港作为矿石、煤和谷物的运转港；而波士顿港则是以转运地方产品为主的商港，同时兼有渔港的性质。这些港口通过有序分工，构成了一个分工合理、运营灵活的美国东海岸港口群。

专业相互补充的经济运作有机体。纽约是这个区域的核心，在地区中起到了集聚与扩散的双重作用。早在20世纪初，纽约就享有全美国“银行之都”的称号。近一个世纪以来，其一举一动都左右着世界的金融、证券和外汇市场。纽约历来又是美国和国际大公司总部的集中地，全美500家最大的公司，约有30%的总部设在纽约，同时吸引了与之相关的各种专业管理机构和服务部门，形成了一个控制国内，影响世界的服务和管理中心。所以说，纽约金融、贸易等第三产业独占鳌头，还是“总部基地”。费城是该地区中的第二大城市，主要以发展多样的工业化闻名。其重化工业发达，为美国东海岸主要的炼油中心和钢铁、造船基地，全市就业人口中的2/5从事制造业。费城港也是美国主要港口之一，主要承担近海航运。因此，费城的重化工业和运输业比较发达。波士顿主要工业部门有纺织、食品、服装、制鞋、皮革、印刷出版等，电子、金属加工、造船等工业在第二次世界大战后发展很快。由于波士顿是有名的文化城市，全球闻名的哈佛大学、麻省理工学院就在该城。依托于丰富的人才资源，波士顿成立了以波士顿为中心128公路环形科技园区，是仅次于硅谷的全美微电子技术中心。因此，波士顿的电子工业和文化教育业比较突出，是教育科研和高技术产业中心。华盛顿是美国的首都，是世界各国中少有的仅以政府行政职能为主的政治中心。巴尔的摩的经济是依托于港口发展起来的，其有色金属和炼铁工业地位十分重要，主要布局在港区两侧。港区北面靠近巴尔的摩市中心区一带有一些高大的烟囱直耸云霄，这里有火力发电厂、化工厂和冶炼厂，港区南部和西南部是造船、军火、机械工业和铁路站场集中的地区。

从上述的基本情况可以看出，整个波士华地区已经形成了相互补充又相互依赖的有机经济体，每个地区都相应的根据自身的优势承接了不同的发展任务，产业之间的错位发展又紧紧相连。各种生产要素在城市群中流动，使人口和经济活动更大规模地集聚，形成城市群巨大的整体效应。

2. 日本首都圈的产业分工与分布

日本的首都圈区域,经过十多年的发展已经形成了明显的区域产业分工体系,多个核心城市根据自身的基础和特色,以不同的产业为主,在分工合作、优势互补基础上,共同发挥出了整体集聚优势。

都心三区的工业。东京是该区域的核心城市,是全国的金融、管理中心。全日本30%以上的银行总部、50%销售额超过100亿日元的大公司总部均设在东京。东京也是全国最大的工业中心和全国最大的商业中心,该地区制造业销售额占全国的1/4;30余万家大小商户,销售额占全国的29.70%,批发销售额占全国的35.3%。随着都市功能的分化,有些产业不适合在大都市人口密集的区位配置,同时,还有些重视情报功能的传媒集约型产业又需要在大城市集聚,尤其是报刊、杂志等出版印刷业,都心地区仍是这些产业最好的区位选择。东京的工业以出版印刷业为主,多分布在千代田区、中央区、新宿区、文京区和港区。整个都心三区出版印刷业的从业人数、产值和加值分别占全东京都的36.8%、41.9%和47.3%。东京都区的外围区主要集中了杂业,也有部分机械业,且分布在大田区。东京都的市町村集中了大部分工业,主要是电气机械、交通机械和一般机械业。根据1998年的数据显示,东京都心区的工业,按销售额的多少顺序依次为出版印刷(29.6%)、电器机械(23.3%)、运输用机械(8.1%)。但在都心部的工业构成中,出版印刷业占压倒多数,其次工场数量多是高技术的金属制品,再次之为服装、食品。

城下町地区的工业。城下町地区的工业主要以日用消费品为主,如以制鞋和革包生产为主的皮革工业以及军工服装和被服生产为主的军用服装业。这些工业的发展主要是依靠江户时代以来的皮革生产传统,以及明治以后此地担当军靴、兵囊的生产基地遗留下来的一些军工厂。

城南地域的机械工业。皇宫的南部称城南地域,从港区到品川区、大田区,特别是京滨特快和JR京滨东北线附近的东部海岸地域。这个区域机械工厂多,且发达。曾经是电机工场和汽车工场等的主力工场配置的地方,在日本经济高速发展时期以后,都向郊外和东京都外转移。但目前也还残存有中小工场。而且,这些工厂的种类很多,既有能制造如测量器具的精密的机械产品,又有能进行高水平宇航机器零件机械加工的工厂,由此成为日本机械加工的全国性中心。

多摩地区的工业。多摩的西部山麓地方由于盛行养蚕，因此是绢织的重要产地。养蚕和制丝是多摩地域重要的产业。1965年后金属机械工业开始兴盛，生产销售额逐渐超过了纤维、服装工业。多摩地区接受东京区部部分功能（主要是大学、研究开发机构和高科技产业方面）的转移，现已发展成为东京都高科技产业、研究开发机构、商业、大学的集聚之地。多摩的各行业整体高技术化，其中也包括从城南地域转入的机械工业和采用新技术的印刷工业和化学工业等。

3. 东京城市群产业分工与协作

综合工业体系——大阪。大阪是阪神工业地带的核心，是重工业、化学工业发达的综合性工业城市，以机械、电机、化学、钢铁、金属加工、食品、纺织等工业为主。工业分布在三个地区：北部工业区有淀川通过，水源充足，很早就建成了纺织、染料、油脂等工业；东部工业区是金属加工和机械工业，并建有玩具、服装、化妆品等小厂；西部是重、化学工业集中的临海工业区，沿大阪湾分布，主要有造船、钢铁、车辆、机械和化学等大型工厂。

汽车城——名古屋。名古屋的工业比较发达，主要产业有汽车制造、电子、纺织、陶瓷工业等。另外，其传统工业纺织、陶瓷器在整个日本都占重要地位。近年来，印刷、化学等工业的发展也很不错。名古屋地区突出的专业化部门是汽车工业，占本区产值的40%和全国的35%，其次为机械、钢铁、石化等。区内形成许多专业化城市，如丰田汽车城、徽户陶都、炼油中心四日市等。

工业重镇——横滨与川崎。横滨地处全国四大工业区之一的京滨工业区的核心，工业发达，主要以钢铁、炼油、化工、造船业为主，全市有大小工厂8300多家，工业生产总值居全国第三位。川崎市主要承担生产制造和研发职能，其石油行业销售总额占到全国总量的60.4%（1998年），川崎港主要为大企业运输原料和成品服务；厚木市则在研发、高科技产业和教育职能方面比较集中。

京叶工业带核心——千叶县。工业产品出厂额在全国占第7位，主要行业是石油煤炭、化工和钢铁。在2006年产品出厂额中，石油煤炭占21.5%、化工占20.7%，钢铁占13.1%，这三个行业合计占整体的55.3%。

综上所述，日本的首都圈区域在战后经济高速发展的过程中，各城市在加强原有特业的基础上，扬长避短，强化区域产业分工与合作，大大提高了在整个城市群和在世界上的地位。

表 4-29 各县区各行业区位熵的等级划分

	地区	LQ＞10	5＜LQ＜10	3＜LQ＜5
京外区	文安	木材加工及木竹藤棕草制品业(25.8)、工艺美术品制造业(2.7)	金属制品业(9.3)、燃气生产和供应业(8.0)、电力、热力的生产和供应业(6.6)、其他电气机械及器材制造业(6.1)、纺织制成品制造业(5.0)	有色金属压延加工业(4.0)、钢压延加工业(3.5)、基础化学原料制造业(3.2)
	香河	文化、办公用机械制造业(49.7)、有色金属冶炼业(34.2)、电子元器件制造业(1.4)、造纸及纸制品业(11.5)	其他通用设备制造业(8.8)、其他电气机械及器材制造业(6.5)、汽车零部件及配件制造业(5.9)、化学纤维制造业(5.9)、有色金属压延加工业(5.3)	文化用品制造业(4.3)、毛纺织和染整精加工业(4.2)、玩具体育娱乐用品制造业(3.1)
	兴隆	肥料制造业(15.6)、钢压延加工业(13.5)、黑色金属矿采选业(10.2)	炼焦业(7.3)、有色金属冶炼业(7.2)	针织品、编织品及其制品制造业(3.7)、废品废料(3.4)
	易县	其他非金属矿采选业(63.0)、陶瓷制品制造业(30.4)、黑色金属矿采选业(20.5)、有色金属矿采选业(15.1)、工艺美术品制造业(12.3)	水的生产和供应业(8.8)、肥料制造业(8.5)	木材加工及木竹藤棕草制品业(4.9)、文化、办公用机械制造业(4.6)、金属制品业(4.1)、水泥、石灰和石膏制造业(3.4)、谷物磨制业(3.2)、建筑业(3.1)
	涿鹿	其他非金属矿采选业(69.0)、陶瓷制品制造业(31.6)、金属制品业(16.9)、农林牧渔专用机械制造业(15.5)	其他通用设备制造业(9.3)、黑色金属矿采选业(9.3)、肥料制造业(9.0)、基础化学原料制造业(8.5)、水的生产和供应业(5.8)	工艺美术品制造业(4.9)

续表

	地区	LQ>10	5<LQ<10	3<LQ<5
京外区	涿州	有色金属压延加工业(31.4)、汽车零部件及配件制造业(16.7)、农药制造业(16.6)、建筑业(10.9)、家用器具制造业(10.4)	金属加工机械制造业(8.4)、农林牧渔专用机械制造业(6.7)、锅炉及原动机制造业(5.3)、针织品、编织品及其制品制造业(5.0)	其他专用设备制造业(3.4)、塑料制品业(3.2)、其他通用设备制造业(3.0)
周边地区	昌平	耐火材料制品制造业(13.0)、煤炭开采和洗选业(10.0)	化学纤维制造业(4.5)、皮革毛皮羽毛(绒)及其制品业(4.2)、信息化学品制造业(3.3)、玻璃及玻璃制品制造业(3.0)	/
	大兴	制糖业(11.4)	日用化学产品制造业(7.6)、信息化学品制造业(5.7)、化学纤维制造业(5.7)	纺织制成品制造业(3.7)、医药制造业(3.1)
	房山	/	合成材料制造业(4.9)、炼焦业(3.4)、石油加工业(3.3)	/
	怀柔	其他饮料制造业(12.5)	酒精及饮料酒制造业(5.3)	肥料制造业(3.1)
	延庆	针织品、编织品及其制品制造业(18.6)	医药制造业(6.9)、毛纺织和染整精加工业(6.6)、其他非金属矿物制品制造业(6.3)、肥料制造业(5.1)	棉、化纤纺织及印染精加工业(3.5)、纺织服装、鞋、帽制造业(3.3)
	密云	铁合金冶炼业(20.3)、炼铁业(18.6)、黑色金属矿采选业(13.3)、纺织制成品制造业(12.1)	棉、化纤纺织及印染精加工业(7.3)、纺织服装、鞋、帽制造业(5.9)、其他饮料制造业(5.8)	农药制造业(4.4)、毛纺织和染整精加工业(3.1)

续表

	地区	LQ>10	5<LQ<10	3<LQ<5
周边地区	平谷	肥料制造业(18.5)、毛纺织和染整精加工业(17.3)	针织品、编织品及其制品制造业(6.7)	屠宰及肉类加工业(4.8)、纺织服装、鞋、帽制造业(3.9)、玩具体育娱乐用品制造业(3.6)、农药制造业(3.4)
	顺义	屠宰及肉类加工业(8.8)、酒精及饮料酒制造业(7.4)、陶瓷制品制造业(6.3)	棉、化纤纺织及印染精加工业(4.5)、其他饮料制造业(3.7)、毛纺织和染整精加工业(3.2)、玩具体育娱乐用品制造业(3.0)	/
	通州	有色金属矿采选业(18.0)、家用视听设备制造业(15.0)、其他通信、电子设备制造业(11.9)	有色金属冶炼业(6.1)橡胶制品业(5.1)	基础化学原料制造业(4.9)、涂料颜料油墨及类似产品制造业(3.7)、专用化学产品制造业(3.0)
	门头沟	煤炭开采和洗选业(12.9)	物磨制业(6.6)、毛纺织和染整精加工业(6.3)、纺织制成品制造业(5.5)	肥料制造业(3.0)
城外四区	石景山	/	造纸及纸制品业(6.4)、医疗仪器设备及器械制造业(6.1)、陶瓷制品制造业(5.8)、涂料颜料油墨及类似产品制造业(5.5)	毛纺织和染整精加工业(4.2)、水泥、石灰和石膏制造业(4.1)、塑料制品业(3.5)、文化用品制造业(3.3)
	海淀	/	家用视听设备制造业(6.6)、基础化学原料制造业(6.4)、其他工业(6.3)、其他通用设备制造业(6.2)、橡胶制品业(5.8)	医疗仪器设备及器械制造业(3.3)、麻纺织、丝绢纺织及精加工业(3.1)、信息化学品制造业(3.1)

续表

	地区	LQ>10	5<LQ<10	3<LQ<5
城外四区	丰台	废品废料(14.2)、水产品加工业(12.6)	麻纺织、丝绢纺织及精加工业(5.9)、木材加工及木竹藤棕草制品业(5.2)、水的生产和供应业(5.0)	文化用品制造业(4.8)、其他专用设备制造业(4.2)、其他非金属矿物制品制造业(3.9)、涂料颜料油墨及类似产品制造业(3.7)、金属加工机械制造业(3.7)、水泥、石灰和石膏制造业(3.4)、其他交通运输设备制造业(3.1)、针织品、编织品及其制品制造业(3.0)
	朝阳	/	烟草制品业(9.7)	电子元器件制造业(3.9)、棉、化纤纺织及印染精加工业(3.7)、玩具体育娱乐用品制造业(3.1)
城内四区	东城	家具制造业(17.4)	针织品、编织品及其制品制造业(9.2)	纺织服装、鞋、帽制造业 4.4、造纸及纸制品业(3.4)、其他食品加工和食品制造业(3.4)
	西城	文化用品制造业(16.7)、印刷业和记录媒介的复制业(14.0)	其他非金属矿物制品制造业(8.9)、文化、办公用机械制造业(8.8)	/
	崇文	医药制造业(14.2)、谷物磨制业(11.4)	水产品加工业(7.4)、纺织服装、鞋、帽制造业(5.6)	玩具体育娱乐用品制造业(3.6)、日用化学产品制造业(3.1)
	宣武	印刷业和记录媒介的复制业(19.2)、文化用品制造业(10.7)	/	其他食品加工和食品制造业(4.1)

第五章

北京大都市区产业空间集聚特征判别

产业集聚度的判断有许多方法，但多数度量方法没有“空间指向”，即各个产业所依托的企业没有地理坐标的限制，同样的度量方法同样适合于全国、各省区等层面的地域研究范围。如衡量产业地理集中的赫芬代尔指数、赫希曼-赫芬代尔指数、信息熵、锡尔指数和基尼指数等，度量结果是一种相对的集中或相对的分散，绝对的集中或绝对的分散。但产业转移和产业集聚两个概念，均有一定的空间指向，或者为全球、全国、全省，或者为全市。因此，以北京为研究对象，揭示小地域范围内产业的空间位移，必须对“地理坐标”的要求更严格。否则，以虚拟的狭小空间为研究对象将失去研究的价值和意义。

从当前该领域研究的前沿看，基于距离的产业集聚测量，主要方法为 Marcon 和 Peuch 于 2003 年提出的多空间尺度方法。具体方法是(刘春霞、朱青、李月臣，2006)：

(1) 传统 M 函数。假设研究区 A 分布有许多行业企业，定义 f_{isr}：r 半径范围内 S 行业每个企业的邻居(属于 S 行业) 个数公式(1)；N_s：区域内 S 行业的全部企业数；e_{isr}：以 S 行业的 i 企业为中心，r 半径内属于 S 行业的邻居的就业人数；e_{ir}：以 S 行业的 i 企业为中心，r 半径内属于全部行业的邻居的就业人数；E_s：A 区域内 S 行业的全部就业人数；E：A 区域内全部行业的全部就业人数。则 M 函数为：

$$M(r,S)=\frac{\sum_{i=1}^{N_s}\frac{e_{iSr}}{e_{ir}}}{N_s}\bigg/\frac{E_s}{E} \qquad (1)$$

式中反映的是 r 范围内 S 行业的分布相对于全部行业的分布特征。随机分布条件下，$M=1$；$M>1$ 表示 r 半径范围内 S 行业的空间分布是集中的，M 越大，集中度越高；$M<1$ 说明 r 半径范围内 S 行业的空间分布是分散的。如特定 r 范围内，$M=2$ 说明该范围内 S 行业就业人数的相对密度是其在整个区域的两倍，反之亦然。若 e_{iS_lr} 为以 S_l 行业的 i 企业为中心，r 半径范围内 S_k 行业的就业人数，则 M 函数反映的是两个行业 S_l、S_k 的空间临近分布，公式变为：

$$M(r,S_l,S_k)=\frac{\sum_{i=1}^{N_{S_l}}\frac{e_{iS_kr}}{e_{ir}}}{N_{S_l}}\bigg/\frac{E_{S_k}}{E} \qquad (2)$$

$M(r,S_l,S_k)$ 值依赖于 S_l 和 S_k 行业的分布，值越大，两行业的空间分布一致性越强。

公式(1)和公式(2)中，e_{iSr}（e_{iS_kr}）和 e_{ir} 采用的是某半径范围内研究行业的就业人数和同一范围内所有行业就业人数的比值，因此在一定程度上可以消除边界附近邻居个数被低估对运算结果的影响，即边界效应。

(2) M 函数的改进。M 函数以职工就业人数作为指标来衡量产业地理集中程度，其中隐含着一个假设：各地区的劳动生产率或技术贡献率是一样的。实际上，就业规模与产值规模并不完全吻合，仅用职工人数难免具有片面性。针对这一问题，根据北京市制造业空间分布数据的实际情况，对 M 函数进行改进，综合运用了企业就业人数和产值两个指标。这样就避免了使用单一的企业就业人数指标偏差过大的问题，同时也比单纯用企业个数更能反映产业空间集中与分散的真实情况。改进的 M 函数（M'）公式为：

$$M(r,S)=\frac{\sum_{i=1}^{N_S}\left(\frac{e_{iSr}}{e_{ir}}+\frac{p_{iSr}}{p_{ir}}\right)}{N_S}\bigg/\left(\frac{E_S}{E}+\frac{P_S}{P}\right) \qquad (3)$$

$M(r,S)>1$ 表现为集中，相反，$M(r,S)<1$ 则为分散，$M(r,S)>1.5$ 到达的距离为集中半径；$M(r,S)$ 达到最大值时的距离为显著集中距离。

式中 p_{iSr} 和 p_{ir} 分别为 r 半径内属于 S 行业和属于全部行业的邻居的经济规模；P_S 和 P 分别为整个区域内 S 行业和全部行业的经济规模。此时，行业间空间临近分布公式为：

$$M'(r,S_l,S_k)=\frac{\sum_{i=1}^{N_S}\left(\frac{e_{iS_kr}}{e_{ir}}+\frac{p_{iS_kr}}{p_{ir}}\right)}{N_{S_l}}\Big/\left(\frac{E_{S_k}}{E}+\frac{P_{S_k}}{P}\right) \tag{4}$$

一、整体产业集聚度

通过 M 函数的计算，认为北京市域范围内，针对所有产业所对应的企业，在空间上的分布主要有两个规律：

一是不同的距离范围内呈不同程度的集中分布，即多数行业存在一种内在的、能够体现规模经济效益与集聚效应的空间范围，超过该范围，行业的主要载体，即企业的分布将逐渐下降。也就是说，从企业分布的角度看，这种集聚也呈现出明显的核心外围式空间结构状态。但该结论并没有排除在同一研究范围内，如北京市范围内存在一个分布中心，即对不同行业，或者同一行业，在较大范围内可能存在两个及两个以上的集聚中心。

二是不同行业类型其空间集聚的程度差别较大，如原料指向和劳动力指向型行业空间分布的集中程度高，资金和技术密集型行业空间分布的集中程度相对较低。也就是说，行业的性质对企业的集聚要求有较大的差异，从研究结果看，资金和技术对企业空间位置的约束力较小，即在同一属性的经济区范围内，该性质的企业分布具有一定的随机性。即西城、东城与海淀、朝阳对某一技术密集型产业的吸引可能并没有较大的区别，但与大兴、昌平、房山等地区相比，则可能有较大的影响。因此，该产业的集聚，会更多地考虑需求市场、人力资源市场、城市规划、产业基础等因素，甚至考虑城市交通等其他辅助性的要素。

二、不同行业集聚度

不同行业呈现出不同的空间分布结构，如有些行业在研究范围内呈明显集中分布，有些行业随着距离的增大逐渐表现出分散分布的状态，还有些行业的空间分布比较均匀，集中或分散趋势均不明显。(见表 5-1)如：

(1) 本章中所选取的 25 个行业均呈现出不同程度的空间集中分布，但是不同行业的集中程度差别很大。集中度最高的是橡胶制品业，在很小的范围内集中度达到 16. 9，其他行业的最大值在 13. 1—1. 6 之间变化，木材加工及竹、藤、棕、草制品业，皮革、毛皮、羽绒及其制品业，文教体育用品制造业，造纸及纸制品业，家具制造业，饮料制造业，纺织业，塑料制品业，印刷、记录媒介的复制业，非金属矿物制品业、石油加工及炼焦业和仪器仪表及文化办公用机械制造业等都是集中程度比较高的行业。专用设备制造业、交通运输设备制造业、电子及通信设备制造业的集中程度较低。

橡胶制品业的集中范围在 0—40km 上，$M(r,S)$ 均大于 1，呈明显的集中分布，在 1km 处达到最大值 16. 9，说明在橡胶制品业企业附近，该行业的就业人数和经济规模是整个北京市的 16. 9 倍，空间分布高度集中，居 25 个行业之首。可以认为，出现这种态势的主要原因有两个：一是该范围内存在一个大型的橡胶企业，这个企业具有其他企业无法比拟的规模优势。如 M 函数测定的结果，该企业在职工人数上具有明显的优势，约为该企业之外的所有企业从业人数的 17 倍左右。二是该范围内集中了大量的橡胶企业，是一个大型的橡胶园区，有可能具有支撑该产业发展相对完整的产业链。根据北京市细分行业的区位熵，海淀区具有明显的地位，由此表明海淀区在北京市橡胶产业具有一定的代表性。

印刷、记录媒介的复制业随着距离的增大呈现出分散分布的特征。在 1km 处的 $M(r,S)$ 为 4. 0，距离增大到 25km 时，$M(r,S)$ 值小于 1，在 40km 处降为 0. 9，说明该行业在 40km 范围内的就业人数和经济规模只有整个北京市的 0. 9 倍，说明随着距离的增大，印刷、记录媒介的复制业的空间集中度将持续减小。根据原始数据的分析，西城区和宣武区该产业的规模优势极其明显，并形成了北京市该产业发展的基地中心。25km 的空间范围，大约为北京市 6 环路以外的地区，表明该范围是北京市域范围内该产业的发展中心。即以北京市市区范围内为主，西城和宣武区又是其典型的增长极。

(2) 所有行业地理集中度达到最大值的距离都很小，除电子及通信设备制造业是 2km 外，其他行业都是 1km，说明所有制造业行业在小范围内的分布是高度集中的。

(3) 各行业空间集中的距离都比较大，除交通运输设备制造业是 9km，普通机械制造业和专用设备制造业是 12km，金属冶炼及压延加工业是 18km，印刷、记录媒介的复制业是 20km 外，其他行业在 25km 距离以上都呈集中分布。其中，电子及通信设备制造业、纺织业、家具制造业、专用设备制造业、饮料制造业、橡胶制品业、石油加工及炼焦业和文教体育用品制造业的空间集中的距离达 40km 以上。

以印刷、记录媒介的复制业为例，该行业在北京城八区范围内具有一定的均质性，因此其空间集中的范围较大，但作为典型的都市型产业，尤其集中在城内四区以及海淀、朝阳等地区，尤其是文化产业较为发达的地区范围内，故发展的范围相对较大。

以交通运输设备制造业为例，该行业对地区发展环境、产业基础、环境以及交通都有一定的要求，因此，该产业的均质化程度相对较低。从目前发展情况看，适合以园区的形式或功能区的形式存在，故集中的范围相对较小，9km 的范围大约为一个新城的范围。因此，该论证的结果表明，以顺义、通州等地为核心，逐渐形成了该产业的专业化地域。在其他地区，该产业的发展均较为有限；作为配套，直接相关的关键零部件生产等金属机械产业都以此为依托，实施集中发展的策略。

以电子及通信设备制造业为例，该行业为技术密集型的产业，对用地、生产环境以及交通等要求较低，尤其是某些非创新性的、实现生产标准化的企业，总体上对区位没有较大的要求，尤其是北京市实施了新的产业政策，如一区多园，使该行业的发展没有更加明确的地域尤其是园区的限制，因此在分布上趋向于均质化分布。

专用设备制造业是典型的金属机械工业，专业化程度相对较高，对核心产业具有一定的依赖性。而根据北京及周边地区产业分布情况，该行业在整个范围内都有一定的发展，但以郊区县和外围县区为主，因此，呈现出“单点分布”的基本格局，即在约 1.6 万平方公里范围内，各区县具有一定的据点。另外，该产业基本实现了标准化生产，每个据点该产业发展的准入门槛都相对较低，故在一定程度上均质化程度也相对较高。

(4) 原料型或劳动密集型行业空间分布的集中程度较高。如橡胶制品业、木材加工及竹藤棕草制品业、皮革毛皮羽绒及其制品业、文教体育用品制造业、造纸及纸制品业、家具制造业、饮料制造业、纺织业、塑料制品业在内的 M' 在 1km 的距离范围内均达到了 5.0 以上。

以家具制造业为例，在北京市范围内，主要以昌平和通州为基地，其他地方基本没有分布。如果说该产业属于资源依赖型产业，对木材、金属塑料等配套产业有一定的依赖性，但相对而言，大兴、房山等北京市郊区县也都有物流基地，交通、用地等相差不大，且昌平作为北京市新型的高技术园区所在地，对家具行业应该是排斥的，通州亦是如此。但为什么唯独这两个地区兴起了家具制造业？如同为什么义乌、温州、石狮等地区形成全国乃至全球性质的纺织服装产业基地，而不是其他地区？根据相关研究，认为北京市家具制造业也具有类似的特征，即昌平和通州市具有发展家具制造业的基础，并在此基础上形成了相对稳定的生产传统、营销网络等非物质性文化基础，使该产业具有一定的历史延续性，形成了地域专业化的品牌形象。

以橡胶、塑料制品业为例，在北京市范围内，橡胶主要以海淀、昌平和大兴为主要生产基地，塑料则以平谷、通州为主要产地。根据产业链的基本原理，这两个行业与石化工业有密切的联系。但房山、石景山等地区该产业的发展规模都相对较小。考虑到大城市，尤其是北京作为国际大都市，强调循环经济的发展，并强调以园区的形式强化规模经济和集聚效应。另外，该产业作为汽车产业链的有机组成部分，为什么没有选择顺义和通州作为主要的生产加工基地？即这两个产业均没有与其直接相关的产业链在地理上达到空间一致性。根据第一次经济普查资料显示，认为大致有三个方面的原因：一是北京市橡胶和塑料产业，其主导产品是用于各类用途的通用设备，满足北京及周边省市五金市场的需求，专门用于汽车零部件的相对较少；二是燕山石化主要生产清洁汽油、柴油、航空煤油、石蜡、乙烯、聚乙烯、聚丙烯、苯酚、丙酮、顺丁橡胶、丁基橡胶等石油化工产品，树脂及塑料、合成橡胶以及基本有机化工产品等虽然是国内最大的生产商之一，但橡胶类成品相对较少，主要集中在丁基橡胶、SBS、顺丁橡胶三类，尚不能满足北京市及周边省市的市场需求；三是该产业集中生产区域具有一定的产业基础，非物质性网络组织对产业的发展仍然起到关键性作用。

(5) 不同行业的集中半径差别显著。集中半径小于 5km 的有交通运输设备制造业、专用设备制造业、化学原料及化学制品制造业、普通机械制造业、电气机械及器材制造业和食品制造业;而皮革毛皮羽绒及其制品业、木材加工及竹藤棕草制品业和饮料制造业的集中半径大于 10km;石油加工及炼焦业的集中半径达到了 30km。需要说明的是,资金密集型产业的空间分布虽然呈集中状态,但是集中度较低。究其原因主要有两个:一是与研究的空间尺度较小有关,二是北京市 1999 年制定了《北京市三、四环路内工业企业搬迁实施方案》,加大污染扰民、占地面积大的工业企业向郊区搬迁的力度。如北京燕京汽车厂、北京汽车摩托车联合制造公司、北京第一机床厂等均已迁往郊区,促进了行业空间布局的分散化趋势。

表 5-1 北京市主要制造业行业集聚度的行业分布

序号	行业	集中范围(km)	分散范围(km)	集中半径(km)	显著集中距离(km)	序号	行业	集中范围(km)	分散范围(km)	集中半径(km)	显著集中距离(km)
1	交通运输设备制造业	1–9 12–25	9–12 25–40	1	1.56	14	印刷、记录媒介的复制业	1–20	20–40	5	4.0
2	专用设备制造业	1–12 14–40	12–14	1	1.9	15	医药制造业	1–30	30–40	5	4.2
3	电子及通信设备制造业	1–40	/	7	2.1	16	食品加工业	1–30	30–40	6	4.7
4	金属冶炼及压延加工业	1–18	18–40	5	2.2	17	塑料制品业	1–25	25–40	8	5.0
5	化学原料及化学制品制造业	1–30	30–40	2	2.3	18	纺织业	1–40	/	10	5.6
6	普通机械制造业	1–12	12–14 25–40	2	2.5	19	饮料制造业	1–40	/	12	6.2
7	电气机械及器材制造业	14–25	30–40	2	2.6	20	家具制造业	1–40	/	8	7.0

续表

序号	行业	集中范围(km)	分散范围(km)	集中半径(km)	显著集中距离(km)	序号	行业	集中范围(km)	分散范围(km)	集中半径(km)	显著集中距离(km)
8	石油加工业	1–30	/	30	2.9	21	造纸及纸制品制造业	1–30	30–40	8	8.6
9	服装及其他纤维制品制造业	1–30	30–40	7	3.0	22	文教体育用品制造业	1–40	/	7	11.3
10	食品制造业	1–30	30–40	4	3.1	23	皮革、毛皮、羽绒及其制品业	1–25	25–40	16	12.5
11	金属制品业	1–30	30–40	5	3.2	24	木材加工及竹、藤、棕、草制品业	1–25	25–40	12	13.1
12	仪器仪表及文化办公机械制造业	1–30	30–40	8	3.8	25	橡胶制品业	1–40	/	9	16.9
13	非金属制矿物制品业	1–30	30–40	10	3.8						

资料来源：刘春霞、朱青、李月臣:《基于距离的北京制造业空间集聚》,《地理学报》2006 年第 61(12)期，第 1247—1258 页(下同)。

三、不同行业之间的空间临近性

行业间的临近分布反映的是两个行业在空间分布上的一致性。对于行业 S_l ，S_k ，如果 S_l 附近 S_k 的企业数量越多，规模越大，且 S_k 附近 S_l 的企业数量越多，规模越大，说明两个行业的空间临近分布的集中度越高。由于行业的空间临近分布与所选的中心行业有关，所以 $M'(r,s_l,s_k)$ 的结果不同于 $M'(r,s_k,s_l)$ ，只有当二者的值都较大时，才能证明两个行业空间临近分布具有较强的一致性。运用公式(4)，计算了北京市 14 组制造业在 0—20km 内的空间临近分布的集中度。(见表 5–2)

与单一行业相比，行业间空间临近分布的集中度较低，M' 值在 2.6075—0.3128 之间变化。有些行业空间临近分布的一致性较强。

如S_{20}家具制造业和S_{24}木材加工及竹、藤、棕、草制品业。以S_{20}为中心的计算结果和以S_{24}为中心时的计算结果变化趋势相似，均大于1，二者在1km处分别达到最大值2.6075和2.5852，说明1km内，S_{20}附近S_{24}分布的相对密度是其在整个北京市分布水平的2.6075倍。S_{20}在S_{24}附近的相对密度达到了其在全市分布水平的2.5852倍。因此两个行业空间临近分布的集中度很高。$M'(r,s_{20},s_{24})$在1.1971—2.6075之间变动，$M'(r,s_{24},s_{20})$在1.1007—2.5852之间变动。随着距离的增大，基本呈递减的趋势。

虽然有些行业间的投入产出关系比较密切，但空间上却呈分散分布状态。如S_3电子通信设备制造业和S_5化学原料及化学制品制造业，以S_3和S_5为中心的计算结果均小于1，随距离的增加具有相似的变化趋势。$M'(r,s_3,s_5)$在0.7725—0.5703之间变化，$M'(r,s_5,s_3)$在0.8476—0.3727间变动，分别在1km处达到最小值，说明1km的范围内S_3附近S_5的相对密度是全市的0.5703倍，反之S_5附近S_3的相对密度仅为整个北京市的0.3727倍，呈现出明显的分散分布。

还有些行业组以不同的行业为中心，呈相反的变化趋势。如S_4金属冶炼及压延加工业和S_{11}金属制品业，以前者为中心的M'值均大于1。随着距离的增大而递减，在1.8050—1.1038之间变化；而以后者为中心的M'值在0—20km的距离上均小于1，随着距离的增大在0.3146—0.8056之间波动。因此，S_4周围S_{11}的分布呈集中分布的特点，1km范围内的相对密度是其在北京市分布的1.8050倍。但由于S_4在S_{11}附近的分布在1—20km上均呈现出分散分布的状态，在2km的范围内，相对密度仅为其在北京市分布的0.3793倍。上述说明这两个行业空间分布的临近一致性较弱，特别是金属冶炼及压延加工业在金属制品业附近的分布极少，影响了二者空间临近分布的一致性。化学原料及化学制品制造业和石油加工及炼焦业也呈现出类似的变化趋势。

通过表数据的分析，可以总结出北京市制造业行业间空间临近分布表现出以下几个特点：

(1) 行业间的空间临近分布依赖于行业组内两个行业的分布，以不同的行业为中心，计算出的结果有时差别较大，甚至相反。例如，金属制品业和金属冶炼及压延加工业、交通运输设备制造业和非金属矿物制品业、化学原料及化学制品制造业和石油加工及炼焦业。之所以出现这种分布规律,原因很明显:从产业链的角度看,行业之间必定分化为具有主导地位的产业和附属地位的产业。具有主导地位的产业在很大程度上将决定附属产业的空间布局。如金属制造品业与金属冶炼及压延加工业,前者为附属型,而后者为主导型,即后者在发展过程中,将衍生出诸多的前者,因此,以后者为中心,集中范围小,趋向于集中;相反则大,趋向于分散。

(2) 劳动密集型或原料型制造业行业之间空间分布的临近程度最高。家具制造业和木材加工及竹、藤、棕、草制品业空间分布的临近性最强,结果表明,家具制造业在木材加工及竹藤棕草制品业1km 范围内分布的相对密度至少是其在整个北京市分布的2.5倍,反之亦然。其次,塑料制品业和橡胶制品业、服装及其他纤维制品制造业和皮革、毛皮、羽绒及其制品业,造纸及纸制品业和印刷、记录媒介的复制业在1km 内的 M' 值均达到了1.5以上。原因很明显,这些行业占地小,货物大进大出,集聚要求较高,以减少大规模的物流,并且在工艺上具有一定的联系,需要快速、稳定的产业配套,因此容易形成产业集聚。即这些行业在一定程度上需要采取园区发展模式。

(3) 资金或技术密集型行业与其他行业间空间临近分布的集中度较低,多呈分散分布。如化学原料及化学制品制造业和电子通信设备制造业在1—20km 内的临近分布均表现为分散状态。S_5 化学原料及化学制品制造业和 S_{26} 化学纤维制造业,$M'(r,s_5,s_{26})$ 在0.9996—1.5236之间变动,$M'(r,s_{26},s_5)$ 在0.6605—1.1165之间波动;S_1 交通运输设备制造业和 S_{13} 非金属矿物制品业,$M'(r,s_1,s_{13})$ 在0.9827—1.2969间变动,$M'(r,s_{13},s_1)$ 在0.6006—0.9811之间波动,空间临近分布的集中程度也很低。表面上看,这些行业需要更强烈的空间集聚,原因是这些行业之间在工艺上的连续性更强。如化学原料与化学制品制造业与化学纤维制造业完全可以在一条生产线上进行。交通运输设备与玻璃制品、陶瓷制品行业,在生产工艺上不连续,但如果实现空间的集聚,也能减少大量的货物运输成本。但为什么这些需要大型物流支撑的产业反而较为分散呢?其原因主要集中在以下几个方面:一是每个行业都需要大规模的用地,或者特殊的环境,包括人力资源环境如化工与电子通讯设备制造业,两者容易在用地或环境上发生较大的冲突;二是单一行业,尽管与另外一个行业存在较大的关联,但某一行业并不完全隶属于或主导于另外一个行业。如化学原料与化学制品工业,尽管对化学纤维制造业有一定的主导作用,但该行业与医药、纺织、日用化工产品生产、石化等都有一定的关联,都内在地要求与之在地域上实现空间临近,但因此将形成产业用地、产业用地配套、产业用地拓展以及各个行业辅助性服务用地等各类形式的用地与用地总量之间的矛盾;三是每种用地都有其内在的特殊性和产业用地配套,培养其适合生产的发展环境,因此,在阻挠与阻抗的博弈过程中,形成了各自的产业集中区,分别将化学工业与医药制造业、化学纤维制造业、纺织业等分割开来。但相对而言,化学工业总体上与医药制造业在环境要求上是矛盾的,因此,这两种产业的分散程度相对较高;而总体上,该产业与化学纤维制造业在环境上是一致的,且内在的联系更加紧密,故与医药业相比,其空间临近性更强一些。诸如此类。

表 5-2 北京 14 组制造业行业的空间临近分布的 M' 值空间变化特征

行业组	中心行业	集中范围(km)	分散范围(km)	集中半径(km)	显著集中距离(M')(km)	显著分散距离(km)
S_{20} 和 S_{24}	S_{20}	1–20	—	6	1(2.6075)	—
	S_{24}	1–20	—	4	1(2.5852)	—
S_{17} 和 S_{25}	S_{17}	1–20	—	1	1(1.8272)	—
	S_{25}	1–20	—	12	3(1.7034)	—
S_9 和 S_{23}	S_9	1–20	—	6	1(1.7667)	—
	S_{23}	1–20	—	1	1(1.5883)	—
S_{14} 和 S_{21}	S_{14}	1–20	—	2	1(1.7653)	—
	S_{21}	1–20	—	1	1(1.5244)	—
S_{22} 和 S_{12}	S_{22}	1–6	6–18	0	1(1.3752)	11(0.9466)
		18–20				
	S_{12}	1–20	—	0	1(1.4688)	—
S_{10} 和 S_{16}	S_{10}	1–20	—	4	2(1.7573)	—
	S_{16}	1–20	—	0	1(1.2238)	—

续表

行业组	中心行业	集中范围(km)	分散范围(km)	集中半径(km)	显著集中距离(M')(km)	显著分散距离(km)
S_{16} 和 S_{19}	S_{16}	2-20	1-2	0	14(1.3400)	1(0.7353)
	S_{19}	1-20	—	0	2(1.4752)	—
S_5 和 S_6	S_5	2-20	1-2	4	4(1.5236)	1(0.9996)
	S_6	7-16	1-7	0	12(1.1156)	1(0.6605)
		18-20	16-18			
S_9 和 S_{18}	S_9	1-3	3-5	0	1(1.0798)	5(0.9647)
		5-6	6-9			
		9-16	16-20			
	S_{18}	1-3	3-5	3	3(1.5565)	4(0.7205)
		5-20				
S_{10} 和 S_{19}	S_{10}	5-20	1-5	0	9(1.1696)	1(0.7945)
	S_{19}	2-20	1-2	0	13(1.1254)	2(0.9232)
S_{11} 和 S_4	S_{11}	—	1-20	0	—	1(0.3146)
	S_4	1-20	—	2	1(1.8050)	—
S_5 和 S_8	S_5	—	1-20	0	—	1(0.3128)
	S_8	1-20	—	20	2(1.7694)	
S_{13} 和 S_1	S_{13}	—	1—20	0	—	1(0.6006)
	S_1	1-16	16-20	0	1(1.2969)	20(0.9827)
S_5 和 S_3	S_5	—	1—20	0	—	1(0.3727)
	S_3	—	1-20	0	—	1(0.5703)

空间异质性(Spatial Heterogeneity)是指生态学过程和格局在空间分布上的不均匀性及其复杂性;一般可以理解为是空间缀块性(Patchness)和梯度(Gradient)的总和。而缀块性则主要强调缀块的种类组成特征及其空间分布与配置的关系,比异质性在概念上更加具体。地理学所谓的空间分异就是指空间的异质性,更加强调缀块性。

第一节　产业集聚空间分异研究方法

M 函数的方法突出了空间距离的内在价值，以模糊的形式突出了产业在空间上的集聚程度，即没有表明以大型企业为核心，还是以企业联合体（园区）的形式为核心，来表达产业整体、不同产业以及产业链的空间集聚程度。其研究方法是将北京市进行网格化分割，形成以 2×2km 的方格，以方格的属性值，即内部企业生产总值，作为体现空间异质性的载体，指出方格之间的差异性。本章将方格内的企业生产总值简称为“填充值”，其中“填充值”的确定，首先要求对北京市进行格网分割，其次是将每个企业进行矢量化，落实到空间上，然后对其“工业生产总值”进行属性化。

一、主体研究方法

表示空间分异或数量级差异的方法相对较多。方差与标准差、总和标准差、差异系数以及次数分布等。描述集中趋势的几种指标为算术平均数、几何均数和中位数。其中算术均数（均数）回答一组性质相同的观察值在数量上的平均水平，在应用上表示正态分布或近似正态分布，需要数据的合理分组，才能求均数，否则没有意义；几何均数是指 N 个数值的乘积开 N 次方，即为这 N 个数的几何均数。由于原始数据分布不对称，通过求取几何平均数，经对数转换后呈对称分布的资料，数值范围跨越多个数量级。中位数是指将一组观察值从小到大排序后，居于中间位置的那个值或两个中间值的平均值。百分位数则是将 N 个观察值从小到大依次排列，再分成 100 等份，对应于 $X\%$ 位的数值即为第 X 百分位数，中位数是百分位的特殊形式，应用于偏态和开口资料。

根据分析的基本需要，认为次数分布具有一定的应用性。次数分布（Frequency Distribution）又称次数分配，是指总体或样本按随机变量大小次序（横轴）在出现频率（纵轴）上的排列。其中，频数是指当汇总大量的原始数据时，把数据按类型分组，其中每个组的数据个数，称为该组的频数。频数表，即频数分布，表示各组及它们对应的组频数的表格称为频数表或频数分布，该类分布的两个特征，即集中趋势与离散趋势，表示共性与个性；频数分布的类型包括对称分布与偏态分布，其中集中位置偏向小的一侧叫正偏态，反之叫负偏态。采用频数分布法的主要目的是揭示分布类型、发现特大值和特小值、计算集中趋势指标与离散趋势指标。本书采用 SPSS 13.0 进行模拟，具体步骤是：

(1) 录入数据。即将单行业(Single Industry，SI)、产业链(Industry Cluster，IC)和 Size = 2000 的方格“填充值”数据，进行排序，剔除“填充值”等于 0 的数据。北京所有行业对应一列数据，每个产业也分别对应一列数据。其中本章选择了企业数量在 50 个以上的 28 个行业。

(2) 转换数据，生成新变量。选择“Transform→Recode→Into Different Varibles…”命令，弹出“Recode into Different Variables”对话框，将“SI”或“IC”以及 size = 2000 的值，选入“Numeric Variable”框中，并在“Output Variable”中输入新变量的名字“任意”，单击框后的“Change”按钮。

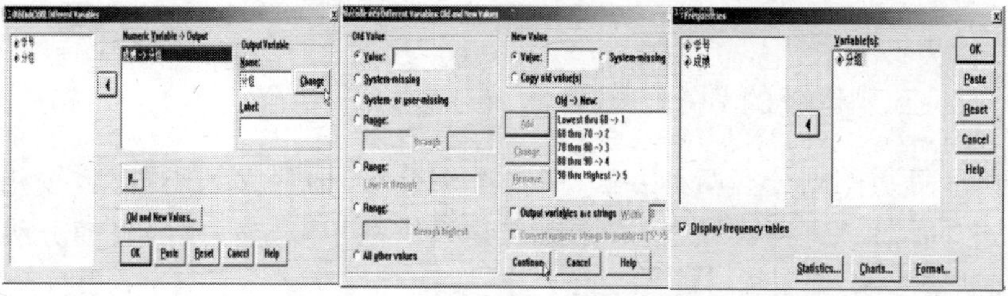

图 5-1 数据转换流程示意图

单击“Old and New Values…”按钮，弹出“Recode into Different Variables：Old and New Values”对话框。在对话框中左侧第一个“Range”框中输入第一等级的两个值(min—A)，然后在“New Value”框中的“Value”后输入 1，单击“Add”按钮，右侧的文本框中显示“Lowest thru A→min”，表示用 1 代表第一个等级之间的数据。在第一个“Range”框中输入第二个等级的具体值，然后在“Value”后输入 2，单击“Add”按钮加入，即用 2 代表第二个等级范围的值。同样，用 3 代表第三等级，用 4 代表第四等级。以此类推。单击“Continue”按钮，回到原对话框中，单击“OK”按钮，生成新的变量“任意”。

(3) 统计分析。选择“Analyze→Descriptive→Statistic→Frequencies”命令，弹出“Frequencies”对话框，从左侧选择“任意”，使其

进入“Variable(s)”框中。

选中“Display frequency tables”复选框，表示显示次数分布表。

单击“Statistics”按钮，弹出“Frequency：Statistics”对话框，视需要进行选择。本例中采用默认值，设置完成后单击“Continue”按钮。

单击“Charts”按钮，弹出“Frequencies：Chart s”对话框，本项目选择“Histograms”（直方图）和“With normal curve”（带有正态曲线）两项，单击“Continue”按钮。

单击“Format”按钮，弹出“Frequencies：Format”对话框。本项目取默认值，设置完成后单击“Continue”按钮。

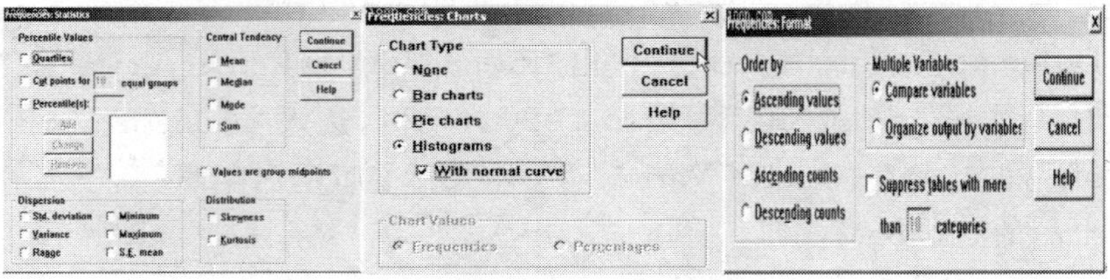

图 5-2 数据统计流程示意图

二、等级的划分

等级的划分有两种方法：一是手动分级，即从大到小排列，按相同“间隔值”进行等级划分；方法二是系统基于一定程序的自动分级（见表 5-3，见图 5-3）。

表 5-3 相同行业数据列采用不同划分方法所表现出来的不同结果

手动分级				自动分级			
序号	值域	序号	值域	序号	值域	序号	值域
1	1-73547	11	809022	1	Min-1311	11	11411
2	147095	12	882569	2	1311	12	15730
3	220642	13	956117	3	1620	13	21515
4	294190	14	1029664	4	2064	14	29201
5	367737	15	1103212	5	2608	15	44672
6	441285	16	1176759	6	3270	16	76897
7	514832	17	1250307	7	4213	17	135999
8	588380	18	1323854	8	5228	18	289467
9	661927	19	1397402	9	6800	19	740285
10	735475	20	1470949	10	8739	20	1470949

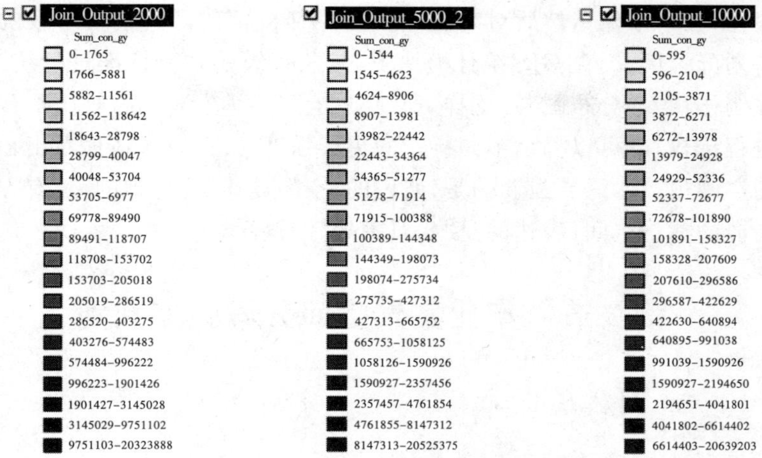

图 5-3 size＝2000,5000 和 10000 的数据列等级自动划分结果

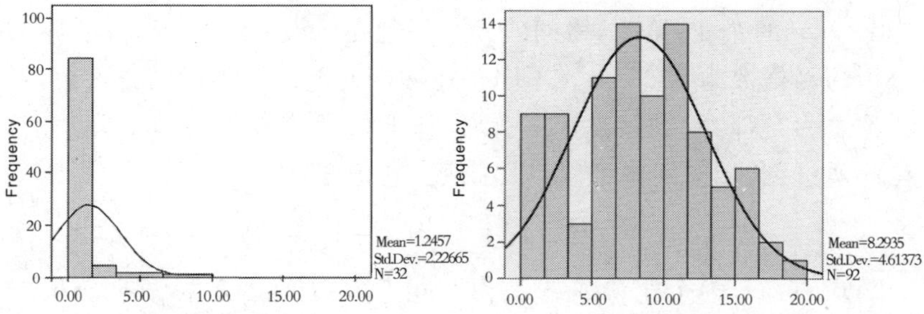

(1) 电子信息产业链 (2) 电子信息产业链

图 5-4 电子信息产业链的不同等级划分方法所对应的图示结果

结果显示：采取手动分级存在一定的缺陷，即高等级的方格数量较少，图示时“填充值”较高的方格因为出现的频率较低几乎无法显示，显示出来的方格几乎全部集中在出现频率高的方格，但“填充值”很低的那类地域基本没有出现（见图 5-4(1)）。这样损失了大量的信息，无法显示单一行业的空间分异规律（见图 5-4(2)）。

对此，本章采用 GIS 中 Layer Property—Symbology—Quantities—Graduated colors，将 Class 确定为 20（见图 5-4），即基于 GIS 系统自身进行自动分级，不进行手动调整（见图 5-4(2)）。但从另外一方面可以发现，手动分级也存在一定的科学性：第一，将所有行业的填充值按照最大和最小进行排序，选择填充值最大的行业作为标准，并将其最大值作为所有行业“上限值”，将所有行业填充值的最小值作为“下限值”，然后对“上限值”和“下限值”的区间进行等级的统一划分。第二，在GIS统计模块中，按照等级的划分标准进行统计，并制作“频率分布图”。这样，所有的行业可以在统一的对比平台上进行比较，既可以揭示不同行业的集聚强度，又可以大体地看出相关的空间规律。需要强调的是，所谓的“空间规律”是虚拟的，没有方向指向的标量空间，表达的是“相对集聚”的概念。

第二节　产业集聚空间分异强度判别

一、判别方法

（一）基于单元分布数量的分异强度

根据研究需要：第一，将矢量化的对象指定在工业生产总值大于1000万元的企业；第二，格网的大小限制在Size = 2000米，最后参与分析的网格数为3835个。不同行业和产业链占有不同的方格数，在此称之为“空间点数”（见表5-4）。基于单元分布数量的分异强度，在此通过创建“空间集中度（IT）指数”进行度量。

$$IT = C_q / N_n$$

式中：C_q为企业个数，N_n为空间点数。该值越大，表明空间的均质化程度越小，即企业的空间集聚强度越大；相反，均质化程度越高，空间集聚的强度越小。即该指数可以用以判别空间集聚强度。

表5-4　基于Excel统计、GIS模拟以及FR统计的单行业数据

业务分类	企业个数		空间点数	标准差	趋势线最大值区间	中位数	总填充值（无单位）
	>1000万元	所有企业					
专用化学产品制造业	327	675	249	4.97	20–25	8.61	5980712
针织品、编织品及其制品制造业	67	112	59	5.45	6–8	9.51	649754
造纸及纸制品业	349	691	235	4.15	20–25	7.54	3458054
印刷业和记录媒介的复制业	729	1316	393	4.68	30–40	8.22	12019153
医药制造业	236	336	160	5.35	12–14	9.19	10957627
橡胶制品业	80	172	22	5.54	3–4	9.27	579783

续表

业务分类	企业个数		空间点数	标准差	趋势线最大值区间	中位数	总填充值(无单位)
	>1000万元	所有企业					
玩具体育娱乐用品制造业	75	161	4	0.96	1.5–2.0	1.75	12857
屠宰及肉类加工业	97	202	68	5.27	8–10	9.25	1125593
涂料颜料油墨及类似产品制造业	198	659	85	5.14	10–12	9.19	5142715
塑料制品业	488	172	12	3.48	2.5–3.0	5.58	34342
饲料加工业	161	261	121	4.62	20–30	7.77	5939050
水泥、石灰和石膏制造业	362	708	121	5.47	10–12	9.14	3696930
石油加工业	115	201	8	2.26	1.0–1.5	3.63	112304
日用化学产品制造业	78	202	17	4.96	2.5–3–0	8.06	157718
其他食品加工和食品制造业	539	1057	7	1.95	1.5–20	3.14	25667
其他非金属矿物制品制造业	406	976	9	2.57	1.5–20	4.11	114826
皮革毛皮羽毛(绒)及其制品业	93	176	12	3.48	2.5–3.0	5.58	303772
木材加工及木竹藤棕草制品业	94	275	3	0.58	2.0–2.5	1.33	142120
棉、化纤纺织及印染精加工业	101	143	66	5.53	8–10	9.38	564583
煤炭开采和洗选业	115	182	84	5.37	10–12	9.39	1816110
毛纺织和染整精加工业	85	93	55	5.37	6–8	9.44	10593167
酒精及饮料酒制造业	53	102	15	4.37	2.5–3.0	7.07	498598
金属制品业	56	224	47	5.65	6–8	9.94	6351607
家具制造业	340	987	3	0.58	2.0–2.5	1.33	6103
基础化学原料制造业	166	211	130	4.68	2.5–3.0	8.43	3004793
合成材料制造业	157	186	11	3.18	2.5–3.0	5.09	469774
纺织制成品制造业	110	244	32	5.60	5–6	9.84	729564
纺织服装、鞋、帽制造业	730	1566	92	5.33	9–12	9.22	1739375

（二）基于标准差统计值的分异强度

$$S=\sqrt{\frac{\sum(x_i-\bar{x})^2}{n}}$$

x_i 为 V 值，即填充值，$\bar{x}$ 为填充值的平均值，n 为空间点数。标准差越大，表明填充值之间的差异越大，否则越小。该指数与空间没有直接关系。

（三）基于单元分布和标准差的分异强度

$$SC=\frac{IT}{S}=\frac{C_q}{N_n}\bigg/\sqrt{\frac{\sum(x_i-\bar{x})^2}{n}}$$

SC(Space Convergency)可以命名为地域生产综合体之间的均质化程度。该值越大，表明单体地域生产综合体的功能相对越为集中。这里将北京市某一产业分布的地域看成一个地域生产综合体。

二、单行业分异强度

（一） 空间集聚分异

通过数据库的统计分析，将行业划分为高度集中型、中度集中型、低度集中型和分散型行业 4 个等级（见表 5–5）。根据空间集中度指数和地域生产综合体均质化程度指数，认为：

高度集中型：家具制造业、其他食品加工和食品制造业、木材加工及木竹藤棕草制品业、其他非金属矿物制品制造业、塑料制品业和玩具体育娱乐用品制造业。

中度集中型：石油加工业、合成材料制造业、皮革毛皮羽毛（绒）及其制品业和纺织服装、鞋、帽制造业。

低度集中型：日用化学产品制造业、酒精及饮料酒制造业、橡胶制品业、纺织制成品制造业、水泥、石灰和石膏制造业和涂料颜料油墨及类似产品制造业。

相对分散型：印刷业和记录媒介的复制业、造纸及纸制品业、毛纺织和染整精加工业、棉、化纤纺织及印染精加工业、医药制造业、屠宰及肉类加工业、饲料加工业、煤炭开采和洗选业、基础化学原料制造业、专用化学产品制造业、金属制品业和针织品、编织品及其制品制造业。

表 5–5 不同行业的分异强度指数

等级	行业	IT	等级	行业	S	等级	行业	SC
高度集中行业	家具制造业	113.3	高度分异型行业	金属制品业	5.7	高度集中行业	家具制造业	195.4
	其他食品加工和食品制造业	77.0		纺织制成品制造业	5.6		木材加工及木竹藤棕草制品业	54.0
	其他非金属矿物制品制造业	45.1		橡胶制品业	5.5		其他食品加工和食品制造业	39.5
	塑料制品业	40.7		棉、化纤纺织及印染精加工业	5.5		玩具体育娱乐用品制造业	19.5
中度集中行业	木材加工及木竹藤棕草制品业	31.3		水泥、石灰和石膏制造业	5.5	中度集中行业	其他非金属矿物制品制造业	17.6
	玩具体育娱乐用品制造业	18.8		针织品、编织品及其制品制造业	5.5		塑料制品业	11.7
	石油加工业	14.4		煤炭开采和洗选业	5.4		石油加工业	6.4
低度集中行业	合成材料制造业	14.3		毛纺织和染整精加工业	5.4		合成材料制造业	4.5
	纺织服装、鞋、帽制造业	7.9		医药制造业	5.4		皮革毛皮羽毛(绒)及其制品业	2.2
	皮革毛皮羽毛(绒)及其制品业	7.8		纺织服装、鞋、帽制造业	5.3		纺织服装、鞋、帽制造业	1.5
	日用化学产品制造业	4.6		屠宰及肉类加工业	5.3	低度集中行业	日用化学产品制造业	0.9
	橡胶制品业	3.6		涂料颜料油墨及类似产品制造业	5.1		酒精及饮料酒制造业	0.8

续表

等级	行业	IT	等级	行业	S	等级	行业	SC
低度集中行业	酒精及饮料酒制造业	3.5	中度分异行业	专用化学产品制造业	5.0	低度集中行业	橡胶制品业	0.7
	纺织制成品制造业	3.4		日用化学产品制造业	5.0		纺织制成品制造业	0.6
	水泥、石灰和石膏制造业	3.0		印刷业和记录媒介的复制业	4.7		水泥、石灰和石膏制造业	0.5
	涂料颜料油墨及类似产品制造业	2.3		基础化学原料制造业	4.7		涂料颜料油墨及类似产品制造业	0.5
分散型行业	印刷业和记录媒介的复制业	1.9		饲料加工业	4.6	分散型行业	印刷业和记录媒介的复制业	0.4
	毛纺织和染整精加工业	1.5		酒精及饮料酒制造业	4.4		造纸及纸制品业	0.4
	棉、化纤纺织及印染精加工业	1.5		造纸及纸制品业	4.2		饲料加工业	0.3
	造纸及纸制品业	1.5	低度分异行业	塑料制品业	3.5		毛纺织和染整精加工业	0.3
	医药制造业	1.5		皮革毛皮羽毛(绒)及其制品业	3.5		棉、化纤纺织及印染精加工业	0.3
	屠宰及肉类加工业	1.4		合成材料制造业	3.2		医药制造业	0.3
	煤炭开采和洗选业	1.4		其他非金属矿物制品制造业	2.6		基础化学原料制造业	0.3
	饲料加工业	1.3		石油加工业	2.3		屠宰及肉类加工业	0.3
	专用化学产品制造业	1.3		其他食品加工和食品制造业	2.0		专用化学产品制造业	0.3
	基础化学原料制造业	1.3	集中型行业	玩具体育娱乐用品制造业	1.0		煤炭开采和洗选业	0.3
	金属制品业	1.2		木材加工及木竹藤棕草制品业	0.6		金属制品业	0.2
	针织品、编织品及其制品制造业	1.1		家具制造业	0.6		针织品、编织品及其制品制造业	0.2

三、产业链分异强度

由于产业链数量较少，从概率论的角度，规律性较差。但从每个产业链的 IT 和 SC 值看，仍表现出一定的规律性。见表 5-6，图 5-5 如石化产业链、纺织产业链的空间集聚度（IT）较高。相对而言，食品产业链、文教生活产业链、汽车产业链以及电子信息产业链等集聚度相对较低。

从地域生产综合体集聚强度（SC）的角度看，石化产业链、纺织产业链依然最高，食品产业链、文教生活产业链、汽车产业链以及电子信息产业链等几个产业链仍处于最低水平。其中建筑业是一个特殊的行业，由于生产和管理部门是地域分割的，IT 和 SC 值均较高。

表 5-6 基于 Excel 统计、GIS 模拟以及 FR 统计的产业链数据

业务分类	企业个数		空间点数	标准差	趋势线最大值区间	中位数	总填充值（无单位）	IT	SC
	＞1000 万元	全部							
医药产业链	1141	1986	596	3.93	40–60	5.71	2025341049	1.91	0.49
文教生活产业链	1117	2208	824	4.66	60–80	9.12	510021388	1.36	0.29
食品产业链	290	505	215	4.79	15–20	9.1	233094073	1.35	0.28
石化产业链	2573	5137	949	3.77	50–100	5.48	181649947	2.71	0.72
汽车产业链	176	439	132	5.27	10–15	9.29	18270455	1.33	0.25
建筑产业链	1735	3639	823	3.52	50–100	5.39	2146681119	2.11	0.60
家具制造产业链	537	1592	325	4.42	25–30	8.85	78984863	1.65	0.37
钢铁机械产业链	860	2021	578	4.96	40–50	8.5	83269378	1.49	0.30
纺织产业链	1113	2192	502	4.34	40–50	7.52	294054472	2.22	0.51
电子信息产业链	115	223	92	4.61	12–14	8.29	9747307	1.25	0.27

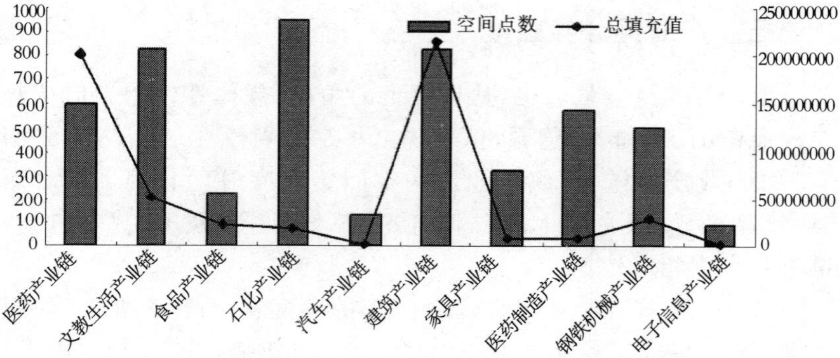

图 5–5　不同产业链空间点数与总填充值的关系

那么，从该指数是否能够判别哪个行业，或者哪个产业链更适合采取园区发展模式呢？为了回答该问题，还需要从行业地区分布的角度进行再分析，两方面的结合是判断产业发展模式的最佳途径。

第三节　产业集聚空间分异强度的频率分布

所谓强度的频率分布是指不同填充值出现的频率。根据频次分布图，将出现不同频率的分布规律划分为升降型和均质型 2 个大类，前者包括先升后降型、突变波动型、稳定下降型 3 个亚类，后者包括均质突变型、完全均质型和均质波动型 3 个亚类。其中，升降型，表明不同大小的填充值，即网格出现的频率是波动的；相反，均质型则表明不同填充值所代表的网格出现的频率是相对稳定的均等的。

先升后降型类似于倒“U”字形，即填充值小的网格出现的频率较低，填充值介于其间的出现的频率相对较大，而填充值较大的出现频率又下降。如假定这类产业属于大企业主导型，且具有采取园区发展模式的特点，则呈现出该类特征；相对而言，园区之外也有相关企业的分布，但相对较为分散，或者即使集聚，规模也并不明显；或者零散地分布着中大型企业。

突变波动型是指不同等级范围内的填充值所对应的网格之间出现的频率存在较大的差异。如采取园区式发展的产业，某一网格填充值很大，园区之外该类产业几乎没有分布，则必然出现频率突然发生变化的情形。如果该产业的企业数量较少，但存在几个少数的大型企业，中型和小型规模的企业都较少，且较为零星地分布着，也会出现这种频率变化态势（见图 5-6）。

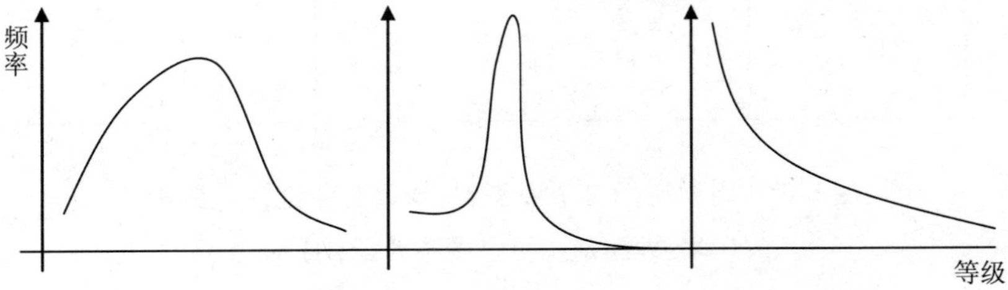

图 5-6　波动性的三个亚类型：先升后降型（L）、突变波动性（M）、稳定下降型（R）

稳定下降型是指不同等级范围内的填充值所对应的网格之间同样存在较大的差异，但以填充值小的网格数量占绝对的优势，随着填充值的变大，所对应的网格数量呈现出均匀的下降。如某种性质的产业，在整个地区都有着广泛的分布，大中小不同类型的企业在空间上的均质性很强，从网格的数量看，不同填充值所对应的网格在数量上呈现出某种特殊的规律，如类似线性的分布规律，在出现频率上呈现出匀速下降的态势。如果某类产业对应的企业数量较少，但企业的规模结构呈现出某一特殊的线性关系，即使在相对特定的、范围较小的区域内分布着，也可能出现这种情况。另外，还有几种情况也可能出现类似的特征：如一个大企业在空间上相对独立，而诸多小企业相对集中地、同时又相对均匀地分布在其他地区，也可能出现类似情况。

均质型所对应的产业一般企业数量相对较少，规模相似的企业所对应的网格自然被划分统一等级范围之内，即由于企业数量少，且对应的填充值具有较为明显的单体企业代表性，故表现出均质化特征。

均质突变型是指各等级范围内填充值所对应的网格在所出现的频率之间差异不大；完全均质型则是指对应的网格少，网格所对应的填充值具有明显的等同性；均质波动型是指被填充的网格相对较多，填充之间存在一定的等级差异，故表现为一定的波动性（见图 5-7）。

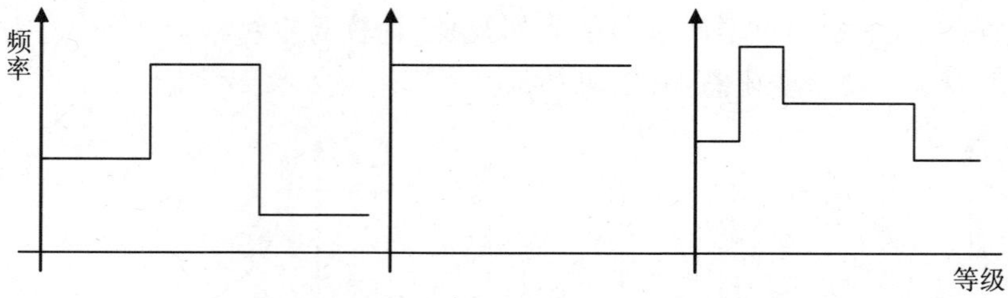

图 5-7 均质型的三个亚类型:均质突变型(L)、完全均质型(M)、和均质波动型(R)

一、升降型

(一) 先升后降型

(1) 行业类型

就产业链而言,主要包括医药产业链、文教生活产业链、食品产业链、建筑产业链、纺织产业链、家具制造产业链和电子信息产业链,共计7个产业链;不包括石化产业链、钢铁机械产业链和汽车产业链。其中,石化产业链与钢铁机械产业链为稳定下降型、汽车产业链是均质波动型。通过比较可以认为,石化和钢铁机械产业链中存在大量的中小型企业为之配套,分散式分布;而汽车产业链,相对而言企业规模较大,大中型企业为主,小型企业和特大型企业并存,且分布相对分散。

(2) 主要特点

一是行业类型中只有产业链,没有单行业。在此,做几个假定以提高对该特点的认识,揭示北京市目前制造业发展状态与空间结构特征。假定a某一地域,经济发展落后,企业数量较少,无法构成产业链;假定b某一地域,经济发展相对落后,企业数量相对较多,但没有形成园区发展的模式;假定c某一地域,经济相对较为发达,企业数量多,已经初步形成产业链,园区发展具有一定规模;假定d某一地域,经济发达,具有大规模的企业,园区发展已经基本成熟。那么,假定a必然没有任何规律,或者稳定(均匀分布没有大型企业),或者均质型波动(均匀分布有几个规模较大的企业);假定b可能波动性比较大,即在地区产业发展过程中逐渐形成了规模以上企业。假定c波动性继续增加,这主要体现在两个方面：一是大型企业的入驻，打破了原有的均质化分散格局；二是园区的发展，使大部分企业都集中在特定区域范围内，最终呈现出一种突变式的发展格局。如果是轻工业较为发达的地区，中小企业在地区范围内的分布，在数量上较多，在空间上仍较为分散，那么将呈现出明显的稳定下降型，如果是重工业较为发达的地区，中小型企业的分布往往集中在大型企业周边地区，且往往迫于环境发展的需求，工业用地相对较为集中，那么中等以上填充值出现的频率较高，呈现出先升后降的基本态势。假定 d 在长期的经济发展过程中，产业实现了在空间上的优化配置，部分重化工业出现了空间转移。但总体格局不会发生较大的变化，类似于对先升后降态势的一种修正。通过上述的分析可以认为：北京市产业，尤其是制造业已经发展到了相对较为高级的阶段，随着产业的不断发展，其空间结构将得到进一步的优化。

二是均为轻工业为核心的产业链。即通过该规律，可以判断是否北京市轻工业和重工业在空间布局特征上具有明显的差异。这一方面表明轻工业企业分布较为分散，中小企业的数量偏多；另一方面表明该类产业具有一定的空间收敛性，某些行业采取了园区发展模式。但通过某一产业链的频率分布规律，无法辨别某一产业链或单一行业是否采取了园区发展的模式，但能够判断是相对的集聚强度。如北京市电子信息产业及其相对应的产业链较为发达，但从图上显示，北京市范围内被填充的网格数量相对较少，且“填充值”较大的网格在数量上具有相对的比较优势。相对而言，文教生活产业链对应的企业数量多，集中在填充值等级相对较高的范围内集聚的企业明显偏多，随后快速下降，即在某一种程度上该产业链对集聚效益的依赖性较低，尤其是建筑业，该特征尤为明显。

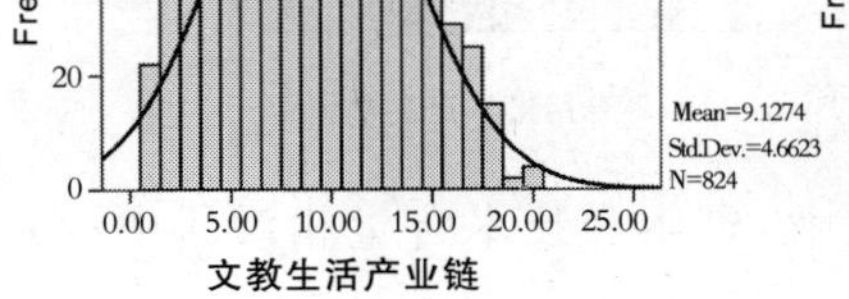

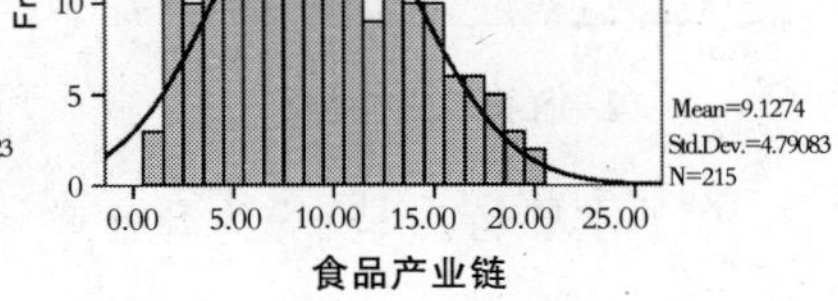

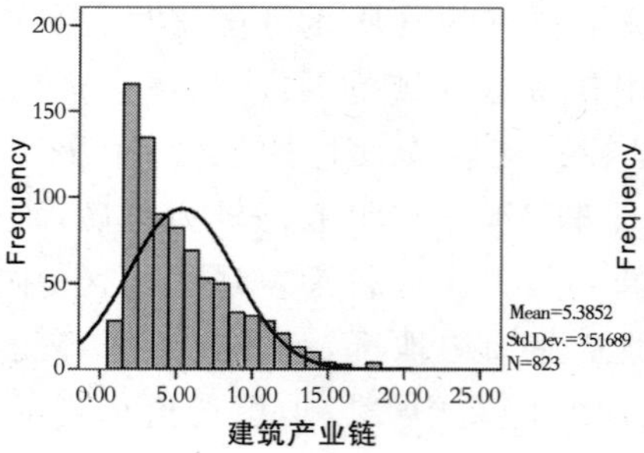

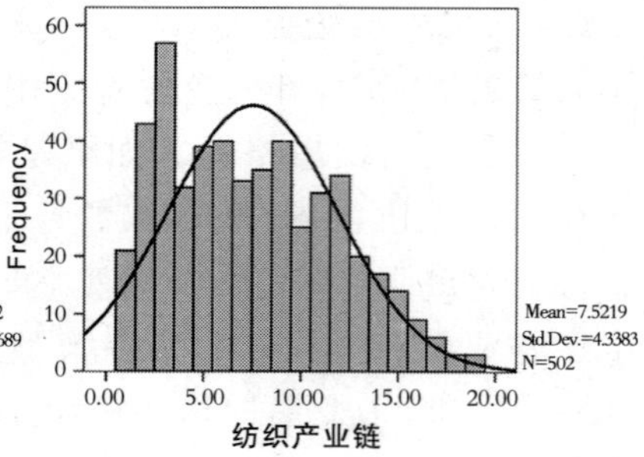

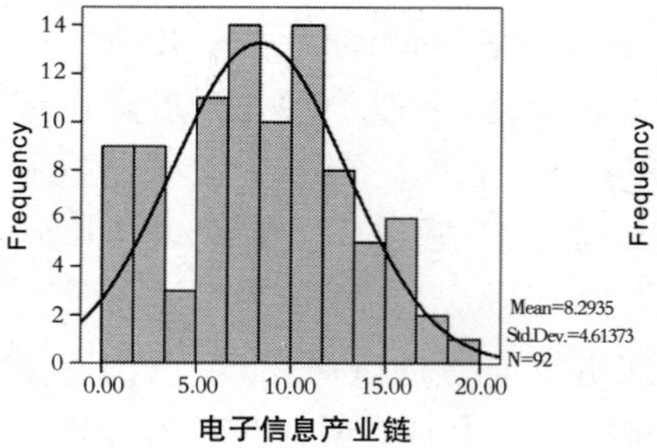

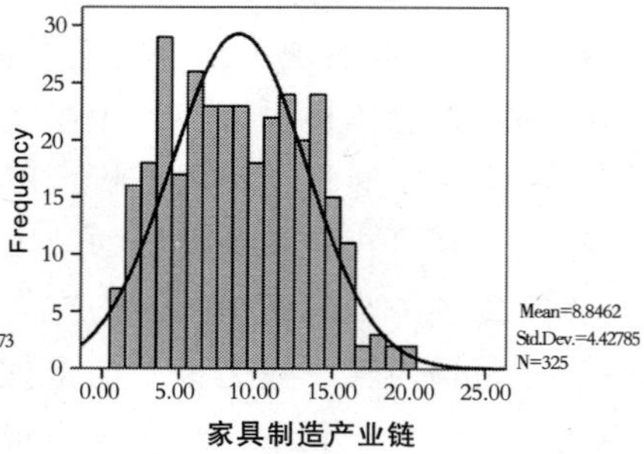

（二）突变波动型

（1）行业类型主要包括基础化学原料制造业和专用化学产品制造业2个化工产业。从行业类型的数量看，具有一定的特殊性，即该类特征只包括了化学工业，没有包含产业链。该类型具有一个典型的特征：即中小企业分布多，但介于大小型企业之间的中等类型相对较少，或者单体企业规模较大，或在小地域范围内实现了产业的集群式发展，实现产业园区式发展的内在需求较高。

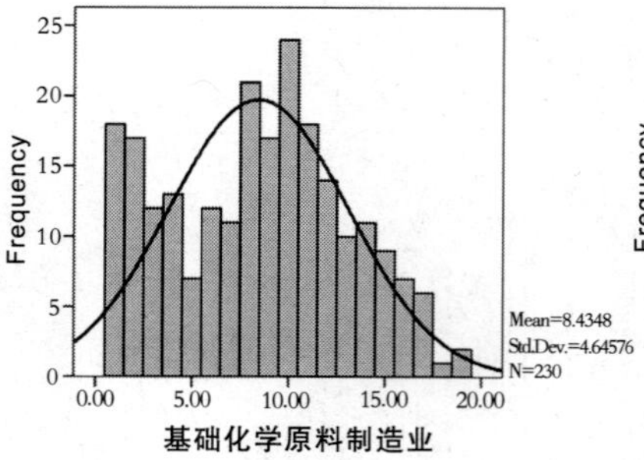

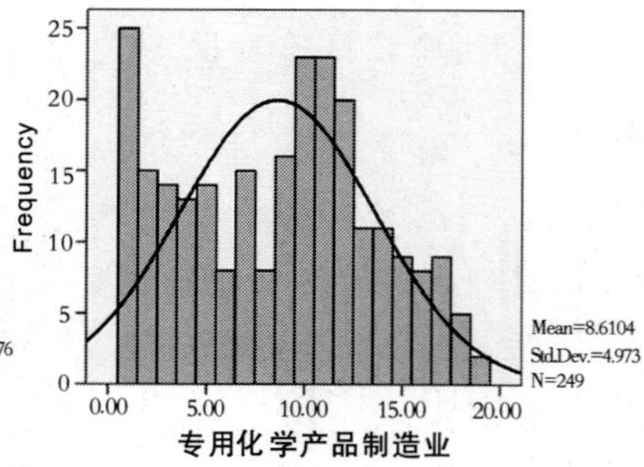

（2）主要特点是：均为化工产业，资本和技术含量相对居中；小

型配套企业规模相对较大；单体的大型企业较多；园区模式较多。

（三）稳定下降型

（1）行业类型。单行业主要包括：家具制造业、印刷业和记录媒介的复制业和饲料加工业；产业链包括：石化产业链（快）和钢铁机械产业链；行业/产业链整体包括 Size = 2000（线形下降速度快）和 Size = 5000（线形下降速度慢）。通过 Size = 2000 和 Size = 5000 的变化速度可以看出，均质化程度越高，则越稳定，极化的态势越不明显。

（2）主要特点是：包含的类型相对较多，既包括单行业，又包括产业链与产业整体；就单行业而言，以小型企业为主，投资的门槛相对较低，均为劳动密集型产业；就产业链而言，钢铁产业链与石化产业链有所不同。钢铁产业链中，大中小型企业均有一定的规模，园区发展模式较为突出；石化产业链以小型企业为主体，园区发展模式不突出；就产业整体而言，Size = 2000 的下降速度比 Size = 5000 的下降速度要快。因此，从方法论的角度看，单体格网的面积越小，即越接近单体企业规模占地，则填充值之间的分异规律越明显，规模较小企业对空间集聚的规律性影响越能体现出来。

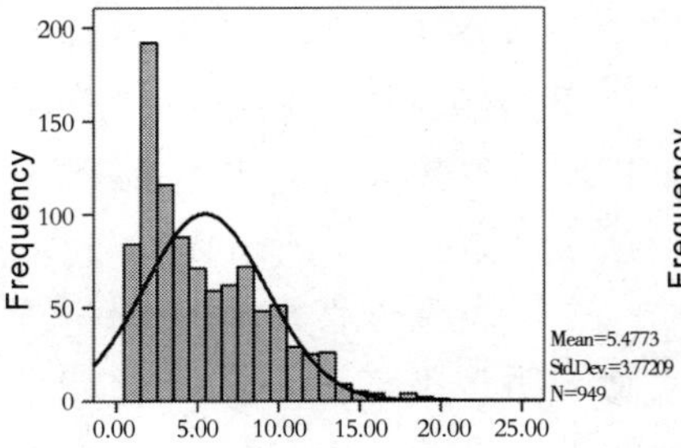

石化产业链

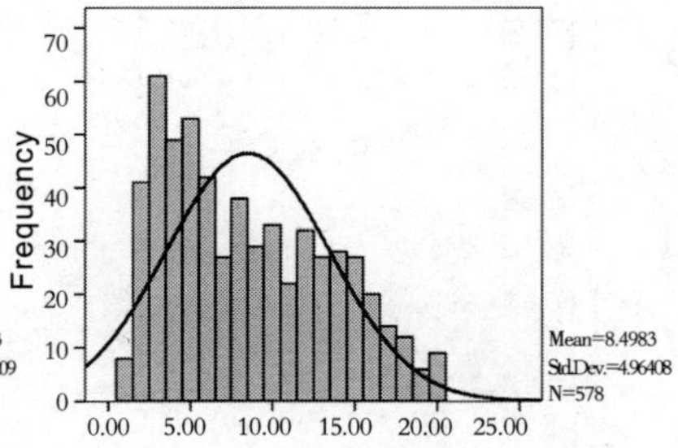

钢铁机械产业链

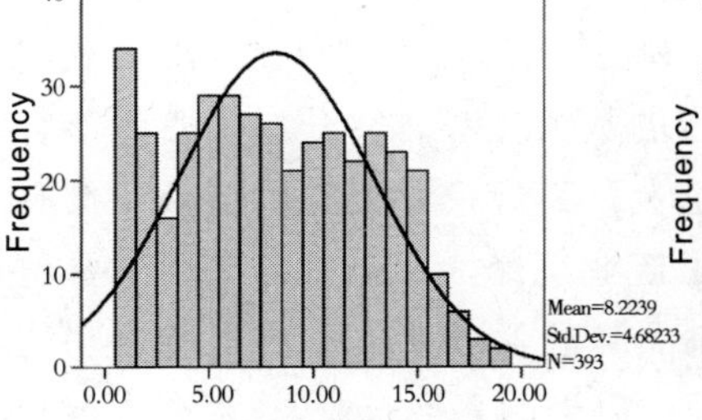

印刷业和记录媒介的复制业

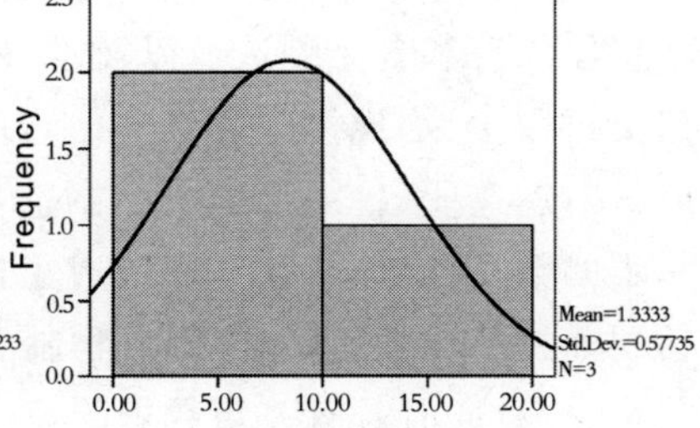

家具制造业

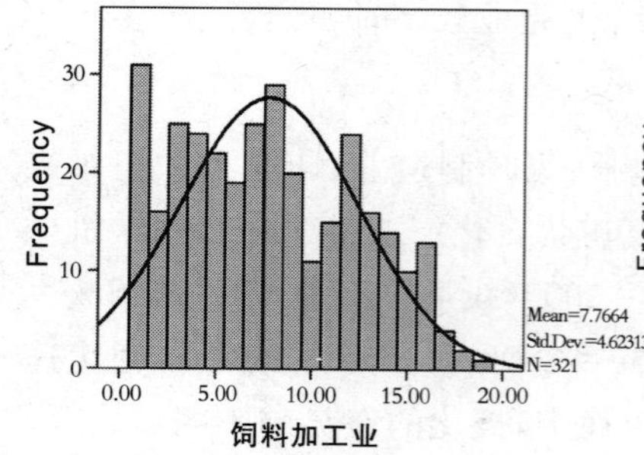

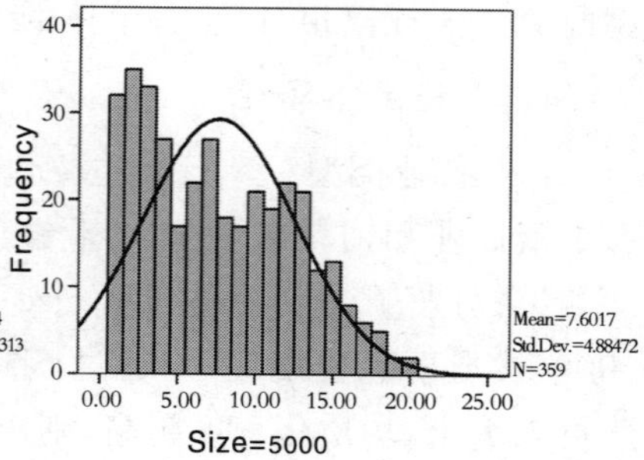

二、均质型

（一）均质突变型

（1）行业类型主要包括：合成材料制造业、石油加工业、日用化学产品制造业、其他食品加工和食品制造业、其他非金属矿物制品制造业、木材加工及木竹藤棕草制品业和玩具体育娱乐用品制造业。

（2）主要特点是：

第一，所占单元格相对较少。如木材加工及木竹藤棕草制品业只划分了4个区间，合成材料制造业划分了5个区间，玩具体育娱乐用品制造业则划分了6个区间。与其他行业相比，该类型所占区间极少。所占区间较少，一方面表明企业数量少，另一方面表明该类产业的园区化特点极其明显。

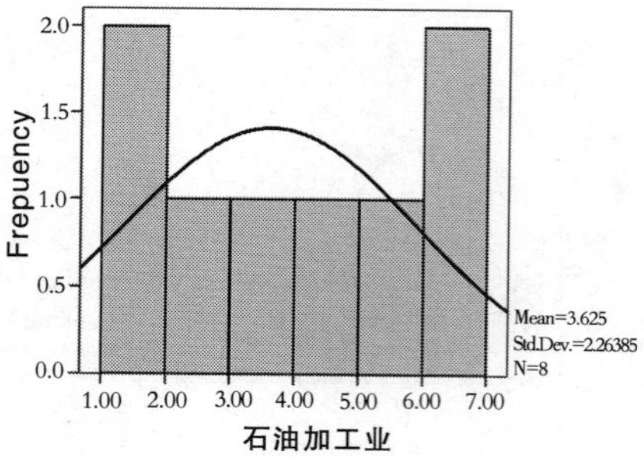

第二，不同类型中，包含不同的行业类型，每种类型又体现出不同的频率分布特征。突降型主要包括玩具体育娱乐用品制造业、其他食品加工和食品制造业以及木材加工及木竹藤棕草制品业。表明这类行业中，小规模企业具有一定的数量优势。突升型主要包括合成材料制造业、日用化学产品制造业。其规模以上的大型企业具有一定的数量优势；或在局部形成了产业集聚区。前后突变型主要包括石油加工业、其他非金属矿物制品制造业，其具有大量的配套功能的小企业，同时具有一定数量的规模以上的大型企业，或存在一定的产业集聚区。

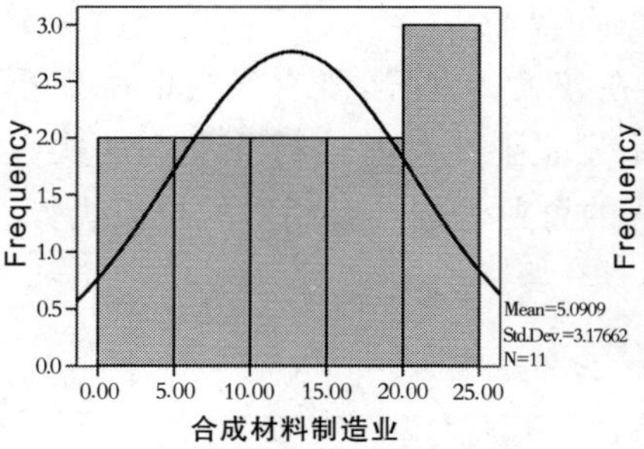

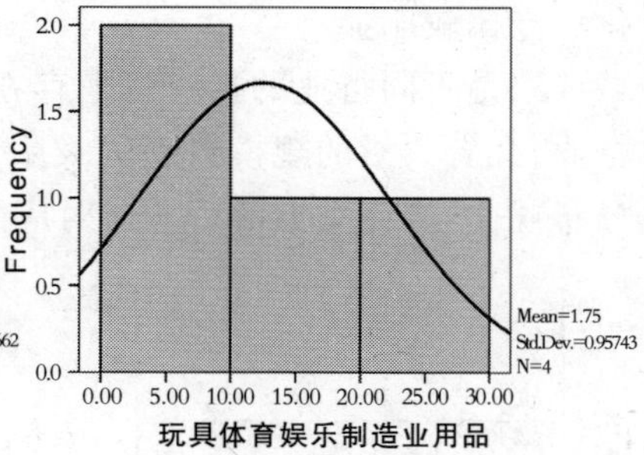

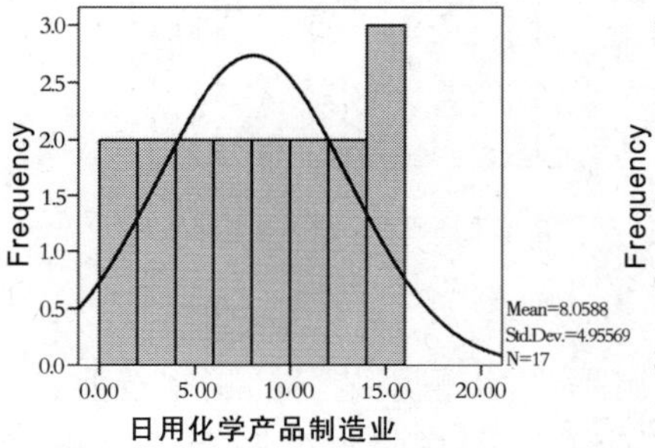

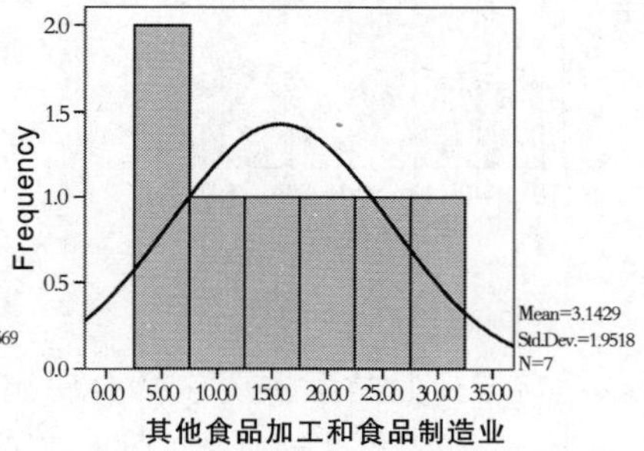

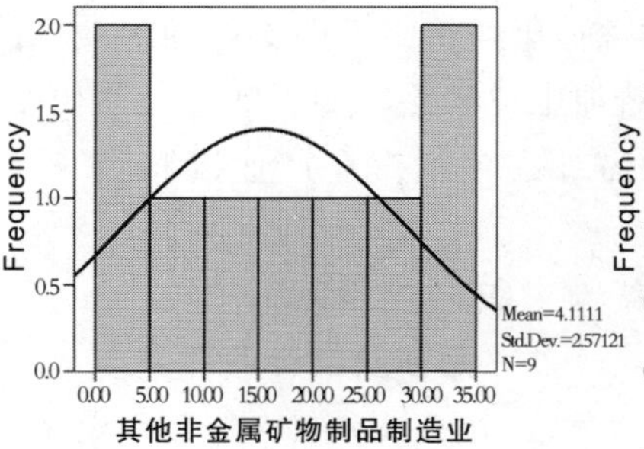

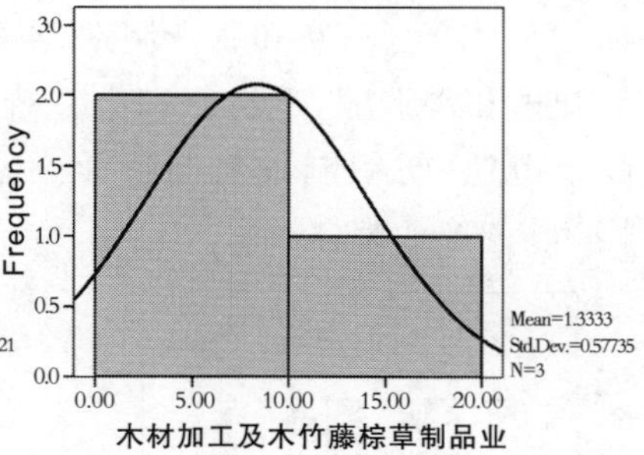

（二）完全均质型

（1）行业类型主要包括塑料制品业和皮革毛皮羽毛（绒）及其制品业两个产业。不包括产业链。从行业类型的数量看，具有一定的特殊性。

（2）主要特点：

一是所占区间较少，表明园区化的特点比较明显。或者说在北京的发展偏小。经原始数据分析，发现塑料制品业企业（工业生产总值＞1000 万元）规模数量大（488 家，占 12 个单元格），皮革毛皮羽毛（绒）及其制品业，尽管企业数量较少（93 个），但也集聚在 12 个单元格中。这与单行业分异强度的分析结果是一致的，即该类行业园区化特点比较明显。

二是不同行业的投资门槛存在较大的差异，既有大量的配套小企业，又有大量的规模以上的大中型企业。与其他行业类型的次数分布规律看，该类型的行业所对应的企业一般具有相对的规模优势。

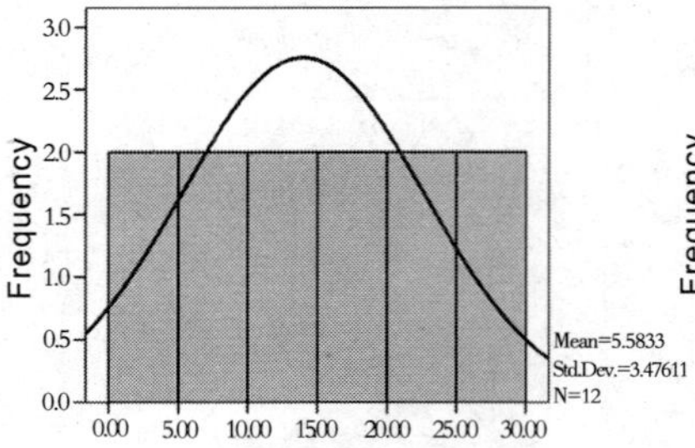

塑料制品业

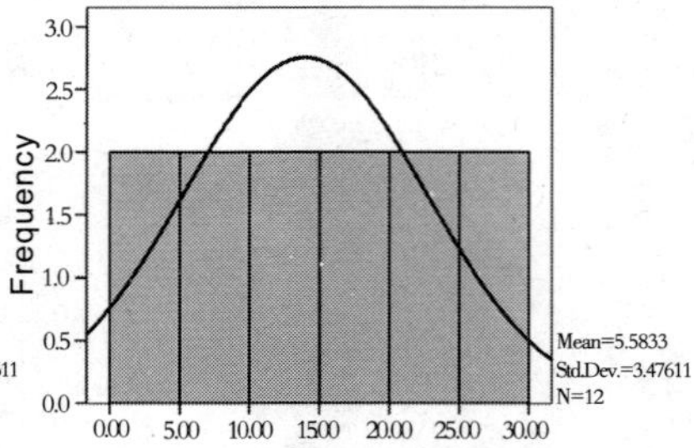

皮革毛皮羽毛（绒）及其制品业

（三）均质波动型

（1）行业类型主要包括金属制品业，纺织服装、鞋、帽制造业，针织品、编织品及其制品制造业，医药制造业，橡胶制造业，屠宰及肉类加工业，水泥、石灰和石膏制造业，棉、化纤纺织及印染精加工业，煤炭开采和洗选业，毛纺织和染整精加工业和涂料颜料油墨及类似产品制造业、纺织制成品制造业。另外还包括汽车产业链和 Size = 10000 的产业整体。

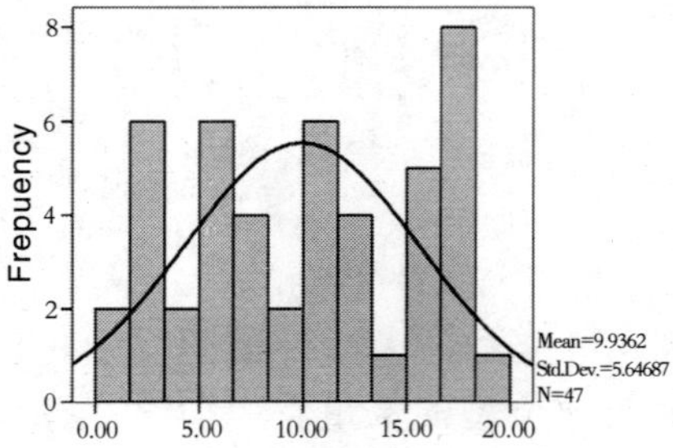

金属制品业

（2）主要特点：

一是涉及的行业种类多。大体包括 12 个行业，1 个产业链，成为种类最多的类型。原因在于投资门槛存在较大的浮动，具有一定的不确定性。

二是金属制品业，纺织制成品制造业，针织品、编织品及其制品制造业，纺织服装、鞋、帽制造业，毛纺织和染整精加工业，造纸及纸制品制造业，橡胶制造业、水泥、石灰和石膏制造业等产业规模以上的大型企业相对较多，或园区发展模式应用相对较多。

三是对比 Size = 10000 和 Size = 2000 和 Size = 5000，发现格网化程度越高，高等级分类组中所对应的企业或单元格的数量就越少；相反，越高则表现出园区发展模式越为突出。由此，可以认为上述 8

个产业采取规模化经营的必要性越强。

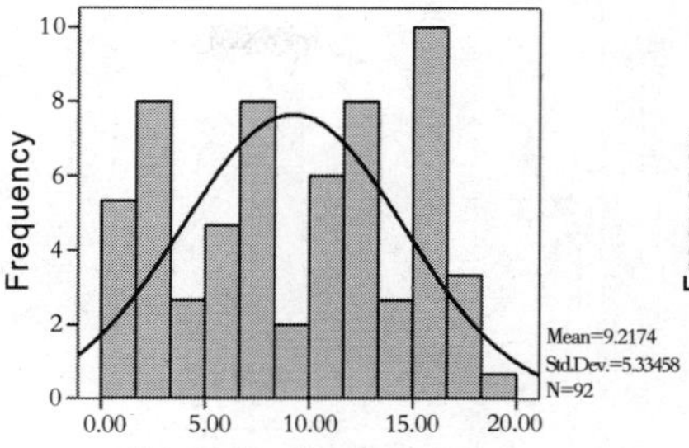

纺织服装、鞋、帽制造业

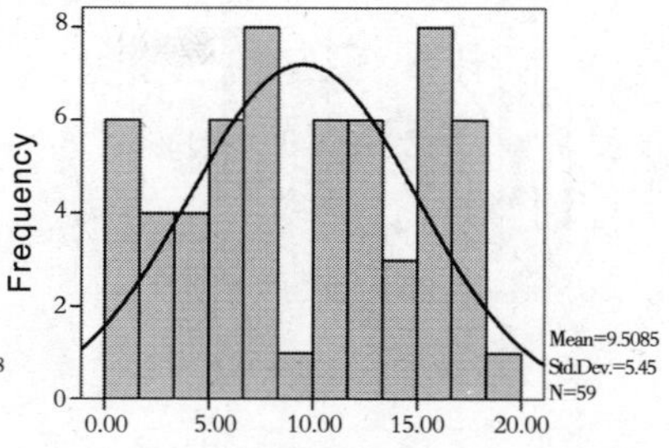

针织品、编织品及其制品制造业

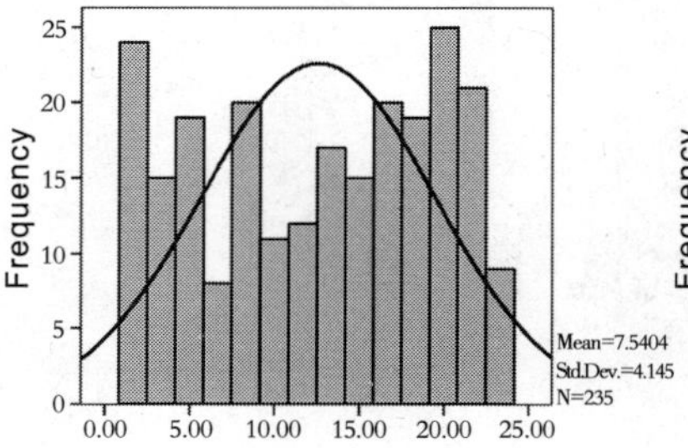

造纸及纸制品业

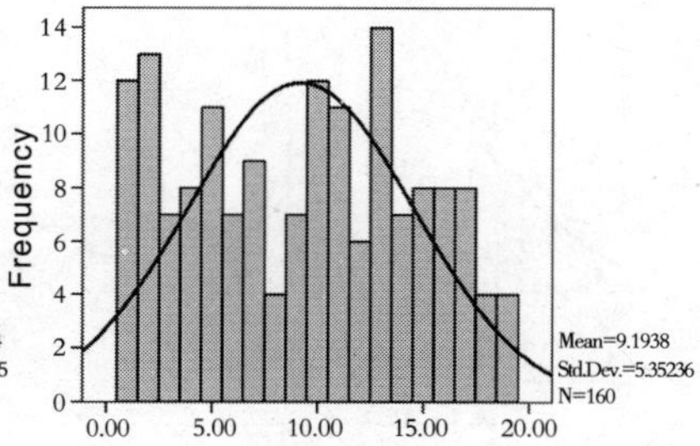

医药制造业

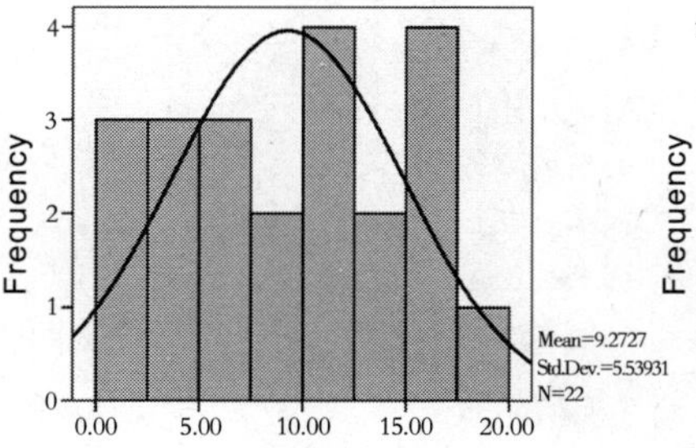

橡胶制造业

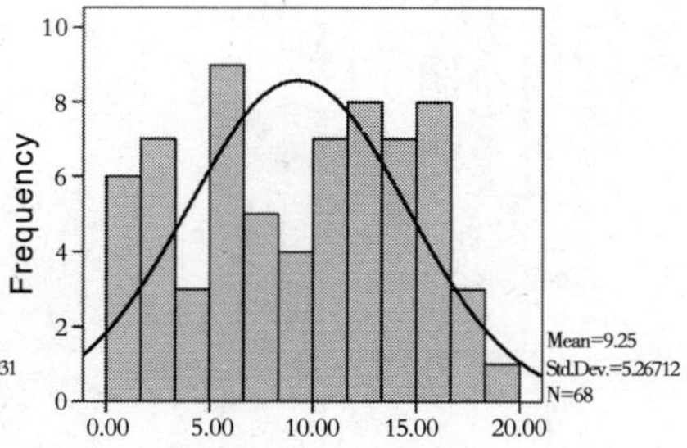

屠宰及肉类加工业

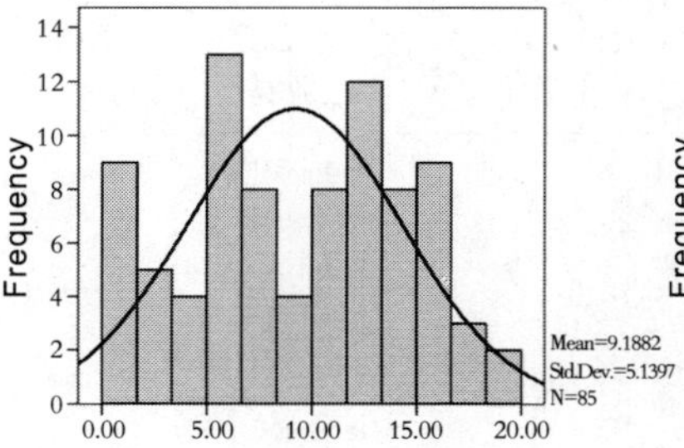

涂料颜料油墨及类似产品制造业

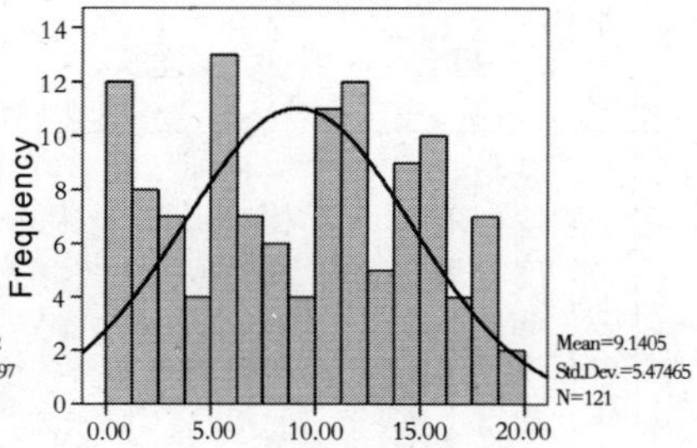

水泥、石灰和石膏制造业

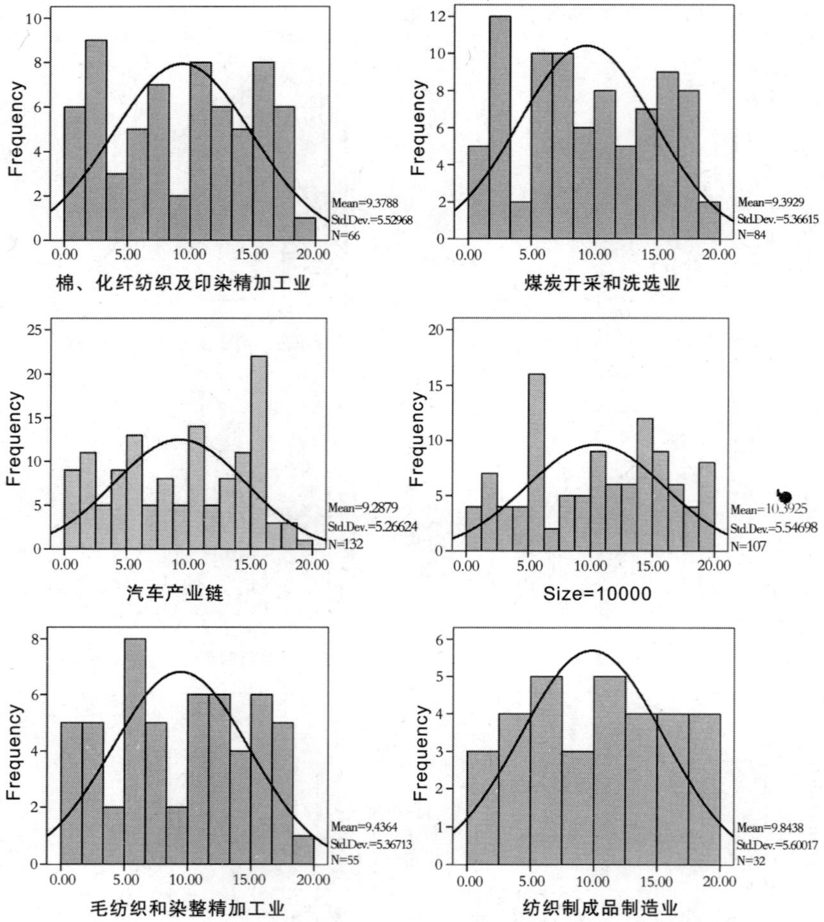

表 5-7 空间分异强度的频率分布

类型	亚类型	概念	含义	所含单产业	所含产业链	产业整体
升降型	先升后降型	是指该行业或产业链高度集聚区和低度集聚区(Size = 2000)均相对较少,相反,中等规模集聚区数量相对较多。	•这种产业多以单体企业为主体,园区发展的概率相对较低; •投资门槛介于中间位置,不同于高技术、高资本密集型等产业类型,也不同于劳动密集型。	/	医药产业链、文教生活产业链、食品产业链、建筑产业链、纺织产业链、家具制造产业链和电子信息产业链	/

续表

类型	亚类型	概念	含义	所含单产业	所含产业链	产业整体
升降型	突变波动型	是指集聚区的强度变化错落有致，表现为升与降的规律性。根据所选的行业（基础化学原料制造业和专用化学产品制造业），低度集聚区和中度集聚区的数量较多。	• 该类行业以小型企业为主，呈现出相对分散的分布模式。规模以上的大型、特大型企业相对较少。 • 或者该类行业以园区形式存在的行业集聚体的数量较小。	基础化学原料制造业和专用化学产品制造业	/	/
	稳定下降型	是指集聚区的强度变化趋于直线下降，低度集聚区规模大，从数量上看占有绝对的优势。	• 该行业主要以小型企业为主，投资的门槛相对较低。 • 以园区形式经营的规模较小，主要以单体企业的分散式布局为主。	家具制造业、印刷业和记录媒介的复制业和饲料加工业	石化产业链（快） 钢铁机械产业链	Size =5000（慢） Size =2000（快）
均质型	均质突变型	企业的规模结构具有一定的特殊性，即不同规模的企业，从数量是相近的。	• 突降型：小规模企业具有一定的数量优势。 • 突升型：规模以上的大型企业具有一定的数量优势；或在局部形成了产业集聚区。 • 前后突变型：即具有大量的配套功能的小企业，同时具有一定数量的规模以上的大型企业，或存在一定的产业集聚区。	合成材料制造业、石油加工业、日用化学产品制造业、其他食品加工和食品制造业、其他非金属矿物制品制造业、木材加工及木竹藤棕草制品业和玩具体育娱乐用品制造业	/	/

续表

类型	亚类型	概念	含义	所含单产业	所含产业链	产业整体
均质型	完全均质型	即不同规模的企业出现的频率是完全相同的。	•投资门槛存在较大的浮动，有高有低。因为出现频率完全相同，故对应的行业可能明显偏少。因为符合这种关系的企业可能并不多。 •局部地区可能存在大型企业，或形成一定规模的产业集聚区。	塑料制品业和皮革毛皮羽毛(绒)及其制品业	/	/
	均质波动型	即不同规模的企业出现的频率极其相似，个别地区出现规模以上大型企业，或者形成了产业集聚区。	•投资门槛存在较大的浮动，具有一定的不确定性。因为波动，所以对应的行业可能比较多。 •局部地区可能存在大型企业，或形成一定规模的产业集聚区。	金属制品业，纺织服装、鞋、帽制造业、纺织品、编织品及其制品制造业，医药制造业，橡胶制造业，屠宰及肉类加工业，水泥、石灰和石膏制造业，棉、化纤纺织及印染精加工业，煤炭开采和洗选业，毛纺织和染整精加工业和涂料颜料油墨及类似产品制造业、纺织制成品制造业。	汽车产业链	Size = 10000

第六章

北京大都市区产业集聚度判别

第一节　研究方法

一、矢量化

将北京市工业总产值超过 1000 万元的企业(7041 个),根据其地理位置将其矢量化,可以基本看出这些企业的分布情况。此类企业主要集聚在城八区,其他各区呈现出整体分散、局部集中的空间格局(如图 6-1)。

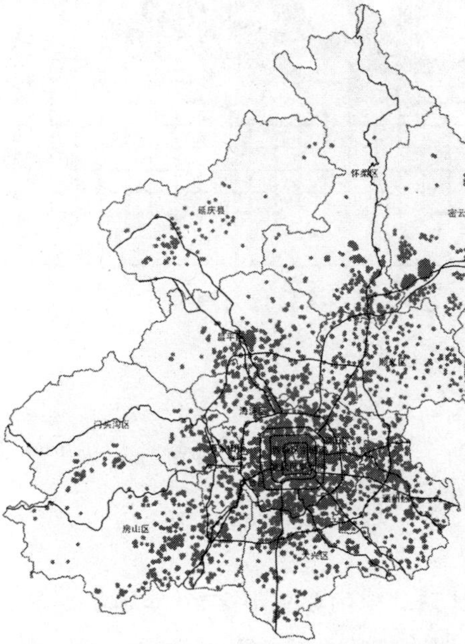

图 6-1　矢量化结果

二、格网化

将北京市行政区范围内的所有区域通过 GIS 软件的格网化分析模块，采用方块进行切割。其中，边界处理可以在行政区边界以内，也可以是以外，以不损失信息为准（见图 6–2）。其中方格的大小（Size）可以选择不同的方案。通过各种方案的试验，选取一种良好的图示方式，以便于发现产业空间集聚的基本规律。

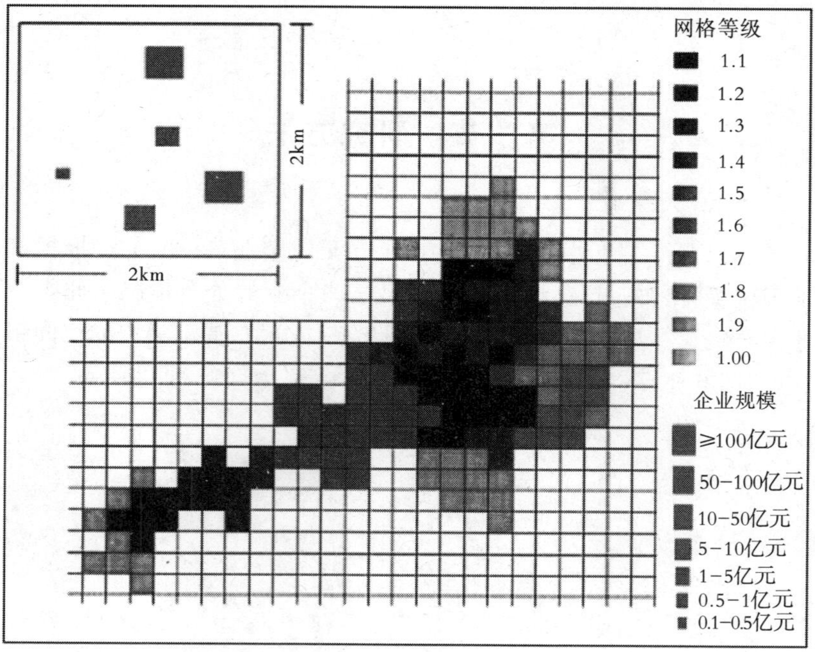

图 6–2　格网化处理

三、方格赋值

方格的赋值分为两个层面：一是为所有行业以及单一行业进行赋值，二是为产业链赋值。

（一）单行业赋值

影响产业在特定区域集聚的要素很多，从企业的层面，包括企业规模、主要业务类型（是处在产业链的下游还是上游）；从区位的层面，主要看劳动力的可获得性、交通通达性、地价的高低等；另外，还要考虑诸如环境保护、景观塑造等因素。本章从集聚强度的角度分析产业的空间分布规律，因此更多地注重“特定地域范围内的企业数量关系”，将企业的主要业务类型、区位等要素作为影响其集聚与扩散的因子，来解释集聚的机理。考虑到企业规模对于地区产业集聚的度量具有重大的意义，一方面容易带动相关企业的入驻；另一方面大型企业在一定程度上可以代表多个中小型企业，因此外部表现为“企业集聚数量多”。赋值方法如下：

$$V = \sum_{i=1}^{7} \alpha_i Q$$

其中 V 为方格的值，α 为企业规模权重，Q 为企业的工业总产值，i 为企业等级的序号。具体规模的赋值如表6-1。其中需要说明的是：小企业在特定区域集聚的数量多，在某种程度上说明该区域对类似的企业具有较强的吸引能力；大企业，从产业配套、产业集群培育以及产业链的打造等方面比中小企业具有更加明显的优势。因此，对于哪种规模的企业更能代表区域的产业集聚程度也存在一个博弈的过程。大企业更趋向于反映产业的“集聚机理”，中小企业则更加趋向于反映产业集聚的“外部表象”。在此，本章对上述两种情况分别进行了假定，分别在 GIS 软件内进行填充值的计算。计算的结果表明，这两种假定所模拟的结果对宏观地域范围内的空间特征与规律没有明显的影响，只是集聚的强度发生了一定的变化。总起来看，侧重中小企业对地区产业集聚的影响，则集聚的强度相对下降，强度值之间的差异性减小；相反，差异性增加。即大型企业不仅在规模上相当于多个中小企业，根据系数的设计，还相当于放大了企业的规模数量，在一定程度上代表了一个产业集聚区。因此，大企业集中的地区，填充值的等级差别将更加明显。这样的结果从研究的角度有两个方面的优点：一是不论假定是否科学，这种赋予大型企业以高值的结果将放大地区之间的差异化，将有利于从差异的角度解析整体空间结构特征；二是弱化小型企业对地区产业集聚的影响，将使研究的空间对象主要集中在产业集聚区范围内，等同于将填充值小的地区看做是产业发展的空白地区，这样可以更加深入地研究产业集聚区内部结构状态。通过综合分析，最终认为赋值应与企业规模呈正比。具体赋值如下：

表 6-1 赋值方法

序号	范围(元)	赋值	序号	范围(元)	赋值
1	≥100 亿	0.95	5	1—5 亿	0.48
2	50—100 亿	0.76	6	0.5—1 亿	0.39
3	10—50 亿	0.65	7	0.1—0.5 亿	0.35
4	5—10 亿	0.59			

注：此处所谓的“范围”是以工业生产总值为标准，单位亿元。

（二）产业链赋值

由于产业链中的单一行业在整个产业链中的地位是不同的，地位越高，与其他行业的联系就越紧密，在理论上其空间区位的约束性就越高。对此，通过运用重要性程度进行赋值反映其空间组织的特征。公式如下：

$$V = \sum \alpha_i \beta_j Q$$

α 为企业规模权重，Q 为企业的工业总产值，i 为企业等级的序号，β 为产业链的权重，其中 j 为某一产业链中的某一行业。其中，产业链的权重是用不同行业投入产出的规模占所有行业投入产出的比重来确定的。比重越高，其重要性和地位越高，即间接地认为将发生的区际“物”的流量越大，因此，单纯从“经济效益”的角度出发，应该处于某一产业的地理核心区域。

四、方格图示

（一）图示目标

图示的核心目标也是本研究的终极目标；另外，良好的图示方式能够实现产业空间集聚特征的快速识别。这主要体现在如下两个方面：一是能够将最高等级的方格突出出来，以显示产业集聚的空间等级特征；二是能够将连续空间的产业聚集特征与规律显示出来，以表现产业空间拓展的方向与强度等现象。

（二）图示方法

(1) 方案选取。为了实现上述目标，在确定方格大小时使用了 7 种方案，边长分别为 0.2km、0.5km、0.8km 以及 1km、2km 和 5km 和 10km。其中发现 2km × 2km 的模拟效果最佳。所谓的“最佳效果”,其标准是空间结构的分异性能够展示出来。如图 6–3 所示,样本 1 为 1km×1km,样本 2 为 2km×2km,样本 3 为 5km×5km,样本 4 为 10km×10km。不同方案有不同优缺点:图(1)信息全,但规律性不明显,适合分析小地域;图(4)信息损失过多,掩盖了大量的企业信息。因此本项目认为 Size 为 2km×2km 以及 5km×5km 具有较高的价值,适合北京市域范围的分析。尤其是 5km×5km 的方格在揭示产业分工方面的优势更加明显。另外,在分析单行业时,由于 5km×5km 的面积完全相当于一个大规模的工业园区或科技园区,与单体企业的用地规模差异很大,故选择 2km×2km 的网络化分析方法。

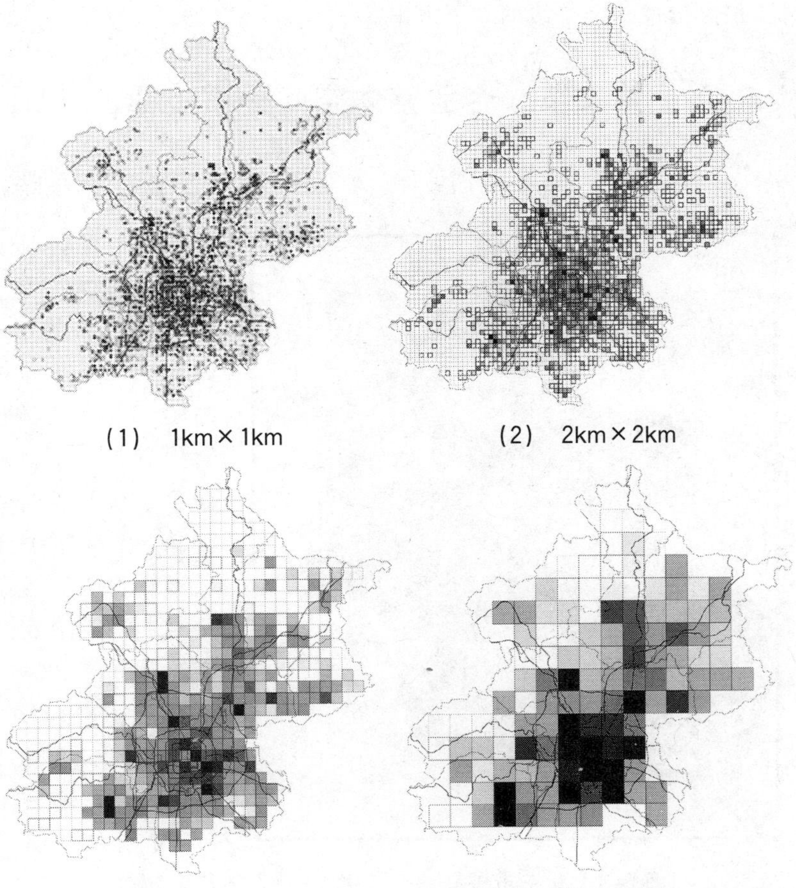

(1) 1km×1km　(2) 2km×2km

(3) 5km×5km　(4) 10km×10km

图 6–3 方格选取方案

（2）等级划分。由于单一企业的工业生产总值差异很大，而经过 GIS 对各方格赋值的结果显示，方格之间的赋值也存在很大的差异。为详细显示空间分异格局，在进行方格等级划分时采取了最大的等级数量划分方案，即在 GIS 的 Symbology-Quantities-Graduated colors 选项中选择了 Class 等于 32。通过 GIS 系统自身的等级划分方案进行空间格局的图像输出时发现，空间分异的特征过于明显，不符合正态分布规律，掩盖了处于中间强度的“方格”空间分布特征。因此，等级之间区间值的划分将采取系统自定和人口调整相结合的办法，即采纳 GIS 系统自定的四个等级的区间划分方案。在此基础上，人为地在前三个区间内进行了人工再划分，载入两个新的区间值，最终形成 6 个等级的划分方案。

第二节　企业整体空间分布规律

一、企业数量分布特征

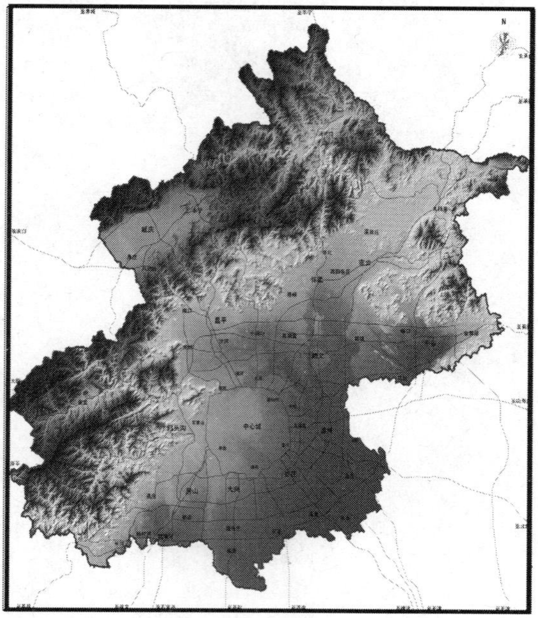

图 6-4　北京市域高程分析图

城市的地质条件和地理特征是企业空间分布的重要约束条件，图 6-4 描绘了北京市域的高程分析结果。根据第一次经济普查资料，北京市共有 16383 个制造业企业数据，其中工业生产总值在 1000 万元以上的有 7041 个。具体分布情况见图 6-5。通过分析，可以发现如下几个特征：

（一）地域分割现象较为明显

一是山区和山前平原具有明显的分界线。如从房山区的长沟、燕房，到门头沟与石景山交界处、昌平的阳坊、南口、怀柔的桥梓、怀北以及密云的溪翁庄、太师屯，再到平谷县的峪口、金海湖等，成为制造业企业集聚的分界线。相反，北京东部就没有明显的分界线。二是门头沟区与房山区交界沿线，延庆县、怀柔区以及平谷县北部山区的山谷地区零星分布少量企业。三是怀柔和密云地区的企业呈现出比较明显的线性特征；另外，顺义到平谷的企业分布也呈现出较为明显的线性分布特征。由此可见，北京地形地貌对企业的总体分布特征具有明显的制约作用。

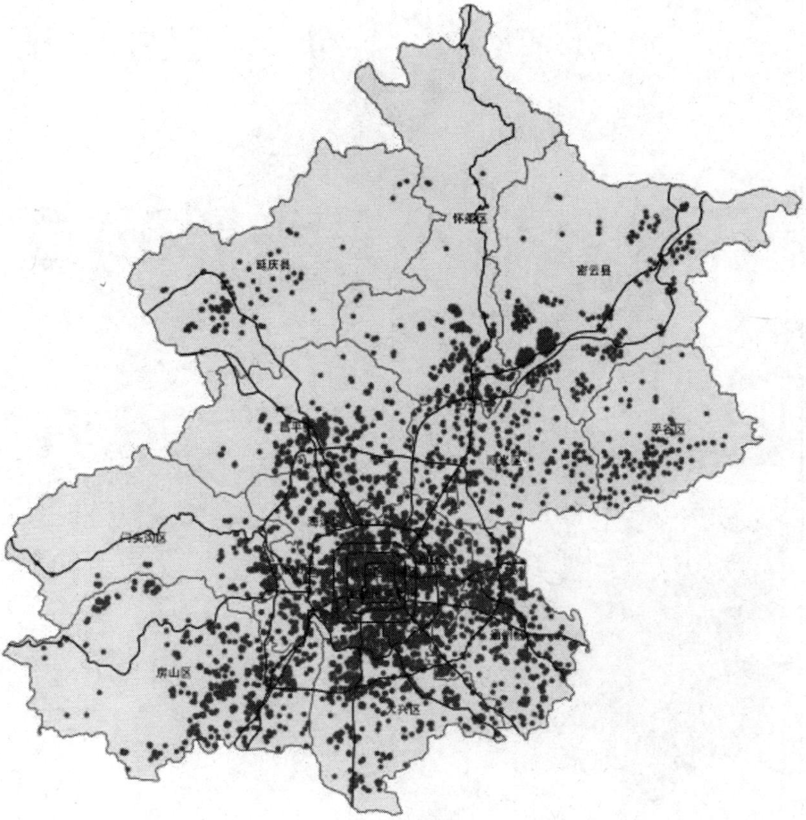

图 6–5 北京市域企业分布图

（二）与城市空间结构基本耦合

一是四环以内及其周边地区是企业分布最为密集的区域，并形成了北京企业分布密度最高的连片发展区域，成为区域经济发展的核心。整个地区范围内，产业密集分布，只有圆明园、颐和园、奥体公园以及世界公园及其周边地区出现产业分布盲区。

二是中心城到通州成为北京市域范围内第一条企业密集带，已经具有连绵发展的态势，区域一体化强度最高。尤其是高速公路沿线以及部分高速公路沿线之间的区域，通州城区及其周边地区等。表明中心城—通州一体化区域基本形成，成为北京市产业转移与产业集群的典型区域之一。

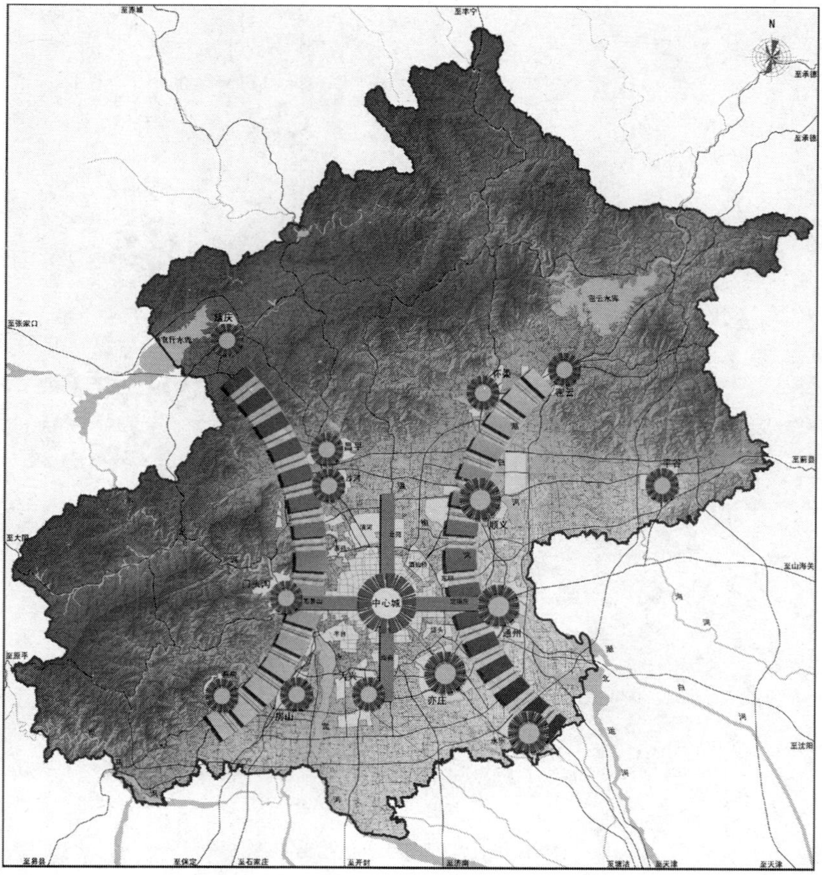

图 6-6　产业发展带分布图

三是中心城到昌平成为北京市域范围第二条企业密集带，连绵发展的态势已经基本形成。一是昌平区依托海淀区巨大的经济开发能力，相继建立了几个工业园区，医药、生物、电子等产业较为发达；二是海淀区—昌平区沿线是较为典型的平原地带，且《北京城市总体规划（2004—2020 年）》（以下简称《规划》）以及其他年份的城市总体规划都将向北发展作为北京市主要发展方向，并将其定位为重要的高新技术研发基地，产业布局较为分散，乡镇也逐渐成为产业分布的主要据点。北京市对城市产业发展带的规划见图 6-6。

四是房山区、大兴区以及通州区南部企业分布相对较为分散，《规划》形成的组团（如房山的良乡和燕房组团、通州的亦庄和永乐组团）适应了实现产业集聚发展的内在需求。该范围内，只有永定河大兴泄洪区、半壁店森林公园范围内没有企业的布局，其他地区相对均质地、相对集中地布局着大量的企业。

二、企业规模分布特征

（一）组团式发展的特征较明显

根据 Size = 10000，在全市范围内大体形成了 6 大组团，成为企业的集聚中心，也是产业发展基地。

一是房山组团，并成为集聚强度最大的组团，企业的规模优势促使该组团具有强大的经济产出，但与城区相隔离；石化工业占了北京市工业总产值的 16% 以上，燕山石化的分布导致该企业及其周边地区成为单位面积产出极高的区域之一。

二是朝阳—通州—大兴交界处的通州组团，并成为中心城外围首位的产业集聚区，与城区已经形成产业连绵发展带。随着亦庄国家级经济技术开发区的不断发展，已经形成了规模巨大的产业集团，逐渐改变着城南产业发展相对落后的基本格局，使之成为北京市单位产出与总产出规模极其突出的园区之一。

三是中心城组团，其特点是强度不大，但连片发展态势明显，其空间已经蔓延到五环以内，成为全市产业之核心。尽管中心城区的产业总规模相对较大，但仍然是制造业发展的主导地域，但该范围内缺乏大型的制造业企业，对企业的入驻都有相对较高的标准和门槛，存在着量大、附加值高、产值相对较低、布局分散的特点。这也是中心城市制造业，尤其是传统制造业向高技术制造业转变过程中出现的一种地域分布特征。

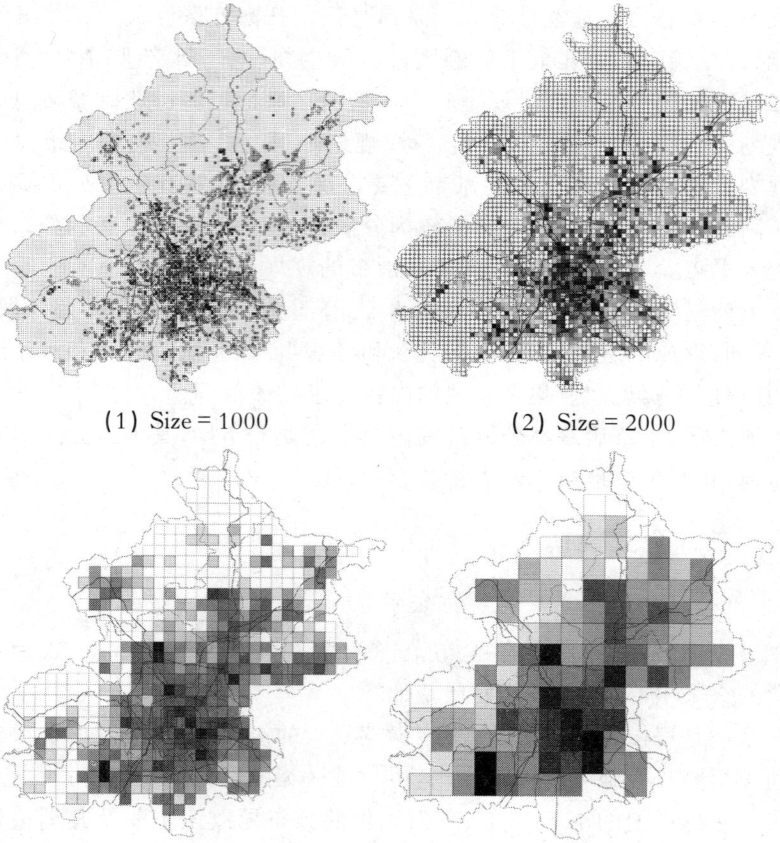

（1）Size = 1000　（2）Size = 2000

（3）Size = 5000　（4）Size = 10000

图 6–7　不同格网划分方案的产业空间集聚格局

四是昌平组团，五是海淀组团，六是顺义组团。其中昌平组团和顺义组团以城区为核心，海淀组团为中关村组团。

（二）沿线（公路）布局特征显著

通过 Size = 1000 和 Size = 2000 可以看出，企业规模分布的沿线特征比较明显。在全市范围内表现为如下几个特征：

一是三环以内，均质化程度最高，沿线布局的特征没有表现出来。这是路网高度均质化区域产业布局的一种主要特征。即随着产业的不断转移和再集聚，这种格局将长期持续下去，但空间的功能结构将出现略微的变化，使之更加符合环境发展、循环经济模式创新等基本特征。

二是四环沿线已经初步表现出大型企业或企业集团沿线布局的特征，尤其是除西四环之外的区域，该特征比较明显。即使2004年城市开发建设和产业经济发展的阶段，四环仍然是制造业空间模式发生转变的边界线。但截至目前，尤其是东四环、北四环以及西四环之外，五环之内的地区，城市建设呈现出明显的加速发展阶段，工业企业外迁、人口郊区化、商业郊区化在北京市范围内也得到了充分的体现。

三是五环以外（含五环）其产业布局的"环线式"特征逐渐弱化，呈现出比较典型的"辐射式"布局模式，在全市范围内形成了8条产业发展轴。这8条轴线分别为：中心城区——昌平——延庆的京张高速产业发展轴；中心城区——顺义——怀柔——密云的京承高速产业发展轴集；中心城区——平谷的京平高速产业发展轴；中心城区——通州的京沈高速产业发展轴；中心城区——亦庄的京津塘高速产业发展轴；中心城区——大兴的京开高速产业发展轴；中心城区——房山的京石高速产业发展轴；中心城区——门头沟的109国道沿线产业发展轴（见图6–7（1）、（2））。

第三节 单行业企业空间分布规律

不同行业其内在的组织特征（主要是指对不同性质的生产要素的依赖关系）和企业之间特定的组织关系（上下游产业所对应的企业之间的生产组织关系）决定了不同行业的企业具有不同的空间分布特征。通过分析单行业企业所占单元格的分布与赋值大小，将其划分为两种类型：一是根据企业地理位置进行类型划分，二是根据企业之间的位置关系进行类型划分。

一、根据企业地理位置的类型划分

根据企业所在单元格的绝对位置，将其划分为城区型、郊区型和居民点型（见表6–2）。其中：

（一）城区型

1. 概念内涵

城区型产业的多数企业或单元格分布在四环以内，是典型的都市型工业行业。从行业特征研究的角度,一方面可以采用概率方法,判别哪些行业更加适合在都市范围内发展;另一方面,可以根据不同时期不同行业的分布变动,判别哪些行业开始出现变动,以及变动的强度,为未来产业选择奠定数量基础。从行业布局机理研究的角度,一方面可以判别不同行业与"都市要素"的相互关系,另一方面可以判别"都市要素"的变动与"行业布局"变动之间的关系,或者"行业布局"变动的"都市要素"响应。

2. 行业分布

城区型产业主要包括酒精及饮料酒制造业、煤炭开采及洗选业、石油加工业、印刷业及记录媒介的复制业4种行业。从数量上看,仅占统计分析行业(28个,即企业个数在50个以上的行业)的15%,加上居民型的7个行业,占行业总数的比重不到40%。

其中,酒精及饮料酒制造业,近郊区和远郊区均有分布,但分散式特征比较明显,城区占主导地位;煤炭开采及洗选业,较为特殊,以城区和远郊区为主,近郊区的生产规模很小,表明北京市煤炭开采与洗选的方式不同于其他产煤区,以煤炭的直接开发与利用为目标,导致城区煤炭工业相对较为发达。与此同时,石油加工业也具有相似的特征,即城区、近郊区和远郊区均有,但集聚强度较高(201个企业,只占8个单元格),以城区为主。比较典型的是印刷业和记录媒介的复制业,该产业城区、近郊区和远郊区均有,但城区的集聚强度非常高,成为典型的都市型产业。

(二) 郊区型

1. 概念内涵

郊区型产业的多数企业或单元格分布在四环以外的地区,是典型的郊区型产业。通过不同行业对应的企业或单元格的分布情况,本项目又将其划分为两个亚类:

一是近郊型,即分布在四环至六环之间;二是远郊型,即分布在六环以外的地区。从行业特征研究的角度,近郊区和远郊区的划分,可以根据不同时期不同行业的分布变动,判别哪些行业开始出现变动,以及变动的强度,判别"都市要素"的变动与"行业布局"变动之间的关系,或者"行业布局"变动的"都市要素"响应,这是都市行业向郊区转移的研究范畴。

2. 行业分布

（1）近郊区产业主要包括纺织服装、鞋、帽制造业，基础化学原料制造业，家具制造业，皮革毛皮羽毛（绒）及其制品业，其他非金属矿物制品制造业，日用化学产品制造业，玩具体育娱乐用品制造业，橡胶制品业，造纸及纸制品业以及专用化学产品制造业等10个行业，占行业总数的36%，加上居民点型的7个行业，约占行业总数的60%，成为行业分布最为密集的地区（泛指统计在内的28个行业，下同，参见图6-8）。其中：

普通的郊区型产业：纺织服装、鞋、帽制造业，基础化学原料制造业和皮革毛皮羽毛（绒）及其制品业在城区、近郊区和远郊区均有一定的分布，但以近郊区为主，郊区集聚的强度较低。

比较典型的郊区型产业：其他非金属矿物制品制造业、日用化学产品制造业、家具制造业和玩具体育娱乐用品制造业四个行业的集聚强度较高，即组团式发展的态势明显，且集聚在郊区的企业占多数。

典型的郊区型产业：橡胶制品业、造纸及纸制品业和专用化学产品制造业。城区、近郊区和远郊区均有分布，但相对集中在六环以内。

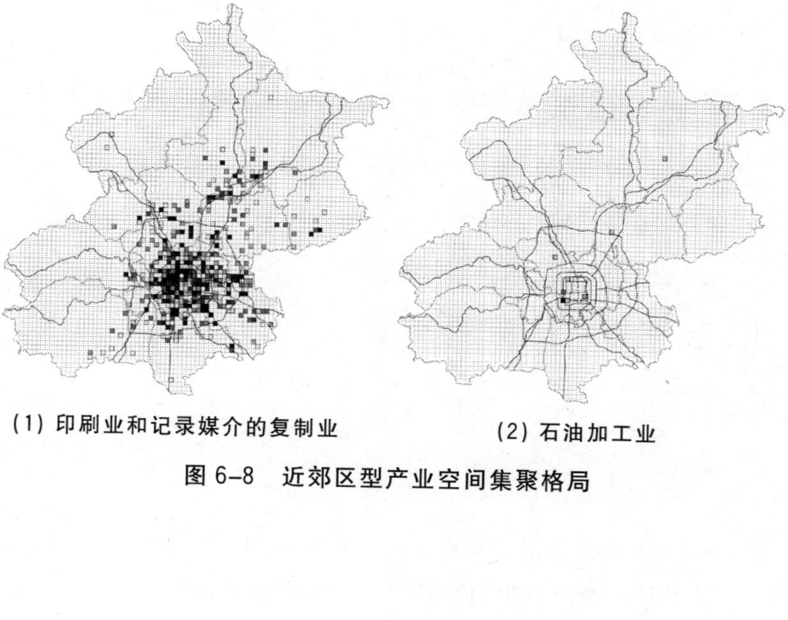

（1）印刷业和记录媒介的复制业　　（2）石油加工业

图6-8　近郊区型产业空间集聚格局

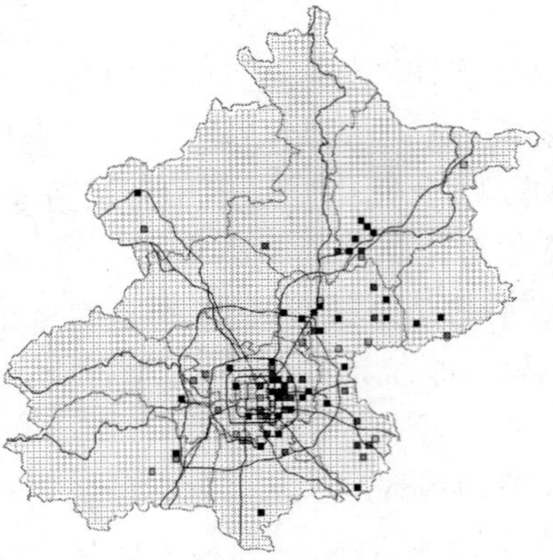

(3) 煤炭开采和洗选业

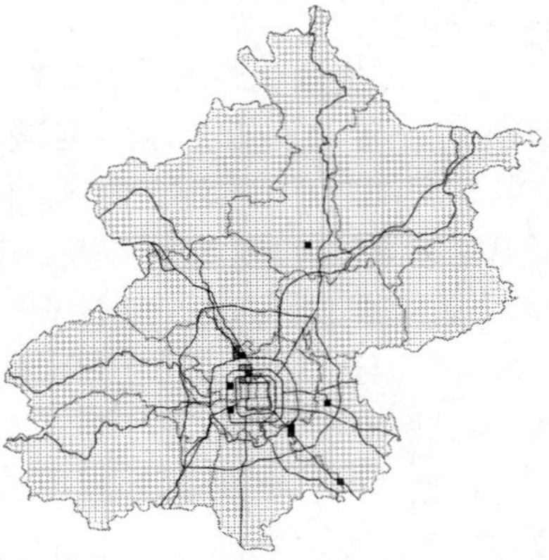

(4) 酒精及饮料酒制造业

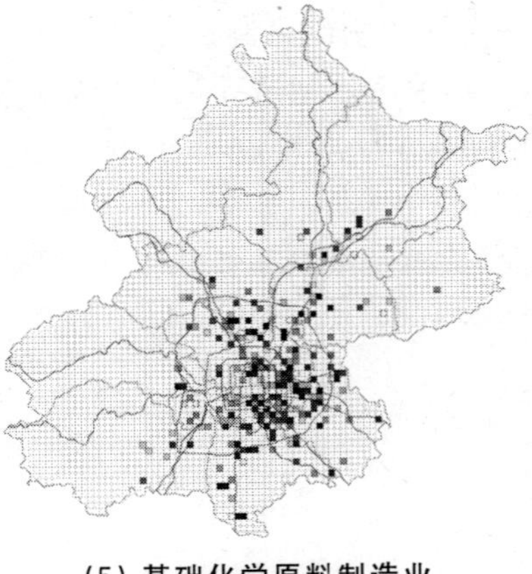

(5) 基础化学原料制造业

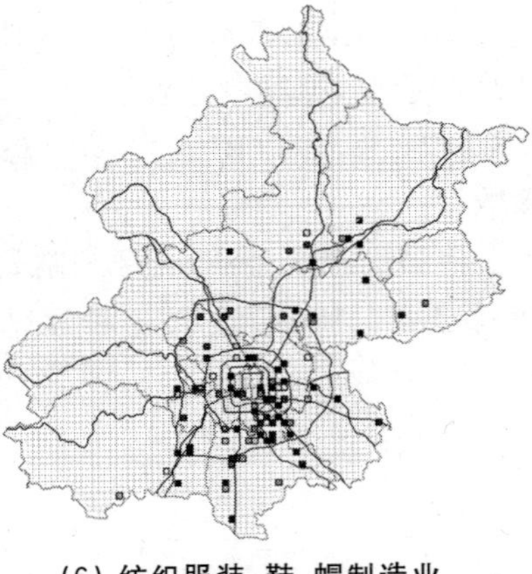

(6) 纺织服装、鞋、帽制造业

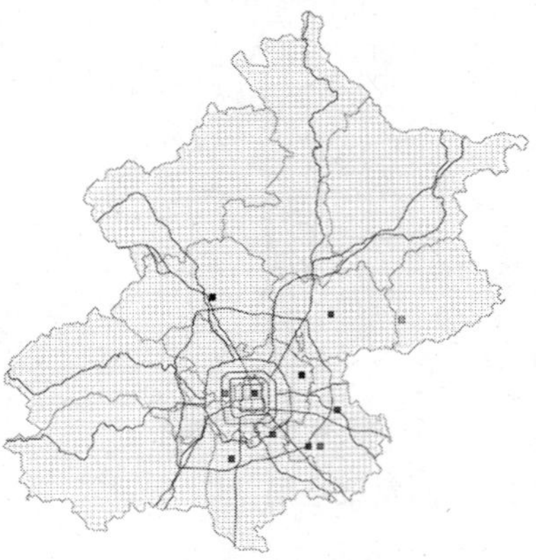

(7) 皮革毛皮羽毛(绒)及其制品业

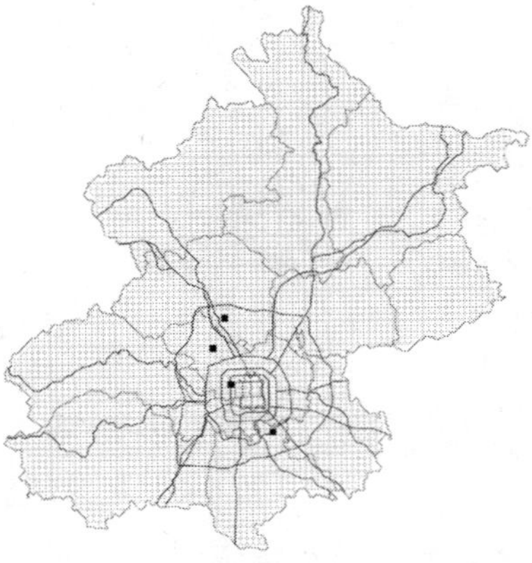

(8) 玩具体育娱乐用品制造业

续图 6-8 近郊区型产业空间集聚格局

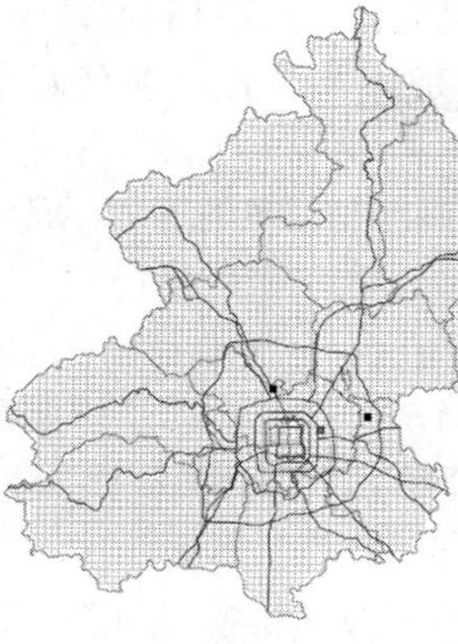

(9) 家具制造业

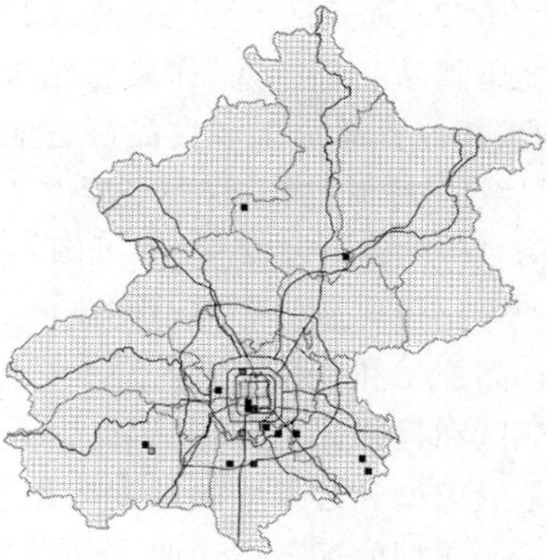

(10) 日用化学产品制造业

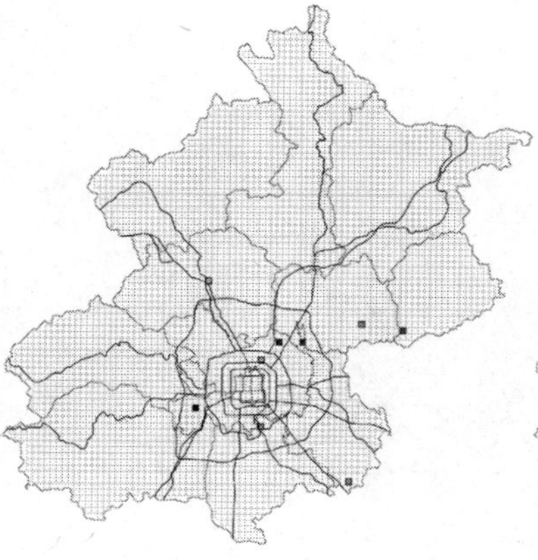

(11) 其他非金属矿物制品制造业

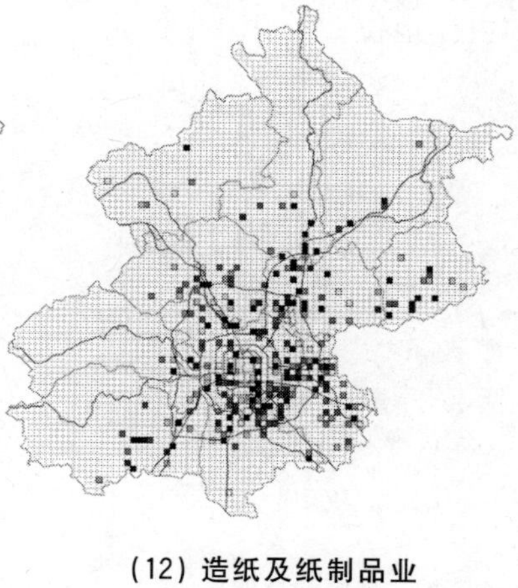

(12) 造纸及纸制品业

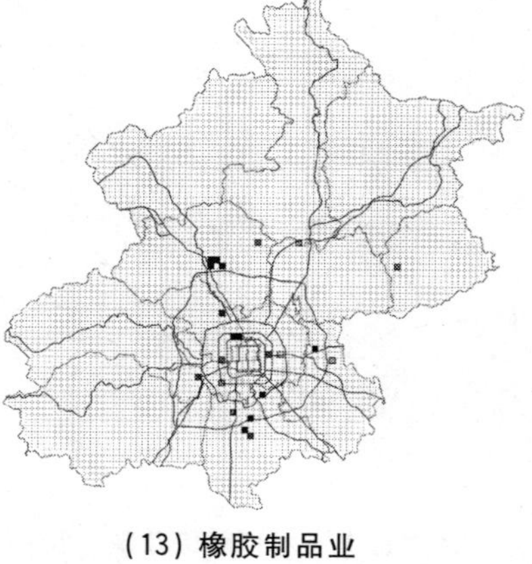

(13) 橡胶制品业

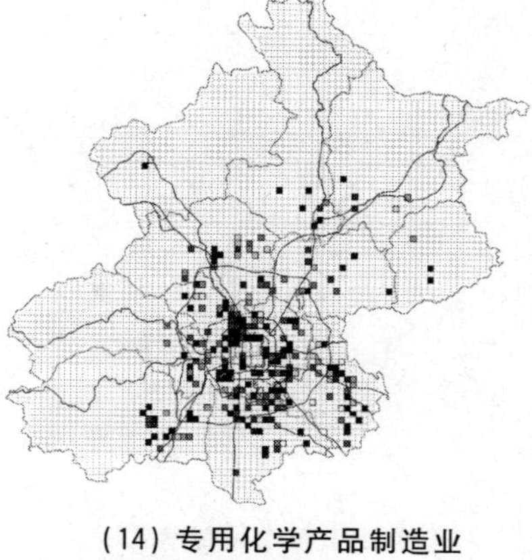

(14) 专用化学产品制造业

续图 6-8　近郊区型产业空间集聚格局

（2）远郊区产业主要包括纺织制成品制造业、合成材料制造业、金属制品业、毛纺织和染整精加工业、木材加工及木竹藤棕草制品业、其他食品加工和食品制造业和塑料制品业，共 7 个行业，占行业总数的 25%，加上居民点型的 7 个行业，约占行业总数的 50%，成为第二位的产业集聚区（参见图 6-9）。其中：

比较典型的远郊型产业：纺织制成品制造业、金属制品业、其他食品加工和食品制造业和木材加工及木竹藤棕草制品业四个行业近郊区和远郊区均有，甚至在中心城区也有分布，但以远郊区占主体，是近郊型和远郊型的过渡产业。

典型的远郊型产业：合成材料制造业、毛纺织和染整精加工业和塑料制品业三个行业，尽管近郊区也有一定的分布，但远郊区占绝对的主体地位。

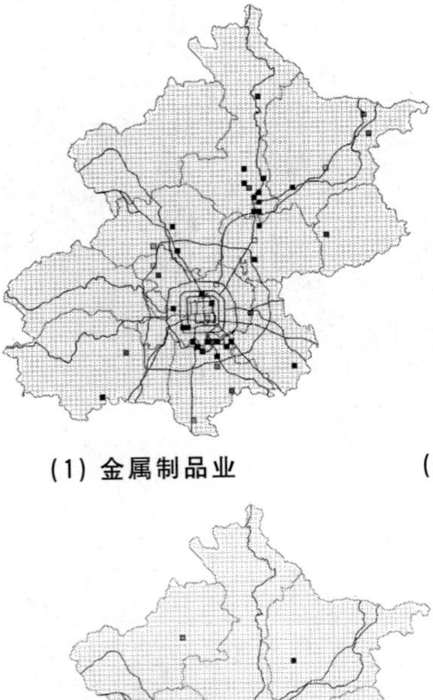

(1) 金属制品业

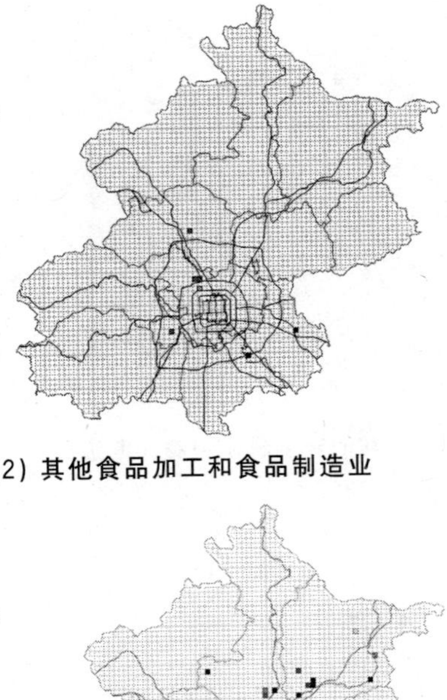

(2) 其他食品加工和食品制造业

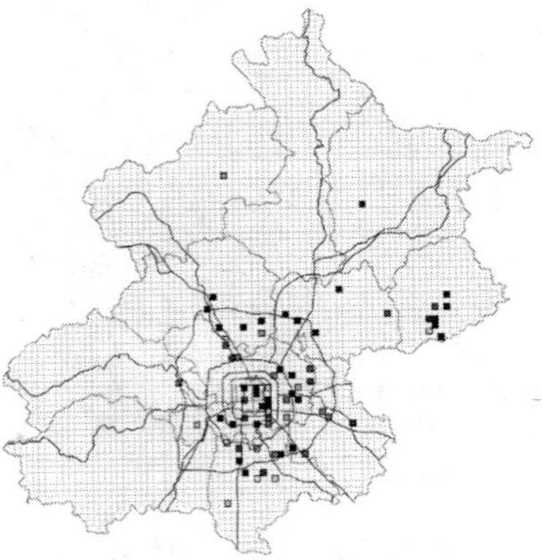

(3) 纺织制成品制造业

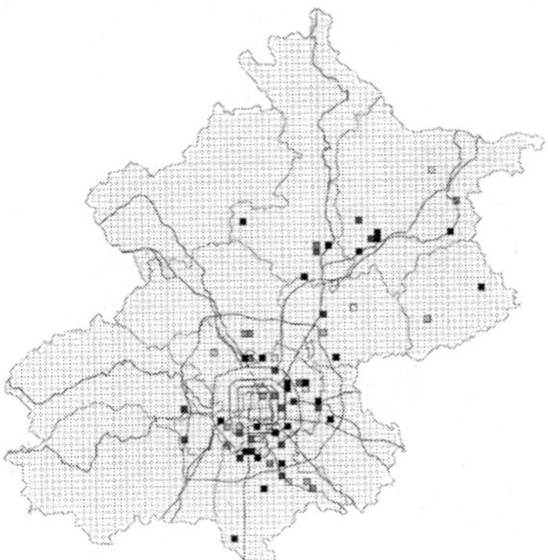

(4) 木材加工及木竹藤棕草制品业

图 6-9 远郊区型产业空间集聚格局

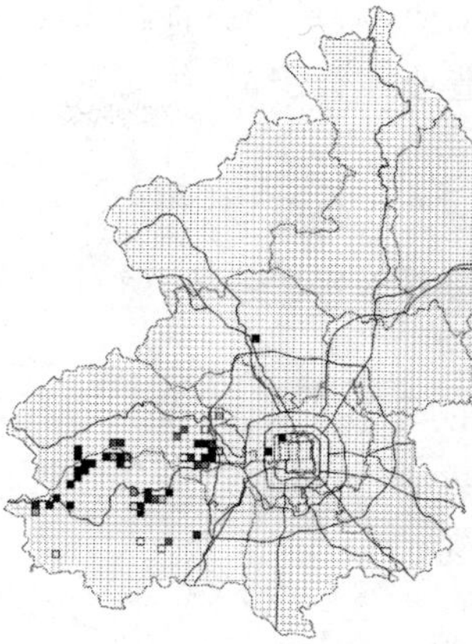

(5) 毛纺织和染整精加工业

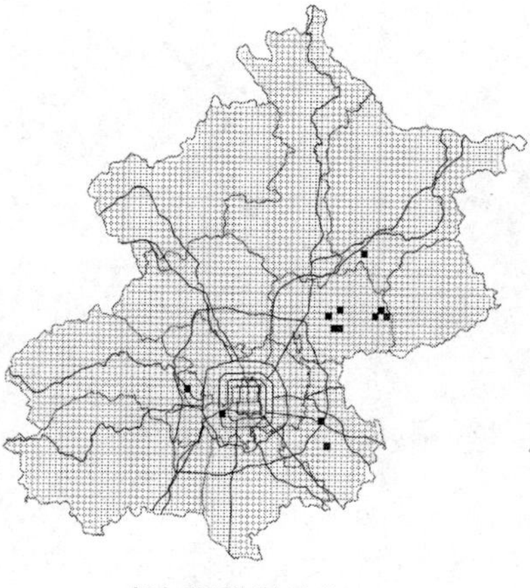

(6) 塑料制品业

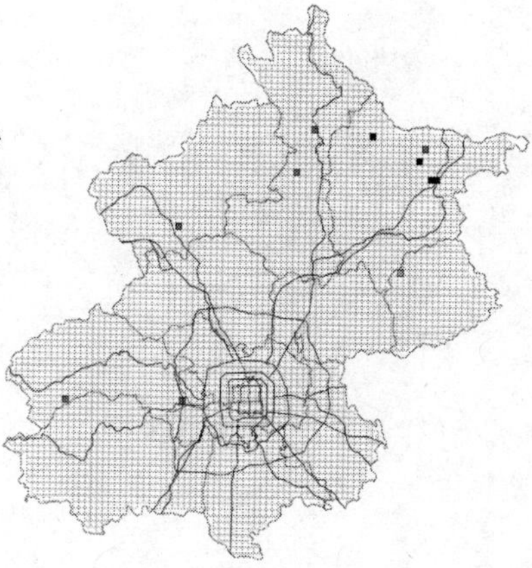

(7) 合成材料制造业

续图 6-9 远郊区型产业空间集聚格局

（三）居民点型

1. 概念内涵

居民点型产业的企业分布是相对分散的，出现居民点的地方就有该行业的分布，或者说该行业没有明确的区位指向，是遍在性行业。这一类型的划分依赖于绝对的地理位置，但却没有区别城区与郊区的划分。

2. 行业分布

居民点型产业主要包括棉、化纤纺织及印染精加工工业，水泥、石灰和石膏制造业，饲料加工业，涂料颜料油墨及类似产品制造业，屠宰及肉类加工业，医药制造业和针织品、编织品及其制品制造业，共7个行业。（见图6-10）

以中心城居民点为主：主要包括棉、化纤纺织及印染精加工业，屠宰及肉类加工业，医药制造业和针织品、编织品及其制品制造业四个行业。

以郊区居民点为主：主要包括水泥、石灰和石膏制造业，饲料加工业和涂料颜料油墨及类似产品制造业三个行业。

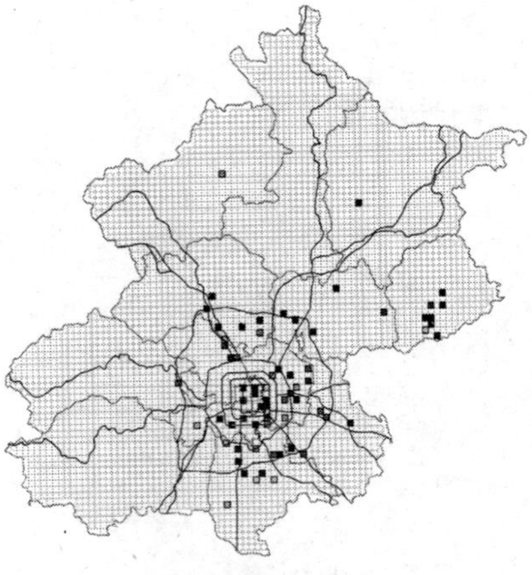

(1) 屠宰及肉类加工业

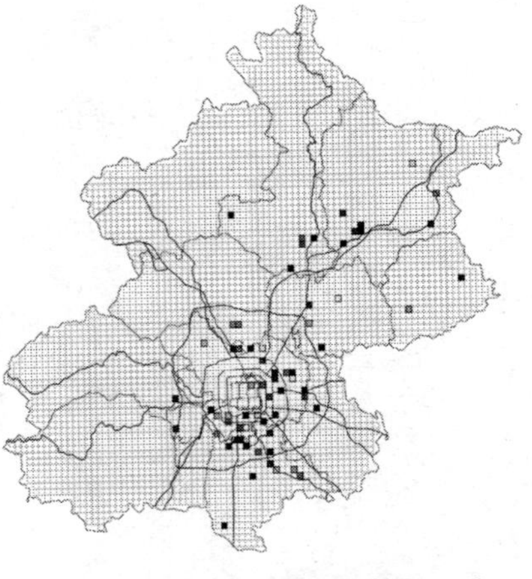

(2) 棉、化纤纺织及印染精加工业

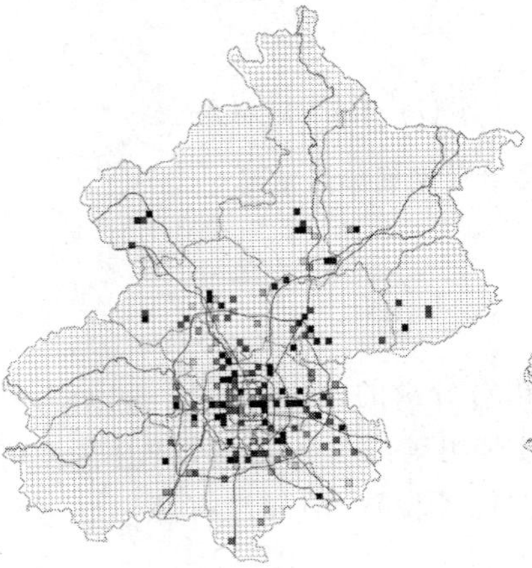

(3) 医药制造业

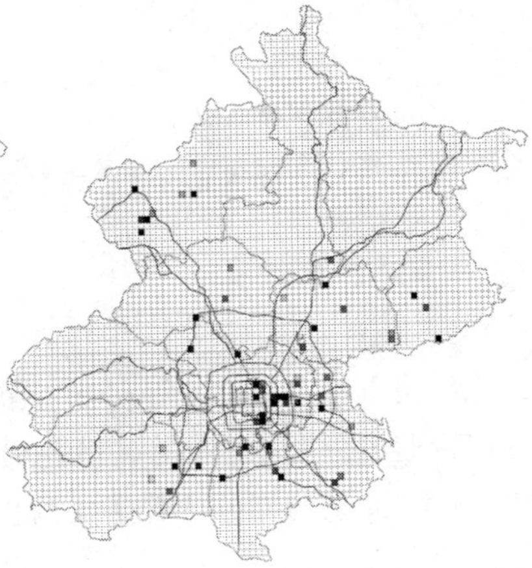

(4) 针织品、编织品及其制品制造业

图6-10 居民点型产业定向集聚格局

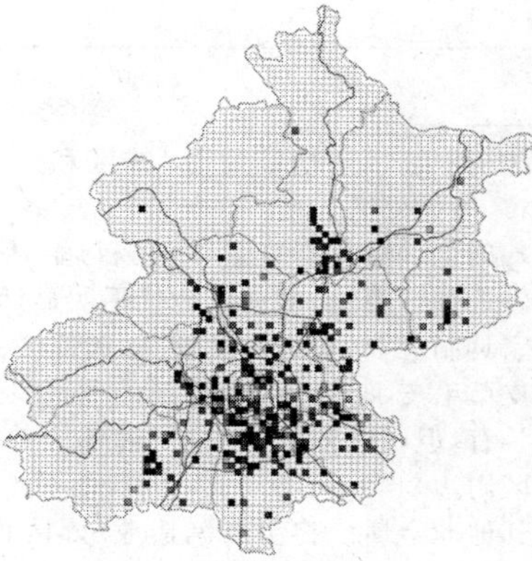

(5) 饲料加工业

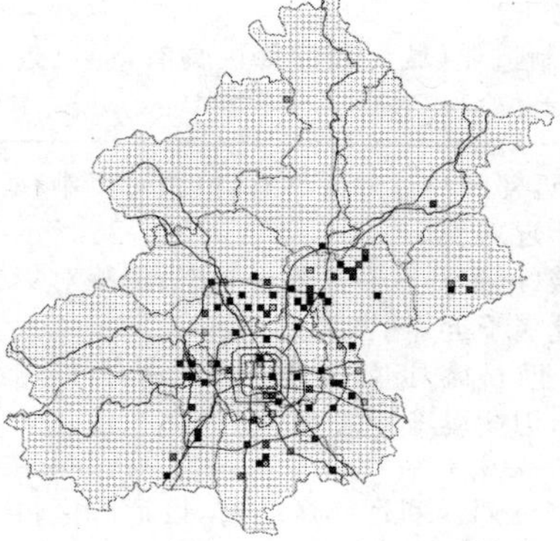

(6) 涂料颜料油墨及类似产品制造业

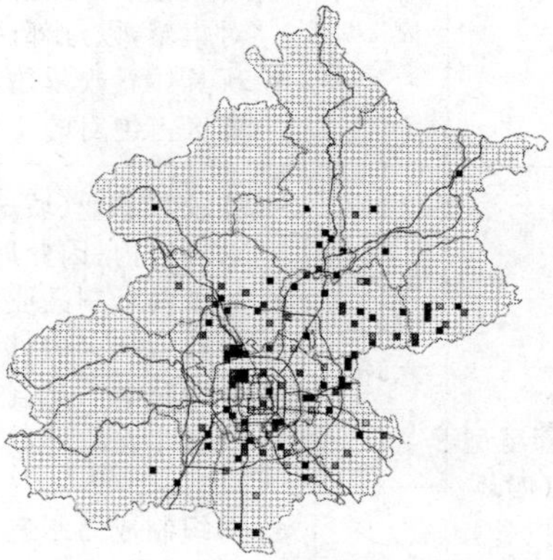

(7) 水泥、石灰和石膏制造业

续图 6-10　居民点型产业定向集聚格局

表 6-2　根据企业地理位置划分的三大类型及包含的行业

大类	亚类	行业
城区型（四环以内）	/	• 酒精及饮料酒制造业（近郊区和远郊区均有分布，但分散式特征比较明显，城区占主导地位） • 煤炭开采和洗选业（较为特殊，以城区和远郊区为主，近郊区的生产规模很小） • 石油加工业（城区、近郊区和远郊区均有，集聚强度较高，以城区为主） • 印刷业和记录媒介的复制业（城区、近郊区和远郊区均有，但城区的集聚强度非常高，因此，属于城区型而非居民点型）

续表

大类	亚类	行业
郊区型（四环以外）	近郊型（四至六环）	• 纺织服装、鞋、帽制造业（城区和远郊区均有一定的分布，以近郊区为主） • 基础化学原料制造业（城区和远郊区均有一定的分布，以近郊区为主，但主体地位不明显，因此接近居民点型） • 家具制造业（集聚强度较高，近郊区占主导地位） • 皮革毛皮羽毛（绒）及其制品业（城区、近郊区和远郊区具有，但以近郊区为主，在远郊区的分布也集中在近郊区周边） • 其他非金属矿物制品制造业（郊区化明显，集聚强度较高，以近郊区为主） • 日用化学产品制造业（城区、近郊区和远郊区均有，但相对集聚，以近郊区为主） • 玩具体育娱乐用品制造业（城区和近郊区具有，但以近郊区占绝对的主导地位）
郊区型（四环以外）	近郊型（四至六环）	• 橡胶制品业（城区、近郊区和远郊区具有，但相对集中在六环以内，因此属于近郊型） • 造纸及纸制品业（城区、近郊区和远郊区具有，但相对集中在六环以内，因此属于近郊型） • 专用化学产品制造业（城区、近郊区和远郊区具有，但相对集中在六环以内，因此属于近郊型）
	远郊型（六环以外）	• 纺织制成品制造业（近郊区和远郊区均有，以远郊区占主体） • 合成材料制造业（主要分布在远郊区，占绝对的主体地位） • 金属制品业（近郊区和远郊区均有，中心城区也有少量分布，但就分布规模而言，以远郊区为主）
郊区型（四环以外）	远郊型（六环以外）	• 毛纺织和染整精加工业（主要分布远郊区，近郊区和城区的分布几乎为零） • 木材加工及木竹藤棕草制品业（以近郊区和远郊区为主，远郊区占核心地位） • 其他食品加工和食品制造业（近郊区和远郊区具有分布，远郊区的规模主导地位较为明显） • 塑料制品业（近郊区和远郊区均有，远郊区占绝对主导地位）

续表

大类	亚类	行业
居民点型（分散式）	/	• 棉、化纤纺织及印染精加工业（城区、近郊区和远郊区都有一定的分布，没有明确的规模差异，下同） • 水泥、石灰和石膏制造业 • 饲料加工业 • 涂料颜料油墨及类似产品制造业 • 屠宰及肉类加工业 • 医药制造业 • 针织品、编织品及其制品制造业

二、根据企业位置关系的类型划分

根据企业所在单元格的相对位置，可将企业划分为沿线型、分散型和组团型（见表 6–3）。其中：

（一）沿线型

1. 概念内涵

沿线型产业是指多数企业或单元格分布在交通线网周边地区的行业，其对交通区位的依赖程度相对较高。

2. 行业分布

通过分析发现，北京市山前平原地区交通网络体系已经发育成熟，呈现出完全的网络化特征。由于通达性极高，交通网络体系对其分布的影响力逐步下降。因此，没有一个产业呈现出明显的沿线分布的特征。只有基础化学原料制造业，金属制品业，煤炭开采和洗选业以及棉、化纤纺织及印染精加工业四个行业（见图 6–11）。这四个行业对交通的依赖度较高，因此沿线布局的特征较为明显。

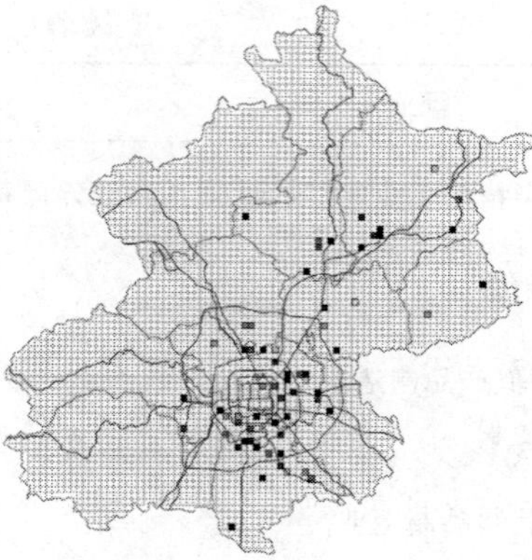

(1) 棉、化纤纺织及印染精加工业

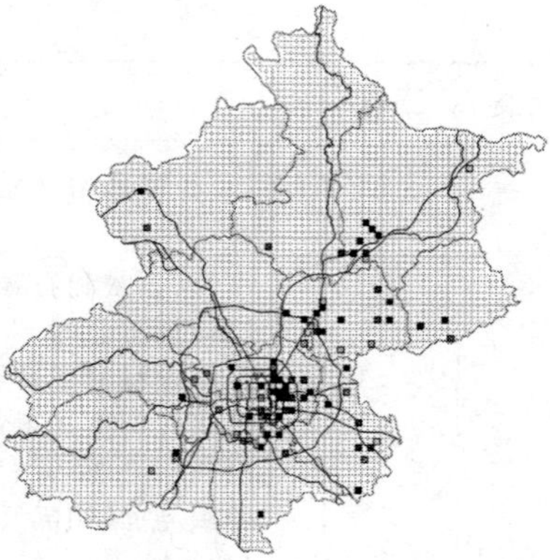

(2) 煤炭开采和洗选业

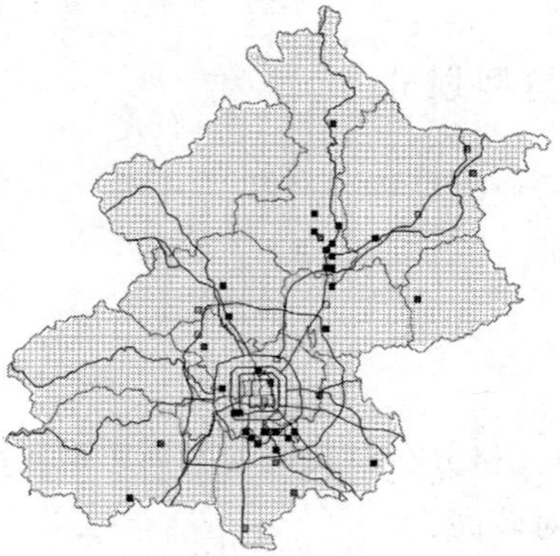

(3) 金属制品业

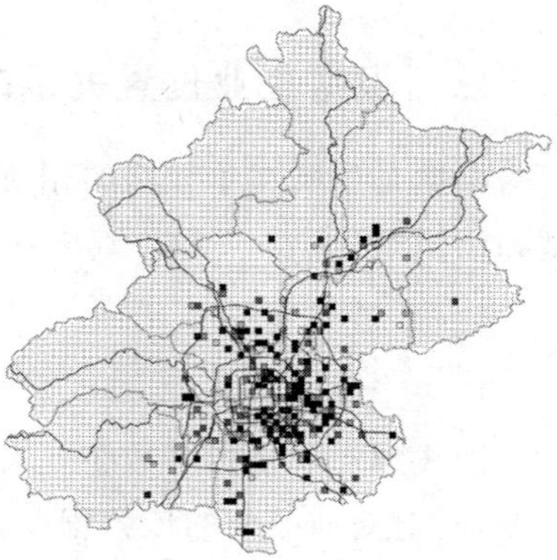

(4) 基础化学原料制造业

图 6-11 沿线型产业空间集聚格局

（二）分散型

1. 概念内涵

分散型产业类似于居民点型行业，只是更加侧重企业之间的位置关系，故通过布局分析，将其划分为三种类型：

一是分布偏于一隅的，类似于统计学上的偏态分布模式，是指大型企业集团或产业集聚区偏于一方，主要集中在某一地区（不是园区，而是某一行政区）；二是分布相对均质，类似于统计学上的正态分布模式，是指行业集聚程度相对较高，所占单元格相对较少，且在空间上呈现出较为分散的基本特征；三是分布绝对均质，是指行业集聚程度相对较低，所占单元格相对较多，在空间上呈现出较为典型的分散布局特征。由于北京市居民点的部分呈现出明显的均质化特征，故该类型几乎等同于居民点型，只是考虑的是企业的相对位置，即形成了连续的产业发展空间。

2. 行业分布

(1) 分布偏于一隅的产业主要包括纺织服装、鞋、帽制造业，纺织制成品制造业，合成材料制造业，毛纺织和染整精加工业，日用化学产品制造业和石油加工业(见图 6-12)。其中：

南部片区：包括纺织服装、鞋、帽制造业，主要分布在朝阳、通州、大兴，其他各地区也有分布；日用化学产品制造业，中轴线以南地区为主，房山、大兴和通州沿线较为发达。

西部片区：包括毛纺织和染整精加工业，以门头沟和房山为主，占有绝对的主导地位；石油加工业集中在西三环沿线。

东部片区：主要是指纺织制成品制造业，主要分布在平谷、通州和顺义等地区，并以平谷为主。

北部片区：主要是指合成材料制造业，主要分布在密云、怀柔等地区，以密云为主，并占绝对主导地位。

(2) 分布相对均质的产业主要包括基础屠宰及肉类加工业，针织品、编织品及其制品制造，煤炭开采和洗选业，棉、化纤纺织及印染精加工业，皮革毛皮羽毛(绒)及其制品业，其他非金属矿物制品制造业，其他食品加工和食品制造业，共 7 个行业(见图 6-13)。其中：

没有地域分工指向：如煤炭开采和洗选业，城区的均质化相对较高，远郊区的均质化也相对较高，这与行业的分工有关；棉、化纤纺织及印染精加工业，主要分布在丰台、大兴、海淀、朝阳以及京承高速沿线区县。

具有一定的地域分工指向：如皮革毛皮羽毛(绒)及其制品业，以大兴、通州为主；其他非金属矿物制品制造业，以朝阳、顺义为主；其他食品加工和食品制造业，以通州、海淀为主。

(3) 分布绝对均质的产业主要包括水泥、石灰和石膏制造业，饲料加工业，涂料颜料油墨及类似产品制造业，专用化学产品制造业，医药制造业，印刷业和记录媒介的复制业，造纸及纸制品业和基础化学原料制造业等 8 个行业(见图 6-14)。

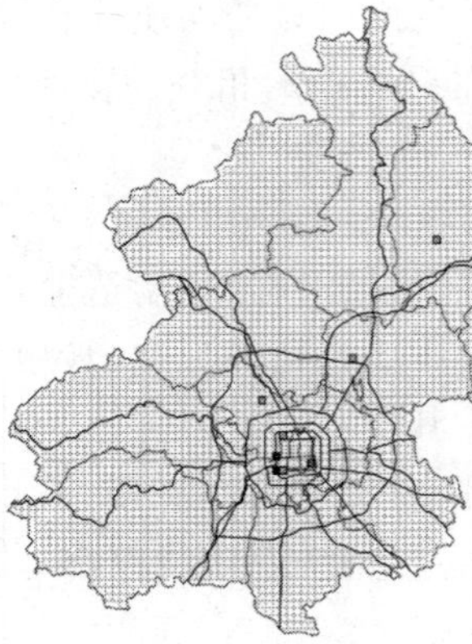

(1) 石油加工业

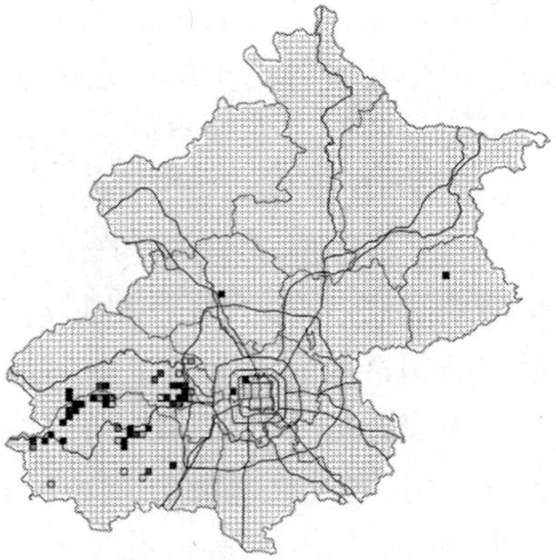

(2) 毛纺织和染整精加工业

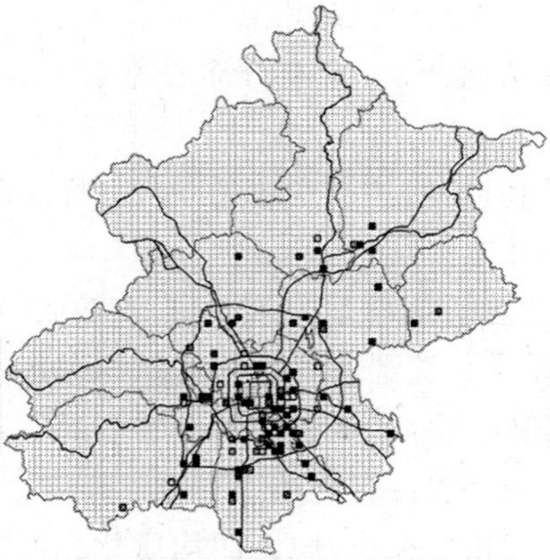

(3) 纺织服装、鞋、帽制造业

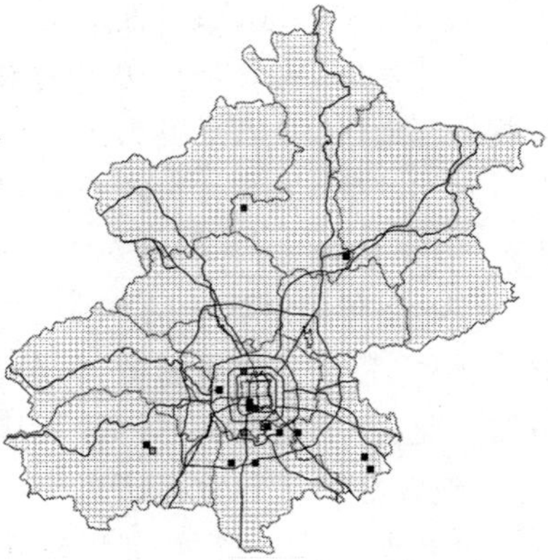

(4) 日用化学产品制造业

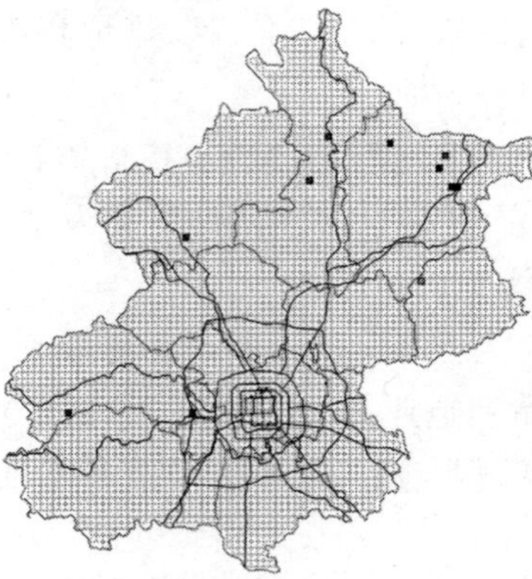

(5) 合成材料制造业

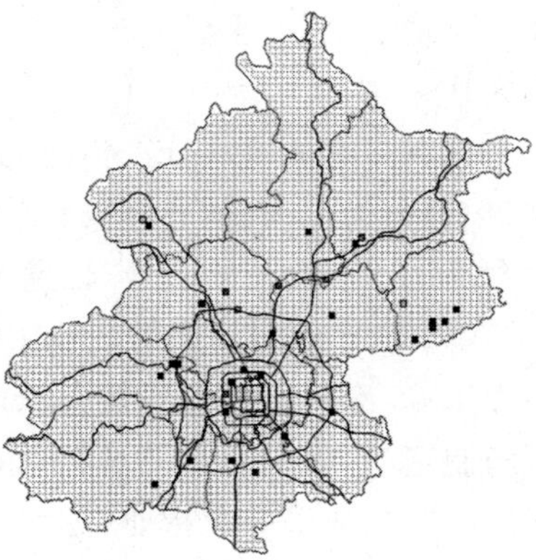

(6) 纺织制成品制造业

图 6-12 偏于一隅的分散型产业空间集聚格局

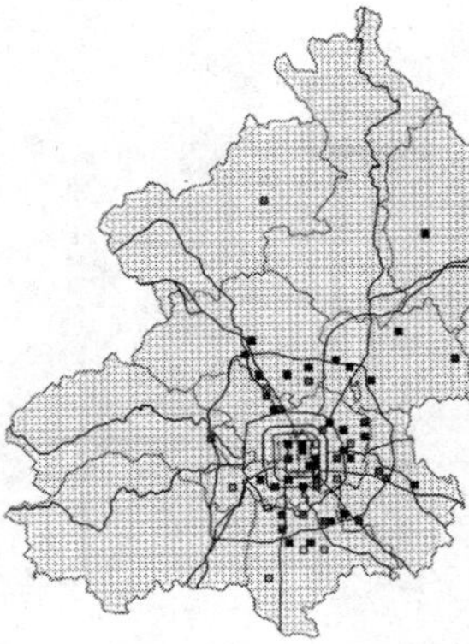

(1) 屠宰及肉类加工业

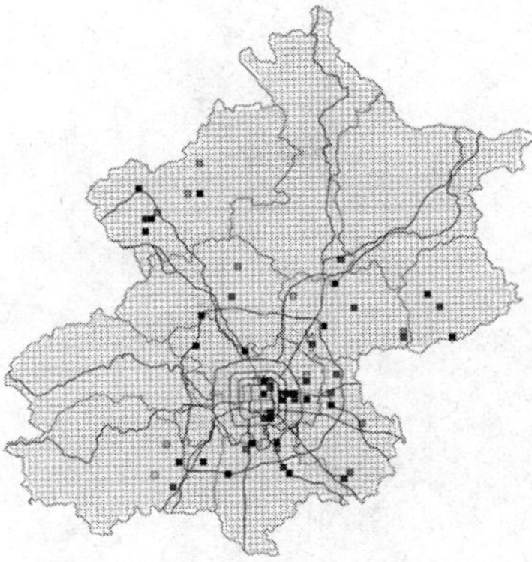

(2) 针织品、编织品及其制品制造

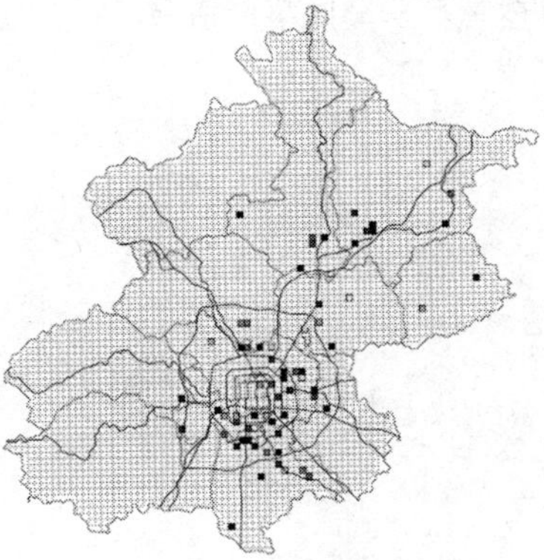

(3) 棉、化纤纺织及印染精加工

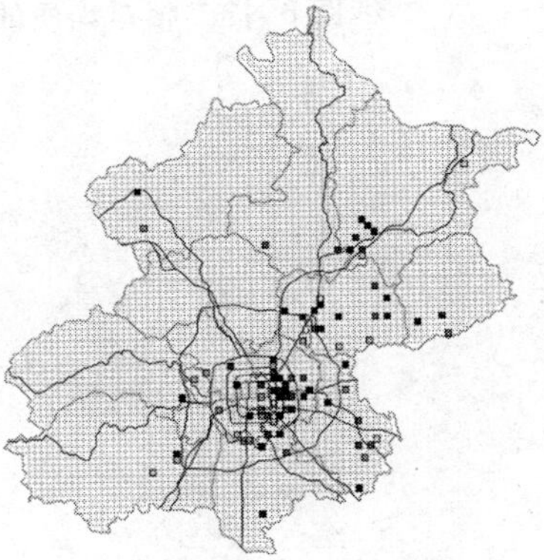

(4) 煤炭开采和洗选业

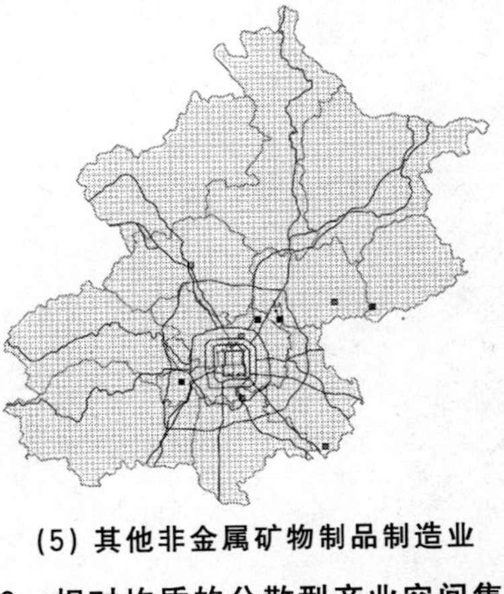

(5) 其他非金属矿物制品制造业

图 6-13　相对均质的分散型产业空间集聚格局

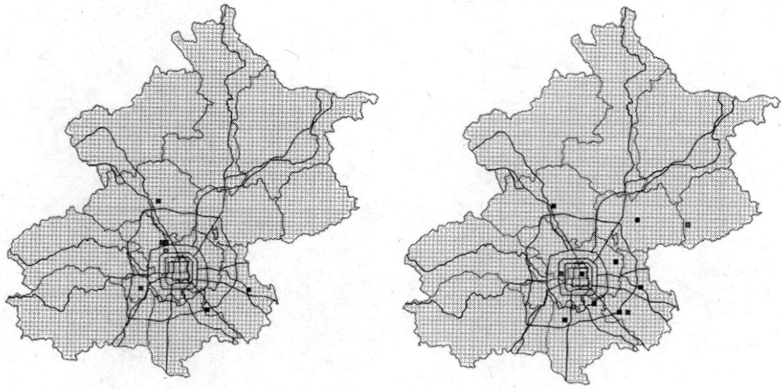

(6) 其他食品加工和食品制造业　　(7) 皮革毛皮羽毛(绒)及其制品业

续图 6-13　相对均质的分散型产业空间集聚格局

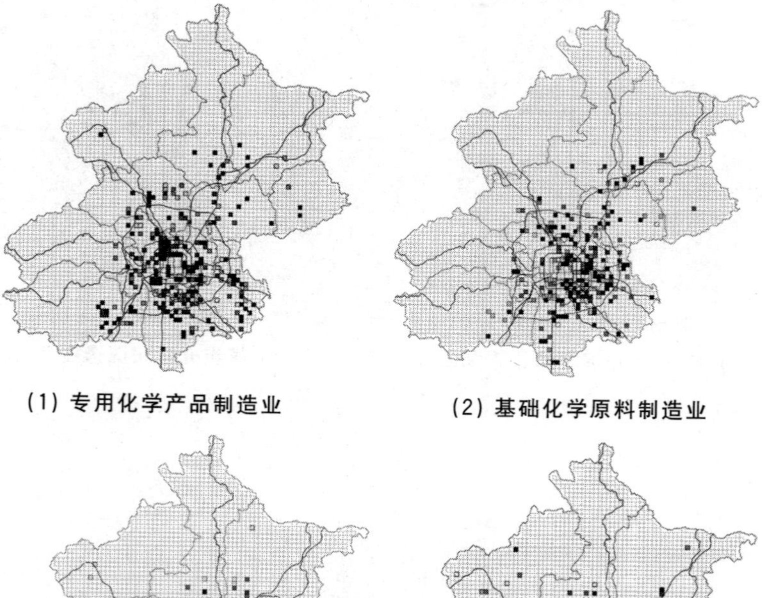

(1) 专用化学产品制造业　　(2) 基础化学原料制造业

(3) 印刷业和记录媒介的复制业　　(4) 造纸及纸制品业

图 6-14　绝对均质的分散型产业空间集聚格局

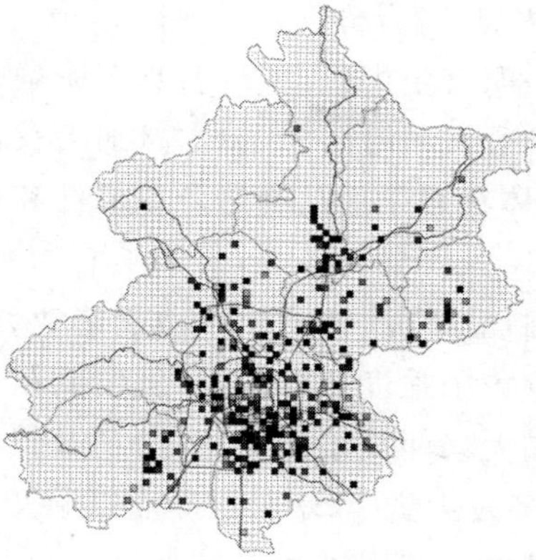

(5) 饲料加工业

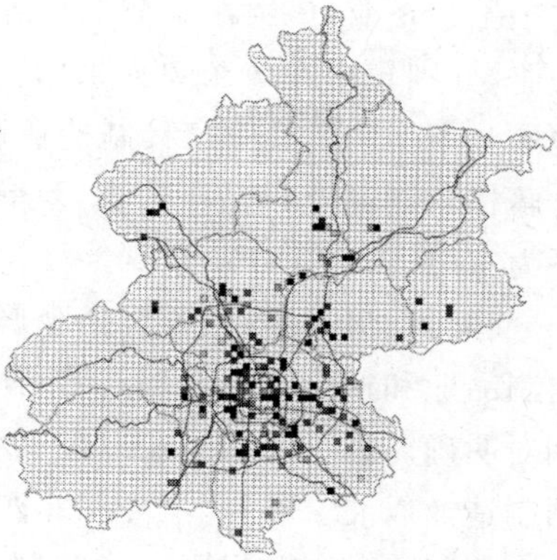

(6) 医药制造业

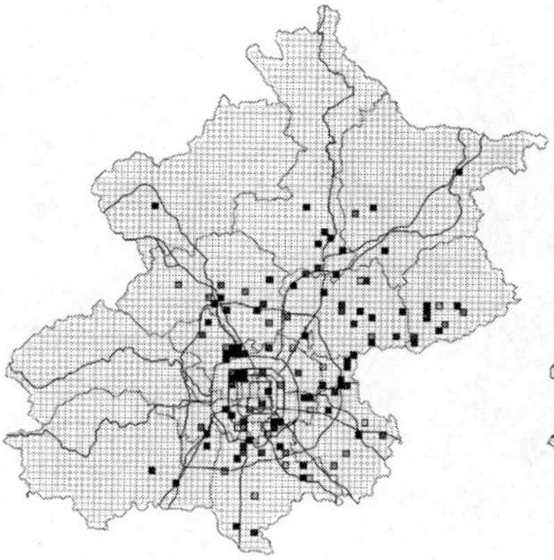

(7) 水泥、石灰和石膏制造业

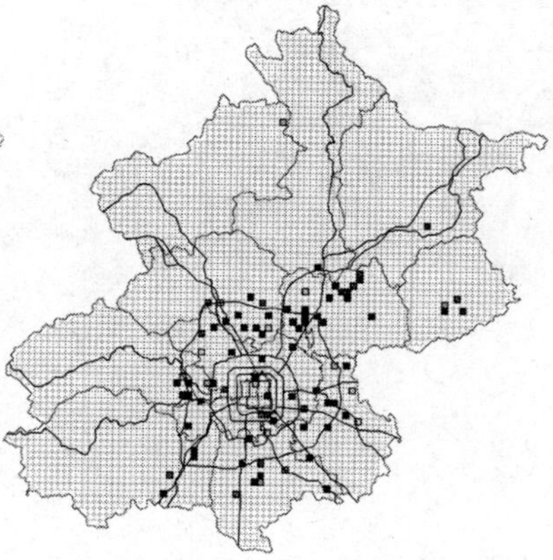

(8) 涂料颜料油墨及类似产品制造业

续图 6-14　绝对均质的分散型产业空间集聚格局

（三）组团型

1. 概念内涵

组团型有两种情况：一是类似于分散型中偏于一隅的类型，只是集中于某一地区（不是园区，而是某一行政区）的程度更高；二是行业的集聚强度很高，本身所占单元格数量较少，因此组团发展的特征十分明显。该类型一方面能够有效反映北京地区的专业化地区分工，另一方面也能看出资源依赖型行业的区位分布情况。

2. 行业分布

相对高集聚度：主要包括玩具体育娱乐用品制造业、木材加工及木竹藤棕草制品业和家具制造业。其中玩具体育娱乐用品制造业共有 161 个企业，集中在 4 个单元格内，后两者分别有 275 个和 987 个企业，分别集中在 3 个单元格内，表明其集中程度极高，具有明确的地域分工指向。其中家具制造业以通州和海淀为主，木材加工及木竹藤棕草制品业以昌平为主，玩具体育娱乐用品制造业以海淀和昌平为主（见图 6-15）。

相对低集聚度：主要包括金属制品业、酒精及饮料酒制造业、塑料制品业和橡胶制品业。这些行业集聚强度相对较小，但空间指向相对明确。如金属制品业以顺义和大兴两大组团为主；酒精及饮料酒制造业以北二环、北三环和北四环较为集中；塑料制品业以顺义为核心，其他地区相对较少；橡胶制品业集聚强度相对较高，以大兴和昌平为主（见图 6-15）。

(1) 玩具体育娱乐用品制造业

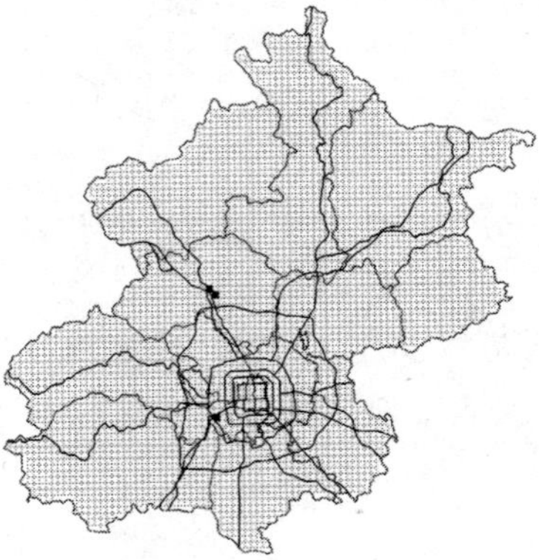

(2) 木材加工及木竹藤棕草制品业

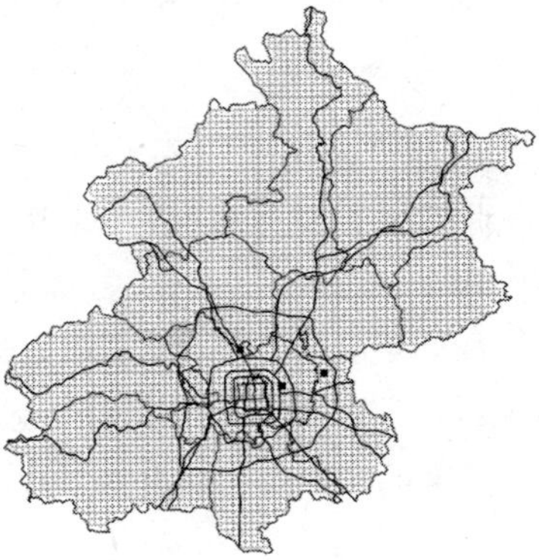

(3) 家具制造业

图 6-15　高集聚度的组团型产业空间集聚格局

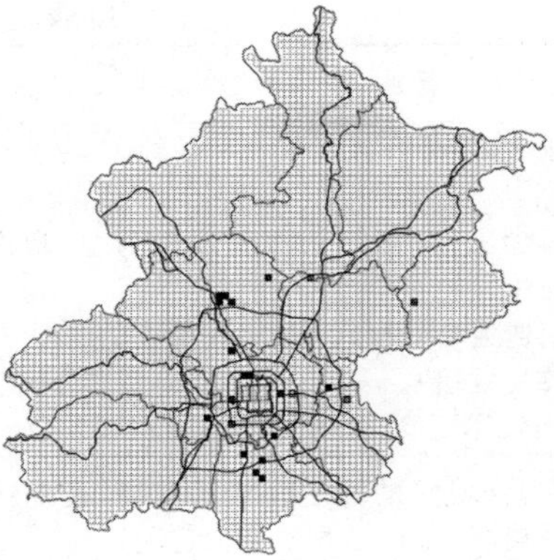

(4) 橡胶制品业

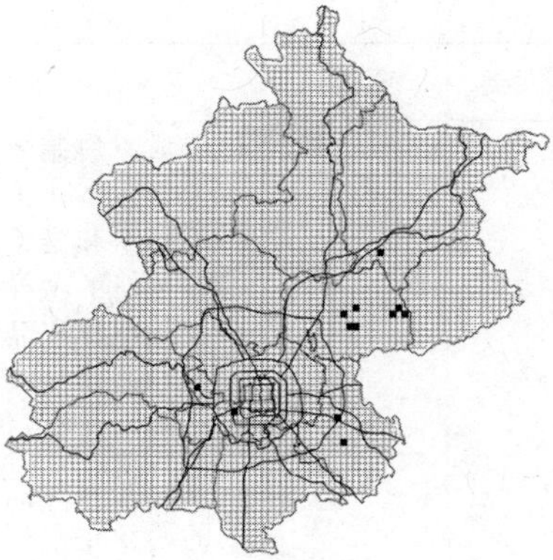

(5) 塑料制品业

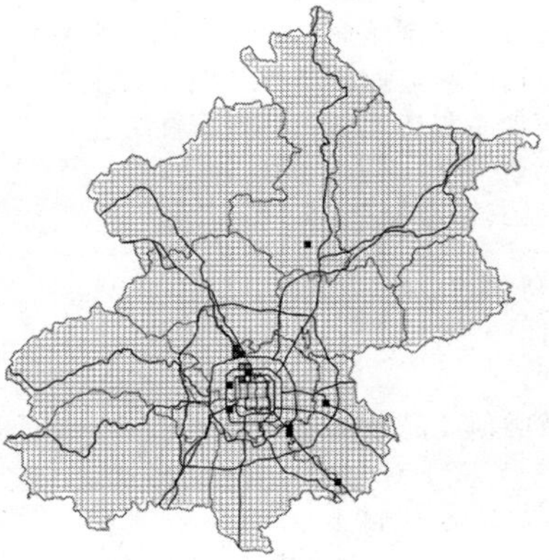

(6) 酒精及饮料酒制造业

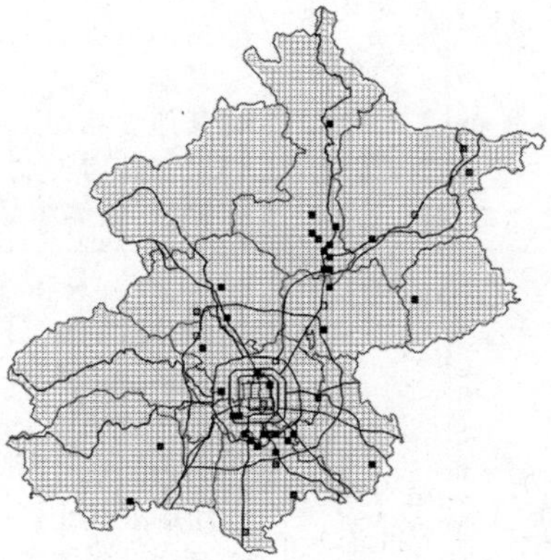

(7) 金属制品业

续图 6-15　低集聚度的组团型产业空间集聚格局

表 6-3　根据企业之间相对位置划分的三大类型及包含的行业

大类	亚类	行业
沿线型	/	• 基础化学原料制造业 • 金属制品业 • 煤炭开采和洗选业 • 棉、化纤纺织及印染精加工业
分散型	偏于一隅（偏态）	• 纺织服装、鞋、帽制造业（主要分布在朝阳、通州、大兴，其他各地区也有分布） • 纺织制成品制造业（主要分布在平谷、通州等地区，以平谷为主）

续表

大类	亚类	行业
分散型	偏于一隅（偏态）	• 合成材料制造业（主要分布在密云、怀柔等地区，以密云为主） • 毛纺织和染整精加工业（以门头沟和房山为主，却占有绝对的主导地位） • 日用化学产品制造业（中轴线以南地区为主，房山、大兴和通州沿线较为发达） • 石油加工业（集中在西三环沿线）
	相对均质（正态）	• 煤炭开采和洗选业（城区的均质化相对较高，远郊区的均质化也相对较高，这与行业的分工有关） • 棉、化纤纺织及印染精加工业（主要分布在丰台、大兴、海淀、朝阳以及京承高速沿线区县） • 皮革毛皮羽毛（绒）及其制品业（以大兴、通州为主） • 其他非金属矿物制品制造业（以朝阳、顺义为主） • 其他食品加工和食品制造业（以通州、海淀为主） • 屠宰及肉类加工业 • 针织品、编织品及其制品制造业
	绝对均质（正态）	• 水泥、石灰和石膏制造业（集聚强度不高，呈现出明显的分散特征，下同） • 饲料加工业 • 涂料颜料油墨及类似产品制造业 • 医药制造业 • 印刷业和记录媒介的复制业 • 造纸及纸制品业 • 专用化学产品制造业（在近郊区和远郊区没有明显的区位指向，但以近郊区为主） • 基础化学原料制造业（除延庆以外都有分布，但以通州、昌平、顺义和大兴为主）
组团型	/	• 家具制造业（以通州和海淀为主） • 金属制品业（以顺义和大兴两大组团为主；另外，该行业具有沿线发展的特点，只是组团式发展特征更加明显） • 酒精及饮料酒制造业（以北二环、北三环和北四环较为集中） • 木材加工及木竹藤棕草制品业（集聚强度较大，以昌平为主） • 塑料制品业（以顺义为核心，其他地区相对较少） • 玩具体育娱乐用品制造业（集聚强度较高，没有明确的区位指向） • 橡胶制品业（集聚强度相对较高，以大兴和昌平为主）

第七章

北京大都市区产业空间配置战略导向

随着经济的发展，尤其是世界城市早已完成工业化，产业结构的调整以及产业布局优化完全进入一个更高的发展阶段，为了更好地继承和发扬工业对城市和地区的经济社会贡献，世界城市近期纷纷出台了相关的产业政策。例如：

伦敦的工业在国民经济中已经相对衰败，尤其是制造业对经济发展的贡献越来越小、就业岗位不断流失，引起了政府的关注，特别是在伦敦市"强大而多样性的经济"发展愿景下，工业的复兴被提上议事日程。2005 年 3 月，伦敦市发布了《伦敦制造业发展战略与行动纲要(2005—2008)》，旨在保持并增强伦敦制造业的竞争力。战略的重点包括：提高劳动力的素质与技能；鼓励创新与设计，包括技术创新与管理创新两个方面；促进企业提高生产率；开拓市场；树立良好的产业形象，尤其是提升制造业在年轻人中的形象；提高服务的连贯性。在战略实施过程中，伦敦市十分注重合作。一方面，伦敦市与英国政府的国家制造业战略机构密切联系，与"就业与技能行动框架"、"创新战略"、"区域国家贸易战略"等战略相关的机构组织开展合作；另一方面，伦敦市成立了四个工作组监督制造业行动纲要的制订与实施，它们分管技能与劳动力发展、创新与设计、帮助企业打开市场、生产率、土地、产业形象，以及提高服务的连贯性等工作，并且相互协调，以团队模式开展工作。根据行动纲要，伦敦市采取了一系列措施：开展“制造业咨询服务”帮助中小企业提高生产率和竞争力；开展泛伦敦“制造业保持竞争力计划”，为困难企业提供技术支持与服务；推行“产业部门发展计划”以鼓励企业创新；此外，通过“产业年计划”、“供应伦敦计划”、“地产开发计划”等活动为制造业企业提供更好的生产环境。

纽约工业的结构以及面临的工业发展问题与伦敦相似，作为老牌的、最早进行工业化的城市之一，纽约市也面临着工业地位下降、就业人口骤减、地租上涨以及劳动力成本增加等问题，在全球化过程中还面临着来自全球其他地区的竞争与挑战。但是，工业是为国民经济发展提供生产资料的基础性部门，是现代城市不可或缺的组成部分，更是建设世界城市的基础性产业。因此，2005 年 1 月，纽约市政府推出了有史以来第一套完整的工业政策报告，并成立专门机构复兴工业产业，将工业复兴作为推动纽约市产业多元化的重要环节。包括：成立“工业制造业办公室”，该办公室负责管理新圈定的 10 多个工业产业区，并执行刺激工业企业发展的新政策。其中办公室主任的主要职责包括：领导跨机构的工作人员，重点关注 4 个职能领域，通过融资和激励政策吸引、留住和拓展现有企业、服务于企业、区域管理和基础设施投资、工业劳动力开发；维护好政府高级管理人员和政策制定者使用的业绩积分卡；与纽约市经济发展公司和纽约市工业发展署合作，保证逐一分析每个工业企业区必需的基础设施，并不断完善这些研究；不断地再评估为吸引、留住或扩张制造业和工业公司投资而设计的激励政策的有效性等（吴卓群，2005 年）；成立“工业制造业企业委员会”，这是一个由纽约市长指定的政府—民间合作机构，任务是向政府提供工业发展方面的建议，并培育该产业的需求和战略机遇。该委员会 15 名成员代表工业领域各方面的利益，如工业发展公司、企业领导者、研究者，以及工业和房地产部门的拥护人士。针对工业企业主要为小型企业且多数是租户的特点，成立小企业服务局。该局在落实上述大部分新政策与新计划的同时，还将向工业领域提供更多现有业务的援助服务；成立纽约市经济发展公司，该公司与小企业服务局联合，共同协调广泛的用户服务、激励政策和房地产计划，同时提供更多的支持，方便工业企业区内工业空间和硬环境的开发。纽约市城市规划局继续为工业部门用地进行高效而实际的规划，同时引领面向工业企业的特殊规划。

与纽约和伦敦不同，东京在大力发展第三产业的同时，仍然是日本工业最发达的城市之一。随着金融、批发零售等第三产业在区部繁荣发展，工业集聚地带逐渐向市部迁移，大大降低了土地成本和劳动力成本，凭借产学研互动的发展模式以及一批创新能力突出、市场适应能力强的中小型企业，市部的工业发展取得巨大成效。因此，虽然工业在国民经济的比重有所下降，但是仍稳居第二梯队。东京都工业发展的主要经验是：在恰当的时机进行产业转移，通过建设工业园区等模式促使迁入地区形成产业集聚，并通过产学研互动推动企业创新、提高技术水平，进而增强地区竞争力。在具体政策方面，"工厂三法"的出台起到了重要的推动作用。工厂三法即工厂等限制法、工业再配置促进法和工厂立地法。工厂等限制法是指《关于首都圈既成市内街道工业限制的法律》(1959 年制定、2002 年废止)和《关于近畿地区既成都市区域工厂等限制的法律》(1964 年制定、2002 年废止)的总称。主要内容是在都市区设置限制区域，区域内原则上限制新建，扩建 1000 平方米以上的工厂、大学。《工业再配置促进法》(1972 年制定、2006 年废止)的主要内容是：向从工业集聚度较高的地区向外围地区转移或新建工厂的企业主发放补助金等辅助措施。《工厂立地法》(1973 年制定)主要适用于占地面积 9000 平方米以上或建筑面积合计 3000 平方米以上的中、大规模工厂。规定上述特定工厂在扩建或新建时，合理限制其生产设施的面积，必须确保一定规模的绿地及环境设施。

本书从科学研究的角度，对于掌握北京市工业各行业的基本特性(行业自身的非空间属性)、空间布局特征以及产业之间的分工协作关系都具有重大的意义。从组织实施的角度看，该研究对于指导工业行业的政府审批、项目选址、行业配套、园区建设等都有一定的意义。同时，对于《北京市城市总体规划》的实施也具有一定的参考价值。

从加速北京市工业结构的升级、工业行业空间配置的优化，提高北京市工业经济的投入产出效益，增强北京市环境质量以及提高土地利用总体效率等诸多角度出发，认为北京市工业发展的战略导向可以表现为如下几个方面：

一、加强产业向外围地区的快速转移

（一）总体方略

1．继续加速高耗能、高污染部门向外围区县转移。

从前述研究发现，北京市范围内仍然存在较大一部分高耗能、高污染性的行业部门，但一方面，高耗能、高污染类型的产业已经呈现出向周边地区转移的特征，因此，北京市产业发展有必要顺应市场调节和政府调控，不断提高政策绩效；另一方面，北京市周边地区该类型产业发展初具规模，并正在准备结构升级，因此具有一定的产业承接能力，有能力承接北京市转移的产业。具体原因如下：

首先，这类环境破坏型产业在北京市及其周边地区呈现出比较典型的“反核心—外围”式空间结构，即在北京市城八区和周边区县该类产业比重相对较大，并且部分该类产业在北京市的优势不如外围区县。例如，北京市的造纸及纸制品业主要分布在石景山和东城区，也是造纸业集中度最高的两个区，区位熵值分别为6.4和3.4（见表4-29）。另外，造纸及纸制品业属于环境破坏型的资本型轻工业，属于高污染的部门，从北京市环境发展，宜居环境建设以及产业内部配套等诸多方面出发，北京市建成区范围内也存在实现产业转移的内在需求，因此，就某些造纸和纸制品生产工艺和环节，有必要向外围地区转移。另外，造纸业分为造纸和纸制品生产两个层面，目前，中心城区乃至郊区重点发展的是纸制品制造业，因此，需要在更高的层面加强纸制品制造业的空间调整，更多地实现区域层面的均衡，以应对北京市整体的产业结构，尤其是服务业内部结构的空间调整需求。

表 7-1　北京市 1995—2005 年破坏型制造业就业人数增长率(%)

行业	规模增长率 1995-2005	分类 1	分类 2	分类 3
造纸及纸制品业	-1.91	轻	劳	破坏
印刷业和记录媒介的复制	-0.51	重	劳	破坏
石油加工、炼焦及核燃料加工业	-10.91	重	资-技	破坏
化学原料及化学制品制造业	-5	重	资-技	破坏
化学纤维制造业	-22.4	重	资-技	破坏
橡胶制品业	-2.9	重	资	破坏
塑料制品业	-0.48	重	资	破坏
黑色金属冶炼及压延加工业	-9.4	重	资-技	破坏
有色金属冶炼及压延加工业	-2.23	重	资-技	破坏

其次,这类产业已经呈现出由市区向外围区县转移的特征。一方面,高耗能、高污染的产业带来的成本大,特别是在北京市区,基于级差地租理论指导,外围区县在这方面具有一定的比较优势;另一方面,北京市对高耗能、高污染的部门限制严格,因此大部分该类行业在北京市区发展面临很大阻力,与外围区县的同行业相比困难重重,存在较大的政策性限制。因此,近些年北京市部分高耗能、高污染的产业逐渐减产,其中有些企业停产或改革,或增加相应的环保处理设备,或者调整产品结构和工艺流程;而另一些企业向外围区县转移,实施企业的整体搬迁。据统计,北京市 1995—2005 年间,环境破坏型制造业的就业人数呈现出快速下降的态势,尤其是基础化学工业(见表 7-1)。如化学纤维制造业、石油加工、炼焦及核燃料加工业、黑色金属冶炼及压延加工业、化学原料及化学制品制造业的就业人数减少最为明显,分别以 22.4%、10.91%、9.4%、5%的速度减少,而橡胶制品业、有色金属冶炼及压延加工业、造纸及纸制品业的就业人数减少速度相对较缓慢,分别为 2.9%、2.23%和 2.91%。这主要由于该类行业中,市区范围内主要以下游产品的生产与研发为主。

如根据资料统计显示，建成区范围内的橡胶产品制造业主要集中在研发和产品的试制领域，有色金属有一部分下游产品的生产以及相关产品的开发，建成区以外地区还存在大量的产品制造，作为汽车等机械产业的配套，以及满足北京市及其周边地区五金市场的需求。相对而言，造纸与纸制品的生产行业，建成区范围内主要集中了纸制品的生产，完全是下游产品，环境破坏程度较小。随着该产业郊区化的不断发展以及企业配套和生产能力的提高，纸制品的生产势必也将实现郊区化，进一步调整北京市和外围地区该行业的产品结构。

最后，政府逐渐加大了对该类产业实现空间转移的控制与监督力度。在市场推动的基础上，北京市政府相关部门，包括规划部门，纷纷出台了相关的政策，加大对产品类型、企业用地、环境质量、税收、工商管理等领域的调控力度，对该类产业的入驻进行总量控制和空间结构调整，促使其满足城市总体发展定位和经济职能调整的总体要求。

2. 有选择地发展部分技术含量较高的重工业行业。

第一，北京市部分高技术和高资本含量的高技术制造业仍然保持较快的增长速度，如钢铁机械和石化产业链中的专用设备制造业、交通运输设备制造业和金属制品业。高技术制造业在1995—2005年经历了负增长，2000年之后体现了高增长态势，如专用设备制造业、交通运输设备制造业和金属制品业在1995—2000年分别以2.46%、5.1%、和6.67%的速度下降，而在2000—2005年其增长速度分别提高到0.52%、0.11%和4.24%，后两个部门增长速度分别达到5.21%和10.91%。这表明北京市自身在实现产业转移和产业集聚的过程中，在市场的力量下逐渐通过政府调控加强了产品的结构升级，通过产品结构升级引导行业结构升级，并且在带动地区实现产业结构的调整，使该行业在环境效益最大化的基础上保持经济效益最大化。另外，北京市奔驰、现代等汽车品牌的引进，对地区产业结构的升级具有重大的意义，也是其调整产业结构的一种途径。即在市场发挥作用的过程中，政府通过调整招商结构，塑造北京市产业发展环境，以及相应的经济社会发展环境，通过要素竞争，迫使传统产业转移和新兴产业的集聚。这条基本路径可以概括为延续政府招商—新兴企业入驻—地价增长—传统产业转移。其中，在地价增长过程中，基于地区经济增长保持不变的前提，可以适当提高环保标准，以加速企业转移、工艺调整以及产品结构的升级等。北京市 1995 年至 2005 年高技术制造业就业人员总量增长率与结构变化率见表 7–2。

表 7–2　北京市 1995—2005 年高技术制造业就业人员总量增长率与结构变化率(%)

行业	规模增长率			结构变化率		
	1995—2000 年	2000—2005 年	1995—2005 年	1995—2000 年	2000—2005 年	1995—2005 年
金属制品业	-6.67	4.24	-1.49	-2.61	6.31	1.92
通用设备制造业	-4.89	-0.80	-3.12	-0.74	1.17	0.23
专用设备制造业	-2.46	0.52	-1.07	1.79	2.52	2.36
交通运输设备制造业	-5.10	0.11	-2.76	-0.96	2.10	0.61
通信设备、计算机及其他电子设备制造业	-0.99	2.70	0.92	3.33	4.74	4.41

第二，外围地区的重工业已经逐步培育起来，仪器仪表、通信设备制造业以及电子计算机设备制造业、电气机械及器材制造业等技术含量相对较低的重工业已经取得了较大的发展，有能力承接部分技术含量较高的重化工业。这些地区重工业的比较优势很明显，如广阳仪器仪表制造业为 17.0，大厂回族、广阳通信设备制造业分别为 20.6 和 16.1，霸州的其他电子计算机设备制造业为 18.5，大城的电气机械及器材制造业为 19.3。由此表明，北京市周边地区已经具备了实现标准化生产的产业及其配套产业的承接能力，并逐渐形成了专业化的基本态势。相对而言，尽管该类产业在郊区县以及京外区县的规模还比较小，但数据表明这些产业已经开始逐步集聚，并形成产业集群，完全有能力承接北京市部分产业的空间转移，并逐步形成研发—试制—生产的生产组织体系，加强空间布局的进一步优化调整。

（二）重点产业

由于目前北京市周边地区的产业规模相对较小，尽管在某些行业已经达到了一定的规模，并具有一定的专业化水平，但尚未形成完整的产业集群。因此要有重点地加强相关产业的转移。转移的基本方向主要集中在两个方面：一是周边地区专业化程度较高的行业，主要包括钢铁机械工业以及环境污染较强的资本密集型产业；二是要求产业转移适合周边地区的发展方向，并能够有效促进产业转入地区产业结构升级，确保北京市及周边地区环境质量符合可持续发展的要求，最终形成大北京的产业集聚区的区域发展概念。

1. 钢铁行业

主要包括钢压延加工业、黑色金属矿采选业、有色金属压延加工业和有色金属冶炼业。根据周边地区该类产业的专业化程度，以及北京市内该类产业的相关情况，具体的产业转移方向如下：钢压延加工业可以从北京市向兴隆（13.5）、大厂回族（11.5）和霸州（10.8）等区县转移，黑色金属矿采选业可以从北京市向易县（20.5）、密云（13.3）和兴隆（10.2）等区县转移，有色金属压延加工业可以从北京市向涿州（31.4）等区县转移，有色金属冶炼业可以从北京市向香河（34.2）等区县转移。

2. 机械行业

机械行业主要包括农林牧渔专用机械制造业、汽车零部件及配件制造业和文化、办公用机械制造业等行业。根据周边地区该类产业的专业化程度，以及北京市内该类产业的相关情况，具体的产业转移方向如下：农林牧渔专用机械制造业可以从北京市向大厂回族（55.7）、固安（20.4）和逐鹿（15.5）等县区转移，汽车零部件及配件制造业可以从北京市向安次（22.2）、涿州（16.7）等区县转移，文化、办公用机械制造业可以从北京市向香河（49.7）等区县转移。

3. 其他工业

其他工业主要有肥料制造业、造纸及纸制品业等。根据周边地区该类产业的专业化程度，以及北京市内该类产业的相关情况，具体的产业转移方向如下：肥料制造业可以从北京市向平谷（18.5）、兴隆（18.5）和涿鹿（9.6）等区县转移，造纸和纸制品产业，尤其是纸制品产业可以向香河（11.5）以及与其他地区均质化转移。

二、确定需要实施集聚发展的重点行业

（一）总体方略

1. 以实施园区化作为某些产业空间发展战略的核心。

产业园区（开发区）是一种由政府为实现工业发展目标而创立的有地理界限的特殊环境。由政府主导，给予用地、税收、金融、财政、海关、外经贸、人才等优惠政策。这往往会形成一种快速吸引外资或建立地区龙头产业的政策工具，在区域发展的过程中，建立开发区的做法被广泛采用。北京市已经形成了诸多的工业园区/高技术开发区，成为支撑北京重点和战略性产业发展的重要空间载体。例如，2007 年北京市已有开发区达到 19 个，其中国家级 3 个，市级 16 个，区域规划总面积 326.67 平方公里，实际投资 110.4 亿人民币（见表 7-3）。因此，无论从实力还是空间承载力上说，北京市工业园区/高技术开发区在促进产业发展战略中扮演了重要的角色。

表 7-3　2007 年北京市开发区基本情况

项　　目	合　计	国家级	市　级
开发区个数（个）	19	3	16
区规划总面积（平方公里）	326.67	248.11	78.56
累计实际征用土地面积（平方公里）	139.41	91.52	47.89
累计土地开发施工面积（平方公里）	115.28	75.61	39.67
累计土地开发完工面积（平方公里）	107.38	69.18	38.20
签订合同土地面积（平方公里）	58.17	27.84	30.33
# 三资企业（平方公里）	14.33	7.85	6.48
累计招商项目企业个数（个）	30942	24767	6175
累计招商项目总投资（亿元）	6403.7	5088.7	1315.0
累计招商项目注册资本（亿元）	4958.4	4202.3	756.1
# 三资企业（亿元）	1533.9	1257.1	276.8
外资金额（亿美元）	166.4	135.2	31.2
累计招商项目外商			
实际投资（亿美元）	110.4	84.0	26.4

产业园区的产业形态与内源型和外源型的产业集聚有很大不同。内源型的产业集聚带有很大的偶然性，某一地区能否发展成为一定规模的产业群落有很多因素，即使具备了所需要的生产要素和条件，其发展历程也一般比较曲折和漫长，面临着高端工业和现代服务业的快速植入与孵化创新，传统产业的技术升级与设备改造等多重问题。另外，创新型企业的快速成长也面临管理模式和创新机制的调整等较为尖锐的问题。但政府主导的园区，能很快建立产业集聚，且具有规范作用。由于园区由政府主导，由相关政府部门规划管理，在资金、政策、人才、信息等方面都具有较大的优势，也较容易整合地区资源。另外政府是站在地区发展的战略高度来建设园区，这有助于优化整个地区的产业结构，并对区域经济发展起到战略性带动作用，政府的参与能够减少集群内企业发展中的一些盲目性。具体来说，产业园区的优势和特点主要体现在：

第一，产业园区一般强调土地、水、电力、能源等生产要素的集约利用程度，使区内的单位面积土地利用效率、万元产值耗水和电力能源达到最大效率，同时亦可以统一综合处理污水等“三废”问题，降低治理成本，促进对环境的保护。以北京经济技术开发区为例，工业用地容积率从0.6—1.2提高到0.8—1.5以上，可建设用地的建筑密度从45%提高到55%。苏州工业园区亦积极探索“清淤、治水、取土、扩地”相结合的土地综合开发利用新模式，并注重生态环境保护，确立“绿色招商”理念，坚持环保部门“一票否决”制，从源头控制污染项目的进入。

第二，产业园区具有高效的管理模式。以北京经济技术开发区为例，它用跨国公司的视角来审视政府行为，用小政府来营造大市场环境，率先推行市政基础设施的社会融资，打破垄断，弱化传统的政府行为，精减机构，简化办事程序，设立招投标中心、政府项目评审中心、采购中心、结算中心，实现统一财务监管，避免政府经济行为暗箱操作，推进体制创新。现在企业进入开发区的平均周期由一个月缩减到10个工作日，最快可以5个工作日领到批准证书，7个工作日领到营业执照，在审批制度改革方面，取消了所有行政性收费项目，只保留14项资源性收费项目。苏州工业园区在物流通关方面亦建有全国现代物流试点地区、首家电子报关区，拥有十分完善的物流配送体系，入区的企业可以享受与国际接轨的海关、物流服务。

第三，产业园区具有城市化经营模式。虽然是工业园区，但大部分园区走的是城市化规划思路，如将公共区放在园区中部，住宅和工业区放在两侧，在道路建设上借鉴国外的400米×400米的网络式设计，以国际化宜工作、宜居住城市的标准来塑造。

第四，集群内的创新优势比内源型和外源型集聚强，由于园区的产业大部分以高新产业为主，高学历及高技术人员比例高，研发及创新气氛浓厚，园区一般设有企业孵化器，鼓励高科技产业的创业，并举行各种讨论会、讲座等正式和非正式的活动，有效扩散知识和技术，更有利于创新。

虽然目前北京市产业园区化发展模式已经初步建立起来，并具有重大的经济、社会和环境价值，但仍然存在诸多方面的问题，其发展并非处于理论上的良性发展态势，专业化程度不高、招商方向多元化、土地利用效率不高是其核心问题所在。例如，一些园区虽然制定了自身发展规划，但园区规划与当地国民经济和社会发展规划、城市建设总体规划、土地利用规划以及产业布局规划的衔接还不是很紧密，致使园区建设与城市发展不统一、不协调；不少园区规划缺乏前瞻意识，只注重即期开发，忽视远期建设，只注重企业数量，忽视产业关联。这不仅影响园区后续开发潜力，也使园区难以提升产业层次，专业化程度也无法提高，循环经济发展模式难以建立；另外，北京工业园区的土地面积大，但利用效率不高。如2007年规划土地面积为326.67平方公里，而实际施工面积只有115.28平方公里，且容积率也大多偏低，一般只有0.5—0.6。与此同时，随着园区招商规模的不断扩大，无序竞争逐渐成为困扰各类工业园区健康发展的突出问题。如为了招商引资，各园区之间拼政策、拼地价、拼资源、拼资本等恶性竞争频频发生，导致园区自身优势没有完全表现出来，在很大程度上仅仅承担着工业集聚区的任务。

因此，针对北京市当前园区发展的现状，以及产业转移与集聚规模的不断扩大、规律的不断呈现，如何把握好园区发展的方向，促进并协调产业集聚，使之能够顺应产业空间调整的基本规律，有效分解建成区范围内的工业生产压力，逐渐成为园区战略导向的一个核心部分。通过总结国际上工业园区的发展规律，将其分解为如下几点：

一是加强生活性与生产性基础设施的补充性建设，强化服务水平。如服务项目可以延伸至企划、投资服务、行政、工商服务、工程建设、地政管理、信息网络、公共福利、学校教育、医疗保险、仓储服务、环保、消防救灾和安全防护等诸多领域。强化区内税务、银行、邮局等服务单位的设置，从企业入驻到产品出区，实施一条龙式服务。该服务内容的目的是促使产业转移在区域范围内公平化、优先化，使市场机制在调节产业空间布局方面发挥更大的作用。

二是制定相关的规范，重在加强审查和监控。在充分考虑北京市产业发展现状以及经济发展阶段不断升级、环境保护要求逐渐提高等因素，通过制度性约束和组织管理，使之真正体现园区发展要求。这包括如下几个方面：第一，强化"两大、两高、两低"的基本原则，即大力引进市场潜力大、产业产联效果大、高技术、高附加值以及低污染、低能源密度的企业。通过园区提高地区产业经济效益，引导地区产业结构不断升级，在产业结构升级过程中，有效促进产业在地区间的转移，实施集群式发展模式，走循环经济发展的基本模式。第二，必须有一定的投资强度。一方面，投资强度可以按照企业的规模（遵循优先发展创业型中小企业的基本原则）、产业的技术含量与市场潜力以及单一产业或企业在创建产业集群，即打造高效产业链中的具体价值，制定详细的投资强度指数，并实施滚动式管理与调整；另一方面，要求制订指向投资强度管理的、具有一定法规性质的制度体系，重点是加强审查和监控，使项目引进完全符合投资指引的文件精神；投资计划实施后，凡未按经营计划经营，或未经核准延期者，撤销其投资项目并迁出园区。第三，必须符合产业规划。这一方面要求产业规划符合北京及周边地区产业发展的规律，使具有集聚需求的产业尽快采取园区的发展模式，以提高投入产出效益；另一方面要求规划符合国际产业，尤其是园区产业发展基本规律的产业，制订较为细致的产业专项规划，尤其是突出技术要素在产业体系中的主导地位，通过技术构成、工艺流程等限制条件，制定园区范围内鼓励发展、优先发展、限制发展和禁止发展的产业类型，并针对不同的产业类型制定相关的优惠政策。

三是采取企业工业园区，允许一个企业或企业集团垄断整个园区，如美国的底特律汽车城，其园区组织模式为企业镇（company town），核心企业控制和管理整个园区，包括招商引资和工艺流程的空间安排，以及整个园区的形象与品牌塑造等；另一方面，在引进企业的选择上，园区的引进标准应依据产业链，目标是形成完整的生产体系，由园区选择企业，而不是企业选择园区。

四是高新科技产业，由于其高新因素，在中国内地除了个别科研水平较高的城市外，地方的公共资源未必能与之适应，且对人才、技术、知识等要求较高，因此，高新科技园区需要科研教育机构的支持。在考虑建立高新科技园区时，需要考虑设在科研教育机构集中的大城市附近，原因是国际上成功的高新科技园区均位于重要科研教育的城市附近，如硅谷附近有斯坦福大学、国家级研究院和大企业的科研基地；英国牛津大学和剑桥大学、美国波士顿附近等国际级大学集中地亦成功地发展出高新科技的产业集聚。此外，高新科技园区的引进政策，可在引进生产企业的同时，引进科研为主的企业和机构，把园区的产业链延伸至科研环节。

2. 加强特定行业向片区集中，优化产业的创新环境。

所谓片区，是指产业相对集中的某一地域。该地域范围内，也许尚未形成完整的产业链，也许尚未采取产业集群的组织方式，但已经形成了片区范围内的主导产业，专业化程度相对较高，是除了园区之外专业化程度最高的地区之一。因此，该区域范围内也需要创建一定的产业发展环境。所谓的区域产业发展环境，主要包含制度、技术、文化和管理等要素，具体包括基地设施、劳动力、技术、资本、制度环境、政府政策环境、人才政策、市场环境、社会文化环境以及非政府组织参与等因素。所谓的产业创新环境是指上述要素能够引导产品、产业组织方式等发生重大变革，强调域内创新主体的集体效率(Collective Efficiency)和创新行为的协同作用，存在形式主要为产业集群，并认为产业集聚可使群内企业共享单个企业无法实现的大规模生产、辅助产业的专业化服务、专业化机构创造以及企业组织创新等。因此，片区的发展，首要的任务在于形成以政府为主导，以核心企业的扩展性管理为重要载体，加速各种创新要素的集聚，提高片区综合服务能力，改善地区产业发展环境，并在此基础上，着重创新要素的积累，突出激励机制与体制的构建，侧重与周边地区的分工与协作，形成分工明确、协作密切的产业创新片区。

目前，根据基于距离以及分布频率的产业集聚研究结果表明，北京市某些产业已经出现了片区化的发展模式，正在向产业集群过渡。因此，需要通过创新环境的塑造，以产业集群的概念发展产业片区。这主要体现在加强政府管理的创新，主要包括在基础设施的建设、自然环境的营造、人力资本所需的生活和工作环境的提供以及政策的颁布等。根据国际发展经验，所谓的政府管理创新主要体现在如下几个方面：

第一，创建企业，特别是中小企业之间正式与非正式交流、沟通和接触的平台，包括培训中心、技术转移中心等；第二，构建一系列或主要的非正式的社交关系的复杂网络，树立产业发展片区的外在形象，并通过各种宣传方式加强对外宣传，打造片区文化，强化内部表征和归属感，并通过集体式的学习过程（collective learning），提升当地创新能力；第三，通过政府出资，采取各种合资、合作、协作等形式，成立联合开发式企业和研究机构，通过政府的力量，形成企业之间合作式 R&D 协议，另外，通过国有控股企业，构建分包、生产分工和供给者网络，形成产业发展网络，并逐渐引导由政府控制向大型企业控制过度，加速市场化进程，增强企业发展动力，推进技术外溢；第四，通过政府资助，加强项目的联合研究。

（二）重点产业

是否采取园区发展模式需要一个相对科学的判定标准，根据集聚度判别指数以及空间布局特点，将其划分为适合采取园区发展模式的产业、适合采取局部地区集聚发展模式的产业以及适合采取片区发展模式的产业。由于当前缺乏固定的标准，所以该类产业的划定是基于定性和定量分析相结合的结果。

1. 片区发展模式

采取片区发展模式的产业包括：家具制造业、其他食品加工和食品制造业、塑料制品业、其他非金属矿物制品制造业、木材加工及木竹藤棕草制品业以及玩具体育娱乐用品制造业等。通过单行业的空间组织模式研究，认为采取片区模式发展的产业往往组织较为松散，多数为轻型工业，工艺过程相对简单，且各个工艺之间一般不是紧密联系的，从原料到成品一般都是相对孤立的，但各种中间产品与最终产品之间又是密切联系的，需要大规模流通的，且一般需要共同的市场，因此，这些产业采取了一种类似集群而非集群的发展模式。

2. 园区发展模式

采取园区发展模式的产业包括：金属制品业黑色与有色金属冶炼、压延与制成品制造业，医药制造业，橡胶制造业，棉、化纤纺织及印染精加工业，毛纺织和染整精加工业和涂料颜料油墨及类似产品制造业，纺织制成品制造业，石油加工业以及合成材料制造业、日用化学产品制造业和皮革毛皮羽毛(绒)及其制品业等。与适合采取片区发展模式的产业相比，这类产业相对而言在工艺上存在较为密切的联系，或者需要相似的发展环境。如石化工业，一般采取循环经济发展模式，单体企业一般都具有上下游产品的生产能力，附属的中小企业，一般为配套性产业，如石化生产过程的添加剂生产企业，基础化学原料的深加工，即精细化工企业等；黑色与有色金属冶炼以及金属制成品制造业之间存在工艺上的一致性，与之相配套的中小企业，往往是非金属矿物制品制造业企业、末端成品制造、研发、运输企业等，往往与大型企业下游产品的深加工有关。

三、实现都市圈内较准确的产业空间定位

(一) 总体方略

1. 保证城区范围内配置一定规模的劳动密集型产业。

分析发现，北京市城八区内的劳动密集型产业仍占有较大的规模，并在一定程度上保持持续的增长，如印刷业和记录媒介的复制业，纺织服装、鞋、帽制造业，日用化学产品制造业等具有较好的发展形势，这些劳动密集型产业为北京市提供了大量的工作岗位，尤其是为那些低文化程度的濒临失业人员。如 2004 年北京市上述三个产业的就业人数(分别为 4.12%、2.48%和 5.63%)占全北京市制造业就业人数的 12.23%(见表 7-4)。因此，保证北京市城八区内继续发展具备一定竞争力，且具有良好前景的产业是稳定北京市治安的措施之一。针对北京市目前该类产业发展的基本情况，在下一步发展过程中需要坚持如下两个原则：

一是坚持环境优先原则。在这些劳动密集型产业中，印刷业和记录媒介的复制业、日用化学产品制造业等属于环境破坏型产业，而纺织服装、鞋、帽制造业以及仪器仪表制造业等属于环境友好型产业。因此，要求构建行业发展的环境标准，以此为约束条件，在坚持环境可持续发展的基础上，通过市场化竞争，在保持总量平衡的前提下实现内部产业结构的调整。

二是加强劳动技术型产业的升级改造。按照产业划分的基本标准，医药制造业、橡胶制品业、通用设备制造业、专用设备制造业以及

电气机械与器材制造业属于劳动技术型产业，根据北京市城区生产企业的产品类型，部分医药制造业、通过设备和专用设备制造业以及电气机械与器材制造业属于环境友好型产业，尤其是钢铁机械下游产品的深加工，对大气、水、土地的影响相对较小，且某些行业部门已经完全实现了标准化生产，由资本密集型以及技术密集型产业逐渐转化为劳动密集型和劳动技术密集型产业，有必要利用城区范围内大量技术工人的就业需求，在环境标准的约束下实现较大规模的集聚。

表 7–4 2004 年北京市制造业年均就业人数及各行业就业人数所占比重

行业	全部从业人员年均人数	占全部劳动人数的比重(%)
煤炭开采和洗选业	19242	3.37
黑色金属矿采选业	2975	0.52
农副食品加工业	14423	2.52
食品制造业	16662	2.91
饮料制造业	17031	2.98
烟草制造业	820	0.14
纺织业	20981	3.67
服装、鞋、帽制造业	23529	4.12
木材加工及竹、藤、棕、草制品业	358	0.06
家具制造业	3917	0.69
造纸及纸制品业	3478	0.61
印刷业和记录媒介的复制	14179	2.48
文教体育用品制造业	2554	0.45
石油加工、炼焦及核燃料加工业	10416	1.82
化学原料及化学制品制造业	32163	5.63
医药制造业	18286	3.20
橡胶制品业	2769	0.48
塑料制品业	5135	0.90
非金属矿物制品业	32961	5.77

续表

行业	全部从业人员年均人数	占全部劳动人数的比重(%)
黑色金属冶炼及压延加工业	71442	12.50
有色金属冶炼及压延加工业	1725	0.30
金属制品业	9252	1.62
通用设备制造业	22469	3.93
专用设备制造业	29505	5.16
交通运输设备制造业	70621	12.36
电气机械及器材制造业	17652	3.09
通信设备、计算机及其他电子设备制造业	55282	9.67
仪器仪表及文化、办公用机械制造业	9338	1.63
总 计	571598	100.00

2. 加速城区发内技术密集型产业向郊区的区县转移。

就目前而言,北京市技术密集新产业主要集中在城八区,尤其是朝阳区、崇文区、西城区和东城区的高技术制造业密集。但通过北京及周边地区产业分工与协作的研究结果,认为其向上关联的产业已经开始实现郊区化,尤其是近郊区已经成为高技术制造业发展的核心载体。如仪器仪表、文化、办公用机械制造业、通信设备制造业、其他电子计算机设备制造业、其他电气机械及器材制造业等产值高、技术含量相对较低的重工业主要分布在京外地区,所占比重超过80%;只有医药制造业和电子元器件制造业等主要分布在城八区范围内。对此,北京大都市圈要做出如下的调整:

一是在郊区区县大力培育上述产业的产业集群,采取片区发展模式(优先)以及园区发展模式,通过地区产业创新环境的塑造,逐步形成相对完整的产业链,带动地区产业结构的不断升级,为城八区高技术制造业的集聚腾出更多的用地空间。

二是形成有层级的发展空间。根据周边地区上述产业发展情况,要求率先建立大兴区和门头沟区金属制品承接基地,使之成为城八区产业转移的一级跳板,逐渐将实现标准化生产的、对优化城区生态环境造成负面影响的工艺部门向外外移；其次是在廊坊市的广阳区、固安区构建金属制品集聚区，结合廊坊市相关产业的发展，形成产业链，壮大地区同类产业的发展规模。

（二）重点产业

根据产业的基本性质，在考虑产业门类、大类、中类划分的基础上，将产业划分为鼓励城区发展的产业和鼓励郊区发展的产业两大类型。其中，在城区鼓励发展的产业，也可以被称为“都市型产业”，是指以大都市独特的信息流、人才流、物流以及资金流等社会资源为依托，以产品设计、研究开发、营销管理、技术服务和生产制造为主体，能够在市中心区域内生存和发展的，并与城市功能和生态环境相协调的，具有生产占用空间小、无污染、低能耗、市场反应迅速、就业容量大、产品附加值高、产业发展适应性强等特点的工业门类（张永庆等，2005）。在北京市城区发展“都市型产业”，不仅适应产业发展，而且进一步改善了北京市生态环境。具体来说，北京市应该积极拓展都市型工业发展的新路子，培育特色经济与优势产业。例如：过去十年上海市在都市型产业战略发展上取得了成功，以电子产品加工、服装服饰及印刷业等为代表的现代都市型工业构筑起了上海经济的立体框架，都市型工业已成为上海建设工业新高地的一个新亮点，现已集聚工业企业6000多家，年产值逾1000亿元，从业人员占全市工业总人数的1/4，工业总产值占1/8，年均增幅达到10%以上，新增就业人员20—30万人（宋丽琛、孙云新，2002）。

1. 鼓励城区发展的产业：

主要包括印刷业和记录媒介的复制业，纺织服装、鞋、帽制造业，日用化学产品制造业，玩具体育娱乐用品制造业，专用化学产品制造业，金属制品业，其他食品加工和食品制造业，纺织制成品制造业，医药制造业以及针织品、编织品及其制品制造业。

2. 鼓励郊区发展的产业：

主要包括酒精及饮料酒制造业，石油加工业，基础化学原料制造业，家具制造业，皮革毛皮羽毛（绒）及其制品业，其他非金属矿物制品制造业，橡胶制品业，塑料制品业，合成材料制造业，毛纺织和染整精加工业，饲料加工业和涂料颜料油墨及类似产品制造业。

四、在全市范围内确立新的经济增长极

（一）总体方略

根据《2005—2020年北京11新城规划》，在充分考虑不同地区规划定位的基础上，重点加强亦庄、通州、顺义、昌平、大兴、房山、怀柔、门头沟、密云、平谷和延庆11个新城的培育。根据制造业的研究成果，参考第三产业发展现状，认为北京市未来需要作出如下几个方面的调整：

1. 积极培育大兴区，重点强化工业职能，使之成为盘活北京大都市区南部优势资源的重要节点。

通过大兴区的发展，整合北京大都圈南部地区制造业，尤其是金属制品业的产业优势，形成顺义—通州—大兴发展轴线，强化一轴两带的经济格局。另外，通过大兴区的发展，带动北京市城南地区的发展，便利城南地区传统产业的转移以及新兴产业的集聚，平衡北京市，尤其是交通和房地产发展的矛盾。

2. 加速昌平区和通州区（包括亦庄）产业结构的升级，使之成为北京市高技术企业密集区。

利用昌平区和通州区高技术企业的数量优势和生产优势，大力发展高技术产业，加速传统产业的地区转移，使传统产业更多地承担构建产业链的基本职能，促使昌平区和通州区尽快与城八区实现产业一体化。

3. 加强房山区、门头沟区高技术产业的积极培育，尤其是具有原创性技术自主权产业的集聚。

房山区和门头沟区对于北京市生态安全具有重要的意义，因此，一方面要加速传统产业的转移，并通过高技术产业的引进，加速传统产业的升级，另一方面，要依托生态环境优势，通过交通、房地产、旅游等产业的发展，强化基础设施建设，使之逐渐成为科技区、文化区、旅游区，带动大兴区、石景山区科教文化等产业的发展，减轻北京市北部和东部地区发展的压力。

4. 加强顺义的发展，使之成为带动怀柔、密云与平谷的关键节点和京城东北方向发展启动器。

顺义现代汽车城的建设逐渐成为带动北京市产业结构升级，并

由钢铁机械工业向汽车工业转型的新兴增长极；另外，空港经济、临空产业的发展，将为顺义区的发展注入新的活力。从地理位置看，顺义区具有明显的区位优势，成为北京市向怀柔区、密云县和平谷县实现产业转移的一级跳板，具有集聚现代高技术制造业的先天优势。因此，加强顺义的发展，壮大中心城规模将有利于进一步优化京城北部经济发展格局。

（二）新增长极

北京市新的增长极主要体现在两个方面：一是能够有效连接两大组团，填充发展空白，或者起到聚集周边地区松散企业作用的新型产业集聚区；二是有利于形成产业发展轴线，打造产业发展轴线，便于实现区域发展一体化，促进城乡统筹发展。经企业布局的基本格局分析，认为北京市市域范围内有必要再培育 3—4 个增长极。

一是大兴可以再开发建设 1—2 个组团，形成房山、大兴和通州产业发展连绵带，加速产业的集聚，形成北京南部经济发展轴线，加速区域一体化建设。另外，通州区牛堡屯镇和马驹桥镇，位于京津高速之间区域，交通区位优势明显，将成为连接京津的通道之一，是区域性关联密切的制造业发展的风水宝地。

二是昌平区—顺义区之间的高丽营镇，位居京承高速公路和北京市六环交接地带，具有明显的交通优势，也是北京市建成区与怀柔区连接的通道，经济区位优势明显。

三是连接顺义区和平谷县的杨镇、北杨家桥乡，目前产业分布较为松散，但周边地区聚集了大量的制造业企业。加强对这两个节点的培育，将有利于强化顺义和平谷县的联系，有利于集中相对分散的中小企业，使之与北务镇、大孙各庄镇形成连绵发展的经济一体化区域。

第八章

北京大都市区产业空间配置措施保障

一、通过各种形式促进北京与周边地区产业的分工与协作

（一）制定北京与周边地区产业发展规划

第一，合理制订产业发展规划，实现规划体系的内部协调。产业规划是我国规划编制体系中的一项专项规划，它不仅要考虑产业的自身发展，还应当和其他规划相协调。如果北京及周边地区的产业规划与区域总体宏观调控目标不一致，既无法为产业营造良好的发展环境，还会影响到其他规划的落实，不利于北京的全面发展。因此，在制定北京和周边地区的产业规划时，一方面，要与总体规划相协调，确保产业选择和项目投资对社会经济总体发展的推动作用，同时最大程度地创造宽松氛围，减小发展阻力。另一方面，要与其他专项规划，尤其是城市规划相协调，这实质上是产业布局与城市功能的协调（达婷、刘博敏、胡汉辉，2004）。产业规划是为了提高产业竞争力，侧重于产业的发展规划和空间布局；城市规划则致力于改善城市的人居环境，侧重城市功能布局。虽然二者的实施对象不同，但都以促进社会经济的持续、健康发展为目标。产业规划部门应与城市规划部门协调产业在城市中的空间布局，充分利用城市的基础设施建设及其他配套设施，并尊重城市的规模扩展和方向延伸，服从城市规

划中环境保护等各方面的指标要求，进而实现产业布局和城市功能相互促进，共同发展。

第二，增强产业发展规划的可依据性，提高规划落实力度。在我国目前的宪政结构下，综合性中长期规划需要经过全国人民代表大会表决通过，并对中央各部门、地方各级政府具有直接的指导作用。但地方产业规划往往流于形式，许多政策朝令夕改，产业发展并未按照规划进行。针对这一问题，北京和周边地区制定产业规划时，应当从以下两方面着手解决：首先，产业规划必须遵循产业发展规律，在注重宏观把握之外，更应当加强其针对性和指导性，由专业人士制定，广泛征求专家意见，并由第三方机构进行评估。其次，在规划出台后，政府应当赋予其必要的指导效力，严格按照规划办事，当认为规划不再适宜现实发展时，也要依照制定程序对规划进行调整，不能任意决定，使规划沦为一纸空文。

第三，明确当前北京与周边地区的发展差距，找到合理的产业分工与协作的切入点。北京地区与"长三角"与"珠三角"地区相比，产业链链条较短，在这一地区长期以来因国有企业占主导位置，产业自然是"大而全"，加之政府自觉不自觉的"大而全"行为，造成区域内产业链的残缺；另一方面，由于北京各种产业发展快，产业定位高，但周边地区却很低，导致产业的传递梯度落差大。因此，北京要依据自身比较优势，并且明确与周边地区的发展差距，有所为有所不为，实现产业的合理区域分工与协作。因此，产业规划要求突出构筑合作对接的平台，破除体制、机制约束，推进产业对接、市场对接，积极引导和支持区域内行业及企业间的全方位合作，在加强联合中求发展。

第四，妥善安排产业分工与协作的时序，以及重点的合作方向和合作方式。一方面，区域竞争激烈之际，产业发展的有效性至关重要，北京和周边地区的产业发展需要抓紧时间，注重机会的把握，因此，制定产业分工与协作时序表，不仅能够提高产业合作效率，而且市政府和县区地方政府可以具体把握落实项目；另一方面，北京和周边地区产业合作方向和合作方式要明确规定，杜绝地方间的产业合作经常会出现路线模糊、合作不规范等问题严重阻碍地区产业的升级，影响地区间的合作。

（二）加强北京周边地区的制度创新建设

第一，加速培育新型工业园区，采取循环经济发展模式，提高产业吸引能力。北京周边地区在加速园区发展的同时，应该将循环经济的基因完全植入其中，如在新城的规划建设中，要把园区建设提升为生态园区的建设，通过在生态学、生态经济学、工业生态学和系统工程理论的指导下，正确设计园区内的物流和能源，模拟自然生态系统，将在一定地理区域内的不同类型产业，按照物质循环、生物和产业共生原理组织起来，构成一个具备完整生命周期的产业链和产业网。通过信息技术、水重复利用技术、能源综合利用技术、回收和综合利用技术、重复利用和替代技术、环境监测技术和网络运输等技术，运用生态管理模式，将园区内一个工厂或企业产生的副产品（或废物）作为另一个工厂的投入（或原料），通过清洁生产、废物交换和循环利用等手段，最大限度地减少废物排放（段宁、孙宁、魏晓琳，2002），降低对生态环境的负面影响，同时构建多产业综合发展的产业集团。

第二，倡导绿色制造，实现制造产业的可持续发展。绿色制造是综合考虑环境影响和资源利用率的现代制造模式，其方式是借助各种先进技术手段对制造模式、制造资源、制造工艺、制造组织等进行不断创新；其目标是使产品从设计、制造、包装、运输、使用到报废处理的整个产品生命周期中，对环境的负面影响较小，以实现企业经济效益和社会效益的协调优化。出于经济效益和资源稀缺性的综合考虑，北京和周边地区应当实施绿色制造，要求企业尽快掌握成熟、先进的绿色制造工业，比如末端治理技术等，以提高产业的可持续发展能力。实施绿色制造最根本的是树立绿色理念：首先，应进行生态化设计，减少产品制造的能耗和废料；其次，应开发新型绿色装备，即新型资源综合利用和环境、生态治理装备，比如高效能源转换技术装备、可再生能源利用技术装备等；第三，采用清洁生产技术，采用清洁的能源和节能工艺，通过精密成型、无毒低毒工艺材料，低振动、低噪声和低辐射等工艺设备生产出绿色产品。

第三，加速劳动力市场的共享，实现劳动力自由流动，构建统一的人力资源大市场。在北京和周边地区，规范统一的劳动力市场是为产业发展提供充足劳动力、加大人才聚集、高效整合人力资本的必要条件。首先，建立高效的就业促进体系。采用常住人口的概念，将外来务工人员和大学毕业生纳入就业失业统计体系，建立统一的劳动合同制度、用工管理制度等，消除对外来务工人员的政策歧视，将其纳入小额担保贷款、就业援助、职业培训和技能鉴定等就业政策范围；对自主创业人员，要扩大小额贷款的额度和范围，适当放宽资产担保的条件，并在创业场地和创业服务、税收和行政收费方面给予优惠，促进创业。其次，健全社会保障体系，特别是构建城乡一体化的社会保障体系。北京和周边地区应尽快出台保障外来务工人员社会保险和城镇社会保险制度有效衔接的社会保险制度，将外来务工人员，特别是农民工纳入社会保障体系，建立统一的包含养老、医疗、失业、生育、工伤等内容的基本社会保险框架，构建城乡统筹的最低生活保障制度。另外，为充分实现各种专业人才的价值，还应当健全人才服务标准化工作管理体系和机制，在人力资源服务机构中实现各类专业市场的横向统一、北京市与周边地区的纵向统一，并建立公共人力资源信息共享平台，通过完善人力资源供求信息和专业人才数据库，打造外向型市场，促进人力资源的自由流动。

第四，加速发展中介组织，规范中介行为，提高区域服务能力。发达的中介组织可以加快信息交流和成果转让，北京和周边地区所要培育的中介机构应大致分为三类：一是具有服务功能、不以赢利为目的的组织机构，主要是向企业提供有关政策、法律、市场、技术、信贷等各方面的信息服务以及举办培训班、技术讲座等。它们一般介于政府和企业之间，是企业和政府的帮手。二是采用政府引导、市场化运作方式发展的服务性的生产力中心、技术信息中心、质量检测中心、开放性行业技术中心等机构，以及建立法律、会计、仲裁、信息咨询等方面的中介服务组织。三是培训、考核、监督中间商和经纪人，并建立其技术和信用综合等级（雷鹏，2009）。等级较高的中间商和经纪人可以利用其专业知识鉴定或识别产品质量，进而给出相应的合理价格，这一行为可使市场信息得到具体化，加强市场主体之间的信息对称，降低市场搜寻成本，促进竞争透明、充分，缩短产业升级周期，提高市场效率。

第五，创新投融资体制，拓宽金融服务渠道，建立支持型融资体系。北京和周边地区应当根据国家投融资体制改革的精神，结合自身实际，按照“谁投资、谁决策、谁受益、谁承担风险”的原则，建立投资主体自主决策、银行独立审贷、融资方式多样、中介服务规范、政府宏观调控有力的新型投融资体制。

（1）明确投资方向，规范投资方式。政府运用政府贴息、参股、注入资本金等形式吸引投资主体参与建设特殊的高风险、高科技类重大项目，非盈利性的产业基础设施项目和社会事业项目；企业投资范围主要是一般竞争性建设项目，政府应落实企业投资自主权，加强产业政策指导和土地管理；对于企业目前无力投资的领域，政府首先应考虑通过价格、税收、财政补贴等手段或通过参股等方式促进企业投资，其次再考虑是否政府直接投资。

(2) 完善投融资平台建设。一是建立和完善投融资信息发布体系与投融资招标信息系统，使广大投资者充分了解北京和周边地区投融资信息和项目选择意向；二是构建贷款担保体系，做大做强现有的国有担保公司；三是构建风险投资体系，引入风险投资公司，参与北京周边地区的投融资建设；四是建立资信评价体系，整顿和规范市场经济秩序。

(3) 拓展投融资渠道，加速投融资方式的市场化。对大型经营性基础设施项目，应积极引入多元化投资资本，可采用 BOT、TOT 方式引入其他社会资本投资建设；对产业环境优化项目，可引导受益的社会团体、企业等共同投入建设；对于园区内成片开发项目，可以土地定向性出让和优先开发为优惠条件，吸引开发商先投入资金进行基础设施建设，使整个区域具备商业开发条件。

(4) 促进和优化产业投资。鼓励组建各种类型的民间财团。一要改进和完善对民间投资的金融服务，为民间投资提供必要的融资支持。二要改进政府管理工作，加强对民间投资的信息引导，通过信息网向社会传递有关产业政策、投资政策等方面信息和预警信号，同时要进一步改革行政审批审核制度，加强服务，减少审批环节。

(三) 通过政府推动形成良好的区域工业合作框架

第一，加强政策、法规力度，引导区域合作向正确的方向发展。在北京周边地区发展中，北京政府应该有效地利用政策工具，加强区域发展规划工作，根据产业发展规划，围绕重点培育的项目、企业、产品，科学制定政策，明确指导思想和发展目标，制订周边地区产业结构调整指导目录，把鼓励先进与限制、淘汰落后相结合，正确引导社会投资方向，强化区域竞争力和区域产业合作，推进结构优化升级。同时，强化区域经济观念，提高资源共享性，以利益主体自愿结合为基础，开展区域之间的全方位、多种形式的经济合作，减少市场分割和地方保护，为经济资源的自由流动和跨地区的经济合作扫平道路。

为保证区域合作政策的有效实施，政府还应当通过市场的辅助，建立区域间的协调机制，设置多层次、多部门的协调机构，加强企业或产业间的联系与合作，体现地区产业发展特色。此外，还需要加快推进相关法制建设，主要是保障公平竞争、公正交易、维护市场秩序的法规；保障市场主体和中介组织具有完全的行为能力与责任能力的法规；规范政府行政权力，合理界定政府与市场、企业、中介组织关系的法规等。

第二，培育良性的信用体系。首先，北京和周边地区的贸易发展中，信息对称尤为重要，周边城市可以通过信息来判断北京市的产业发展动态，并做出正确的产业发展路径选择；其次，信用体系是建设良好信息渠道的关键，而政府在培育信用体系方面发挥着重要的作用，原因是信用体系的培育是一个相当复杂的过程，特别是在产业转型等经济转折点时期，市场的不完善性可能产生负面作用，因此政府的作用至关重要，通过市场经济发达国家的经验表明，单纯依靠市场的力量难以建立完善的信用体系，还必须借助政府的力量。从某种意义上说，政府的推动是构建完善和发达的信用体系的核心动力，无论是信用评级体系、征信制度的建立，还是政府信息的披露、社会信用中介机构的培育等，都离不开政府的制度供给和积极推动。

第三，建设政府部门间产业基础数据电子共享系统（张志宏，2008），加速信息流通。北京市政府各相关部门的企业信息内容往往相互封锁，交流困难，这一方面妨碍企业信息资源的共享和综合使用，造成公共信息资源的浪费；一方面妨碍市场经济体系下的企业资信体系建设，增加政府对企业分类管理的难度；另一方面，造成政府在执行科学发展观和实施循环经济计划时，难于系统科学地评价企业的综合经济与社会效益，不利于政策资源的科学合理分配使用。为了改变这一不利局面，需要区域政府组织相关产业要素职能管理部门参加，设立专门课题和经费，抓紧开展企业公共信息数据库及共享网络的开发建设。与此同时，还需加快产业信息与投资环境发布网站、服务企业的电子政务建设水平和信息服务质量。

第四，形成地区经济，尤其是工业经济发展的协议，减少地方保护主义对工业要素流动的阻力。在经济全球化的时期，“地方保护主义”其实就是“地方破坏主义”，作为超级大城市的卫星城，地方保护主义只能让经济脱离合作轨道，增加工业要素流动的阻力，与大城市经济形成鸿沟，因此中央政府和地方政府一定要齐力遏制地方保护主义，具体方法有（谭小英等，2003）：抓紧制定和完善反对地方保护主义的法律法规，如《反垄断法》，要在该法中规定禁止非法限制竞争行为的一般条款，包括非法限制竞争行为的具体形式、法律责任和处罚措施等；尽快修改《反不正当竞争法》以及相关的法律法规，增强可操作性和针对性，抓紧清理、废除各地区、各部门制定的带有地方保护、行业垄断色彩且与国家法律、法规相抵触的地方性、行政性法规与规章；建立相对独立的司法制度，建立与完善不受地方政府随意干涉的相对独立的司法制度和行政执法管理体制；加强法制宣传力度，地方各级政府领导要认真学习法律知识，树立强烈的法律意识，做到依法行政，要提高企业及全社会的法制观念，做到守法、护法，营造抵制地方保护主义的良好法律氛围。

第五，培育现代物流支撑体系。完善的现代物流体系是加快生产要素流动，缩短要素周转周期，提高区域间的资源配置效率，增进地区间沟通与协作的必要条件。物流体系的发展是一个系统工程，需要物流企业、政府部门、行业协会和社会各界力量的鼎力合作。为推动区域合作，北京市政府应当承担组织者和引领者的角色，对周边地区的物流体系建设发挥指导和带头作用。具体来说包括以下几个方面：

（1）完善专业物流发展的软硬环境，搞好公路、铁路及管道交通的省级建设，增强和加快通过能力和服务能力，使之迅速周转，实现人流、货流的通畅；

（2）建造区域性物流中心，并在物流基地建立专业跨区域物流企业，将其发展成为以物流为主的多元化经营的现代企业，为北京和周边地区提供良好的物流服务；

（3）加快物流业的信息化建设，确保物流网络的准确、高效运行。信息化建设要与实际需求相符，重视信息系统的整合，通过对运输等各个子系统的相互贯通以及提高系统对数据的分析能力，实现信息资源共享，提高信息系统的使用层次和水平；

（4）组织和加强对物流从业人员的专业培训，提高其专业素养，着力打造出一支运作效率高、服务质量优、社会信誉好的物流从业队伍。

二、构建地区产业管理与协调的统一平台

（一）在全市范围内形成统一的招商计划

第一，创新招商引资社会化体系，从微观管理转向宏观调控。为了实现招商引资工作的市场化、公开化和社会化，政府部门应当将招商引资主体的角色逐步让位于中介组织。作为市场参与者，专业性的中介组织会在竞争机制下努力提升自身的业绩水平和业内信誉，能够更加规范严密地完成招商引资工作，不仅降低招商引资成本，还可以更好地保障招商质量。作为公共利益的代理人，政府对招商引资活动的介入由微观管理转向宏观调控：一方面，通过制订招商引资的法规条例约束中介组织的市场行为；另一方面，要加强对中介组织的招商引资工作进行严格监管和定期考核。同时，政府还应当严格控制招商引资中介组织的资格认证，明确规定中介组织的申报范围、申报条件、申请材料要求，做到选聘结果的透明、公开，并在选聘后进行综合的考核评价，实行动态管理，出现资质重新认定或考评不合格等特殊情况时，要按有关管理办法随时进行调整。另外，北京市政府和县区地方政府要继续加强与中介组织的合作，严格贯彻落实《北京市发展和改革委员会投资咨询评估等中介机构管理办法（试行）》等相关法规条例，完善招商引资合作协议，改进对中介组织的激励机制，探求更多促进区域发展的方法和途径。

第二，细化行业标准，确保招商引资对产业结构优化升级的促进作用。所谓行业标准（Industry Standards），指的是为一个行业及其相关行业的设备、产品制造商所普遍接受的一套技术语言、参数和规则（芮明杰、巫景飞，2003）。严格的行业标准是市场规范化的基础，因此，应该在北京全市范围内制定鼓励发展、优先发展和限制发展和禁止发展的行业标准，要求具体到行业中类，甚至是小类，并且限制和禁止发展的行业，需要另行加强相关约束条件的研究制订。

第三，建立全面的招商引资的最优化指标评价体系（李伟、李霞，2006）。确立北京和周边地区招商引资的最优化指标体系，确立一系列具有可测性、可控性及相关性的经济运行指标，并通过对这些经济指标不间断地跟踪分析，形成对北京市招商引资基本情况的判断，进而确立各指标的最优化区间，使招商工作最大限度地为北京和周边

地区的产业发展做出贡献，并为各项调控工作提供现实依据。招商引资最优化指标体系可分为宏观指标体系和微观指标体系两类。宏观指标体系应包括招商引资的结构指标、规模指标、产业结构指标、地区结构指标和产业安全指标等。因不同行业不同企业的具体情况不同，很难确定出统一的微观指标的评价标准。因此，除了企业的技术进步和技术含量必须以行业为标准进行明确规定外，尽量减少政府对企业的行政干预。

第四，制定以产业规划为导向的招商战略，调整投资的产业结构。北京和周边地区在招商引资过程中，不能够来者不拒，而应当根据产业发展规划实现制订招商战略，有选择地进行招商引资。首先，要对投资项目进行认真分析，选择技术含量高、市场前景好、投资回报率高的项目，新增项目要符合北京地区的实际情况，能够提升该地区经济实力，创造更多的税源和就业机会。其次，政府要从产业发展规划出发，明确招商重点，从劳动密集型产业转向高新技术产业，着力引进培育产业链或产业园所需项目或配套企业，以提高主导产业的技术水平和配套程度，逐步升级产业结构，同时还要遵循产业规划的空间布局。另外，招商引资应当考虑到区域间的产业协作，既要避免不同地区对类似项目的重复投资，减少资源浪费，又要注重北京和周边地区之间的产业关联和配套。

第五，开放公共领域，为招商建构良性的社会资本（郁建兴、徐越倩，2003）。社会资本是能够通过协调和行动来提高社会效率的信任、规范和网络，建立良好的社会资本是增加公众对政府招商引资工作满意度，提高政府绩效评价的尺度之一。为提高招商引资工作的有效性，北京政府一是要将招商引资工作纳入到近年来的听证制、人大旁听制、政务公开制、咨询建议制、政府上网制等制度建设框架中，鼓励公共领域的监督、质询与反馈，加强对政府机关在履行职责过程中的工作态度和效能实施有效的社会监督，进一步建立和完善投诉受理和求助受理制度，对举报类投诉认真查实，及时反馈处理结果；二是要重视软环境建设，使所有开放窗口和环节都能为投资者提供畅通、便捷、优质的服务；三是建立由非党务非政府组织进行考核、审议、讨论的机制，该组织具有独立性，由审计、会计、新闻以及社会名流、专家组成，主要作用在于校正地方官员把招商引资作为短期经济绩效的追求、当作个人升迁指标的目标导向。如果政府在招商引资工作中可以建立起良性的社会资本，不但可以提高政府信誉，更能够降低市场交易的费用，提高招商引资质量，为北京和周边地区营造有利的招商环境。

（二）在全市范围内制定具有一定法律效力的产业布局草案

所谓产业布局(industrial pattern)，指的是产业系统在区域空间内的分布与组合，体现了产业组合的有机性，产业布局草案是指包括一定时期产业布局目标及其形成机制和保证布局目标得以实现的重大措施等在内的规划。由于各级政府分别颁布各自的区域产业布局规划，没有顾及全局的规划方案，造成了空间的浪费，因此，北京与周边地区产业合作与协作的前提是制订具有一定法律效力的产业布局草案，不仅能够统一全市的产业布局规划，而且这种规划具有一定的约束性，给产业发展注入了“刚性基因”。因此，要求在全市 18 个区县范围内制定统一的鼓励发展、优先发展和限制发展和禁止发展的行业类型，具体行业具体到中类，以形成强有力的招商指导文件。

（三）有目标地加强某一产业新区创新环境的塑造

通过某一大型企业和工业园区，塑造区域特色的劳动力培训体系、区域文化特色、商品交易通道、信息交换平台以及相关管理体系，加强相关产业的引进。产业新区成功发展的一个重要原因就在于产业之间和企业之间密切的联系，柔性相关产业和企业的空间聚集是降低空间成本的需要，也是创新产生的重要保证，一个区域空间内的产业和企业对于集群整体竞争优势的依赖和寻求各自发展的内外压力，使它们之间处于不断的竞合博弈之中，形成一种新型的竞合关系，产业和企业关联可以推动它们间的相互学习、互补联动，而协同分工则可以创造出远高于资本成本的收益。针对北京市产业发展和区域创新模式，适合采取如下几种方法：

第一，加强产学研联合，建立创新要素流动机制。拥有众多高校和科研院所的北京，具有优良的自主创新硬件环境，周边地区应充分利用这一有利条件，由政府主导建立承载企业、大学和科研院所进行创新要素互动的信息平台，发挥中介桥梁作用，增强企业之间、企业与大学和科研院所之间的联系，确立以市场为中心的创新发展战略，促进知识融合，降低创新风险和成本，缩短创新周期，提高创新速度和收益。企业一方面要清晰自身创新能力水平，与知名院校、研发机构携手，确立长效联系机制，不定期进行技术咨询，或聘请专家对企业的研发活动进行日常指导；另一方面通过联合上下游制造企业，共同建立“研发共同体”，整合资源，协同开展技术创新研究，减少重复开发，提高研发资金的使用效率。产业园区也可以根据自身需求，邀请大学和科研院所的实验室落户园区。科研机构要把深化内部改革，市场机制导入到科技创新工作中，增强熟悉企业、考察市场的主动性，将科研工作与企业的技术需求相结合，促进科技创新成果向市场价值的快速转化，同时也可鼓励科研人员以个人身份到产业园区担任兼职或技术顾问。

第二，建立高效的专业培训信息网络，重点培养创新型人才。首先，要在工业园区建立反映相关产业信息的区域在职培训需求系统，对区域和相关产业人才进行综合培训，这种信息网络涵盖了该类产业的课程系统、技能培训和鉴定系统、师资调配系统等，构成一个全面网络式的专业培训信息网络。其次，不断完善信息网络，逐步使区域人才培训信息网络形成信息资源的产业化、市场化、社会化，为此要开拓区域人才培训的信息资源，借鉴国内外相关信息，做出特色的信息数据库，强化信息情报服务的手段，并且充分利用当今的通信媒体和网络技术。最后，全面推进创新人才的培养，依据区域产业的需求和人才特长，通过教育培训有针对性地打造专业创新人才；落实项目管理课题制，鼓励有能力的青年骨干承担重要项目的研发，培养具有较强科研开发能力的技术人员和实际操作能力的产业工人，形成高、中、低相结合的多层次人才队伍，建设一支熟练的高级技工、技师队伍和一支富有创造性的技术研发队伍，做到环境和人才的结合。此外，为留住创新性人才，还要建立区域内的共同价值观，靠目标留人，规避由于价值观冲突造成的人才流失陷阱，只有让人才深信其所在产业和区域具有广阔的前景时，他们才会充满热情、最大限度地发挥自己的聪明才智。

第三，改革孵化器运作模式，培育创新型企业。孵化器又称创业中心，是一种孵化现代技术企业和企业家的新型社会经济组织，通过为创业企业和企业家提供场地、设施等良好的创业环境、资金、管理、信息诸多优质服务以及塑造创新的文化氛围，以降低创业成本和创业风险，帮助新兴中小企业“出壳”并迅速成长（李一鸣、刘军，2006）。孵化器可以为创业者提供良好的环境和条件，降低其运作成本，减少创新风险，提高创业者将创新成果转化为产品或服务的速度和可能性。北京和周边地区应当率先改变我国孵化器的政府运行模式，在产业园区建立新型孵化器，从政府直接投入资金到政府、企业等多元投资，从行政机构管理模式到政府引导扶持、企业化经营，实现孵化器的自我发展，改变目前资金来源单一、管理模式僵化、信息沟通不畅以及运作效率低下等现状，真正发挥对新兴企业的"孵化"作用，重点培育符合现代制造业发展趋势、生产技术领先、产品思路独特、市场前景广阔的创新型企业。

第四，重视产业决策咨询体系建设。许多发达国家大都有比较完善的产业决策咨询与研究分析管理机构体系，基本由咨询部门和执行部门构成。例如美国商务部机构主要是由这两者构成，前者为经济决策者在政策形成中提供咨询，后者是设立咨询部门之外的机构实体，负责执行产业决策特定的实际职能。在北京市政府可以设立一个产业决策咨询体系（不包括执行部门），主要由相关领域专家构成，包括科研机构的研究员、高等院校的专家等，通过聘请这些专家为北京区域产业做定期分析报告。

第五，建立投资环境年度实施计划与年度评价制度（张志宏，2008）。区域产业管理部门应该站在区域经济发展的整体性和前瞻性高度，从提升全区域的投资环境整体竞争力出发，以投资环境规划、投资环境年度计划和年度评价、投资环境公共项目资金安排计划、及相关项目建设实施的综合协调为新的管理抓手，以解决投资环境的短板项目为重点，并参与土地规划前期工作，从更加宏观、更加系统、更加超前的方位来推进产业配套环境的协调发展。北京市应该与周边地区协同建立统一的区域产业管理评价体系，并侧重区域生态环境建设、区域创新能力建设、区域产业分工与协作协调等几个方面。通过评价体系的建立，形成以市政府为主导、以各周边各县区为辅助的区域管理系统，并建立首长责任制，参与到干部绩效管理评价体系中。

第六，创造精致化需求，以市场引导创新。施穆克勒（Schmookler）的"需求引致创新"理论认为，创新活动是追求利润的经济活动，与其他经济活动一样，是受到市场需求的引导和制约的。先发性的市场需求可以影响产业发展方向，给予企业关于产品开发的信号，发挥导向作用，降低创新过程中的不确定性；先发性的市场需求可以降低企业对潜在消费者的搜寻成本，减少推广新产品和获得消费者心理认同的费用，从而降低创新产品的生产成本和市场开拓成本；挑剔的市场需求可以对企业造成创新压力，推动企业追求先进技术和高质量服务，刺激企业加速创新和产品的更新换代。为创造精致化需求，政府可以采用电视、网络等媒体工具，通过公益广告等形式，提高人们对产品的质量、安全性能、节能环保等方面的重视和要求，从而将市场需求引向更高的层次。政府也可以担负起挑剔型消费者的角色，在政府采购清单中加入能够反映市场需求趋势的新型产品和服务，鼓励产业园区发展相关产业，更新生产技术和设备，使企业在竞争中提高创新能力。北京市及其周边地区要形成以非盈利为目的、统一的五年产业与市场信息集中处理与发布体系，并形成年度重点产业和技术的信息发布机制，并与招商计划、优惠政策、人才引进、金融支持、大型企业发展计划等建立统一的制度体系，使计划和市场实现有机的融合。

第七，建立具有创新精神的区域文化。区域文化是人们对创新、创业、合作、竞争等经济问题上的基本价值观，是在上述经济问题的形成与发育过程中逐渐形成的，包括创新意识、创业精神、流动偏好、信用观念、合作意识、开放思维等多个方面，因此，建立创新型的区域文化是现代城市打造新区的基本条件之一。这种区域创新文化是开放思维的体现，不仅可以拓展行为主体的行为领域，而且也能够推动区域生产要素的流动，因此建立区域创新文化具有深远的意义。具体方法包括（熊彼特，1990）：生产新产品、开辟新市场、采用新技术和新的生产方法、创造和使用新材料和新能源、创立新的企业组织。以美国硅谷为例（该例引自辜胜阻等，2006）：硅谷是技术创新和高技术产业化的典范，从根本上来说，硅谷的成功是特定制度与文化的产物。正是特定的文化和制度环境为硅谷企业提供了良好的“温度”、“湿度”、“土壤”、“植被”等，使硅谷成为创业人和创新者的“栖息地”。这种经济文化的特征表现为如下几个方面：

（1）企业快生、宽容失败的创业精神。新创企业数是一个区域创新精神的最直观表现。这种精神突出表现为企业快生和宽容失败上。1990—2002年，硅谷新成立的企业为166200家，同时有1.25万家企业倒闭，每年平均有1.3万家新企业诞生，1万家企业倒闭。硅谷地区新创企2000—2002年期间净增长约2.38万家，新创企业多于倒闭企业。

(2) 鼓励冒险、开拓进取的创新文化。硅谷文化的重要特色就在于它具有鼓励冒险、宽容失败的价值观念。硅谷文化信奉“败又何妨”的价值观,不以成败论英雄成为价值判断标准,有容忍失败的胸怀和强烈的风险意识。他们认为冒险者的失败是一种经验,这种经验最终会推动冒险成功。另外,硅谷创业人发扬的是艰苦奋斗的创业精神,追求的是,“冒险求变,勇于竞争”的进取精神,开创从前没有的事业。

(3) 容忍跳槽、宽容“背叛”的开放思维。硅谷的工程师们养成了强烈的对技术进步的忠诚和职业的忠诚,而不是对个别企业忠诚的职业精神,见表 8-1。硅谷企业不断“裂变”而生成新的企业,实现企业衍生,这种“裂变”机制和跳槽文化带动了“技术流”、“信息流”、“经验流”、“知识流”和“资金流”,形成了知识外溢,有利于新企业的不断产生。

表 8-1 硅谷地区重要企业衍生情况

硅谷地区	企业创业者	衍生企业数
苹果	94	71
思科	41	35
惠普	117	99
英特尔	76	68
甲骨文	73	57
硅谷图形	50	37
升阳	101	79
IBM	82	77

(4) 竞争与合作并重,更重合作的协同意识。硅谷企业内部各单位之间、企业与企业之间以及企业与大学、行业协会之间的关系是相互开放的,同行业的企业之间在相互竞争的同时又相互协作,相互交流市场与技术方面的信息,竞争者之间的相互交流构成了硅谷文化的一大特色,在硅谷几乎没有一家公司能够完全独立地生产一种产品,其商业模式通行外包。

(5) 包容开放、海纳百川的流动偏好。硅谷是一个典型的移民城市，由大量的外国移民和人才不断流动构成的人力资源是硅谷的重要生产力。从人口特征看，硅谷地区人口数量增长较快，成分多样性，结构更加国际化，目前，40%的硅谷居民出生于美国以外。人口的流动带来了价值观念的交融碰撞，极大地促进了地区创新活力和经济发展潜力(见表8-2)。

表8-2　硅谷地区企业流动情况(1990—2001年)

	迁出a		迁入a		迁出b		迁入b	
	企业	员工	企业	员工	企业	员工	企业	员工
所有工业企业	4593	62688	2726	40012	844	22534	398	10441
高技术工业企业	1490	26684	894	20999	364	13984	209	7546

注："a"硅谷与硅谷外所有地区(包括加利福尼亚州地区)之间的流动；"b"硅谷与加利福尼亚州外其他地区之间的流动。

(6) 守信守约的信用观念。硅谷是一个高技术产业集群，维系这个产业集群高效运转的机制之一是信任机制，信任存在于产业链的供应商与客户之间，存在于不同行业的相互合作者之间，还存在于产学研的紧密协作之间。

对此，北京市及周边地区要构建中小企业金融与保险支持体系、兴建创业者投资创业俱乐部、建立青年创业者投资保险基金、创建科技服务与服务外包管理中心，以及完善企业和个人信用评估体系等，继续完善地区创新环境，提高地区的创新能力。

参考文献

Asheim, Bjorn, Arne Isaksen, Claire Nauwelers and Franz Todling (eds), *Regional Innovation Policy for Small-Medium Enterprises*, Cheltenham: Edward Elgar, 2003.

Audretsch, David B., and Maryann P. Feldman, "R&D Spillovers and the Geography of Innovation and Production", *The American Economic Review*, No. 5, 1996, pp. 630—640.

Barff, R. A., "Industrial Clustering and The Organization of Production: A Point Pattern Analysis of Manufacturing in Cincinnati in Ohio", *Annals of the Association of American Geographers*, Vol. 77, 1987, pp. 89—103.

Bathelt, Harald and Peter Maskell, "Proterty tax and urban sprawl theory and implication for US cities," *Journal of Urban Economics*, 2006 (12), pp. 94—90.

Batisse, Cecile, and Sandra Poncet, "Protectionism and Industry Location in Chinese Provinces", *Journal of Chinese Economic and Business Studies*, No. 5, 2004, pp. 133—154.

Bordoloi, Sanjeev K., William W. Cooper, Hirofumi Matsuo, "Flexibility Adaptability and Efficiency in Manufacturing Systems," *Production and Operations Management*, 2007(12), pp. 145—147.

Braunerhjelm, P., and D. Johansson, "The Determinants of Spatial Concentration: The Manufacturing and Service Sectors in An International Perspective", *Industry and Innovation*, No. 10, 2003, pp. 41—63.

Brulhart, Marius, *Growing Alike or Growing Apart? Industrial Specialization of EU Countries*, Oxford University Press, 2001.

Camagini, R., *Technique Nouvelle Ruptures Régionales*, Paris:

Economica，1986，pp. 59—80.

Campbell，J. ，"Growth Pole Theory，Digraph Analysis and Inter-industry Relationships，" *Tijd shrift door Economic en Sociable Geografie*，Vol. 63，1972，pp. 79—87.

Campbell，J. ，"Application Of Graph Theoretic Analysis to Inter-industry Relationships，" *Regional Science and Urban Economics*，No. 5，1975，pp. 91—106.

Combes，P-Ph. ，and H. Overman，"The Spatial Distribution of Economic Activities in the European Union"，in J. F. Thisse and J. V. Henderson（Eds），*Handbook of Regional and Urban Economics*，Amsterdam：North Holland，2004.

Czamanski，Stan，and Liuz Augusto de Q Ablas，"Identification of Industrial Clusters and Complexes：A Comparison of Meth-odds and Findings"，*Urban Studies*，No. 16，1979，pp. 61—80.

Davies，Stephen，and Bruce Lyons，*Industrial Organization in The European Union：Structure，Strategy，and the Competitive Mechanism*，Oxford University Press Inc，1996.

Dixit，A. and J. Stiglitz，"Monopolistic Competition and Optimum Product Diversity，" *American Economic Review*，1977（67），pp. 297—308.

Donoghue，D. O. ，and B. Gleave，"A Note on Methods for Measuring Industrial Agglomeration"，*Regional Studies*，No. 4，2004，pp. 419—427.

Duranton，G. ，and H. G. Overman，"Testing for Localization Using Micro-geographic Data"，*Review of Economic Studies*，Vol. 72，2005，pp. 1077—1106.

Duranton，Gilles，and Diego Puga，"Diversity and Specialization in Cities：Why，Where and When Does it Matter?"，*Urban Studies*，No. 7，2000，pp. 533—555.

Ellison，G. ，and E. Glaeser，"Geographic Concentration in U. S. Manufacturing Industries：A Dartboard Approach"，*The Journal of Political Economy*，No. 5，1997，pp. 889—927.

Ellison，G. ，and E. Glaeser，"Geographic Concentration in U. S. Manufacturing Industries：A Dartboard Approach"，*The Journal of Political Economy*，No. 5，1997，pp. 889—927.

Henderson，Vernon，Todd Lee and Yung Joon Lee，"Scale Internalities in Korea", *Journal of Urban Economies*, No. 3, 2001, pp. 479—504.

Henderson, Vernon, "Externalities and Industrial Development", *Journal of Urban Economics*, Vol. 42, Issue 3, Nov. 1997, pp. 449—470.

Henry Wai-chung Yeung, "Rethinking Relational Economic Geography," *Transactions of the Institute of British Geographers*, 2005 (01), pp. 37—51.

Knorringa, Peter / Jörg Meyer-Stamer, "New Dimensions in Local Enterprise Co-operation and Development: From Clusters to Industrial Districts," ATAS Bulletin XI: New approaches to science and technology co-operation and capacity building, 1998, (11).

Krugman, Paul, "Increasing Returns and Economic Geography", *Journal of Political Economy*, Vol. 99, 1991, pp. 483—499.

Krugman, Paul, "Increasing Returns and Economic Geography", *The Journal of Political Economy*, Vol. 99, 1991, pp. 483—499.

Krugman, Paul, "Scale Economies, Product Differentiation and The Pattern of Trade", *American Economic Review*, Vol. 70, 1980, pp. 950—959.

Krugman, Paul, *Development, Geography and Economic Theory*, Cambridge: MIT Press, 1995.

Krugman, Paul, *Geography and Trade*, Cambridge, MA: The MIT Press, 1991.

Marcon, E. and F. Puech, "Evaluating the Geographic Concentration of Industries Using Distance-based Methods", *Journal of Economic Geography*, No. 3, 2003, pp. 409—428.

Marshall, A., *Principle of Economies*, London: Macmillan, 1920.

Mary, Amiti, "New Trade Theories and Industrial Location in the EU: A Survey of Evidence", *Oxford Review of Economic Policy*, Vol. 14, 1998, pp. 45—53.

Maurel, F., and B. Sdillot, "A Measure of The Geographic Concentration in French Manufacturing Iindustries", *Regional Science and Urban Economics*, Vol. 29, 1999, pp. 575—604.

McCann, P., "Rethinking The Economics of Location and Agglomeration", *Urban Studies*, Vol. 32, 1995, pp. 563—577.

Messner, D., J. Meyer-Stamer, "Governance and Networks: Tools to Study the Dynamics of Clusters and Global Value Chains," Paper prepared for the IDS/INEF Project "The Impact of Global and Local Governance on Industrial Upgrading", 2000.

Ohlin, B. , *Interregional and International Trade* ,Cambridge: Harvard University Press,1957.

Porter, M. E. ,"Clusters and New Economies of Competition," *Harvard Business Review*, 1998(11), pp. 34.

Ripley, B. D. ,"Modelling Spatial Patterns", *Journal of the Royal Statistical Society* B,1977, No. 39,pp. 172—212.

Rosenthal, Stuart S. , and William C. strange,"The Determinants of Agglomeration", *Journal of Urban Economies* ,Sep. 2001,pp. 191—229.

Shannon, C. E. , and W. Weaver, *The Mathematical Theory of Communication* ,Univ. of Illinois press,1949.

Silverman, J. H. , "The Arithmetic of Elliptic Curves", *Graduate Texts in Mathematics* ,Vol. 106,2009,pp. 514.

Sjöberg, Örjan, and Fredrik Sjöholm,"Trade Liberalization and the Geography of Production: Agglomeration, Concentration, and Dispersal in Indonesia's Manufacturing Industry," *Economic Geography* ,Volume 80, Issue 3,July 2004,pp. 287 - 310.

Stuart, S. ,"The Determinants of Agglomeration", *Journal of Urban Economics* ,Vol. 50,2001,pp. 191—229.

Sukkoo, Kim,"Expansion of Markets and The Geographic Distribution of Economic Activities: The Trends in U. S. Regional Manufacturing Structure 1860—1987", *Quarterly Journal of Economics* ,Vol. 110,1995, pp. 881—908.

Sweeney, S. H. , and E. J. Feser,"Plant Size and Clustering of Manufacturing Activity", *Geographical Analysis* ,Vol. 30,1998,pp. 45—64.

Venables, A. , "Equilibrium Locations of Vertically Linked Industries", *International Economic Review*, Vol. 37,1996,pp. 341—359.

Wen. M. ,"Relocation and Agglomeration of Chinese Industry", *Journal of Development Economics* ,Vol. 73,2004,pp. 329—347.

Williamson, O. E. ,"Calculativeness Trust and Economic Organization," *Journalof Law and Economics* 1993,x(vi), pp. 453—486.

白小明:《我国产业区域转移粘性问题研究》,《北方论丛》2007 第 1 期,第 140—143 页。

贝毅:《曲连刚. 知识经济与全球经济一体化——兼论知识经济条件

下国际产业转移的新特点》,《世界经济与政治》1998 年第 8 期,第 28—30 页。

毕吉耀:《国际产业转移新趋势与我国面临的机遇和调整》,《中国金融》2006 年第 20 期,第 32—35 页。

曹荣庆:《浅谈区域产业转移和结构优化的模式》,《中州学刊》2001 年第 6 期,第 111—113 页。

车春鹂、高汝熹:《国际三大都市圈中心城市产业布局实证研究及启示》,《科技管理研究》2009 年第 9 期,第 13—14 页。

陈刚、陈红儿:《区际产业转移理论探微》,《贵州社会科学》2001 年第 10 期,第 1—6 页。

陈刚、刘珊珊:《产业转移理论研究:现状与展望》,《当代财经》2006 年第 10 期,第 91—96 页。

陈刚、张解放:《区际产业转移的效应分析及相应政策建议》,《华东经济管理》2001 年第 2 期,第 24—26 页。

陈红儿:《区际产业转移的内涵、机制、效应》,《内蒙古社会科学》2002 年第 1 期,第 16—18 页。

陈继海:《世界各国产业集聚模式比较研究》,《经济纵横》2003 年第 6 期,第 33—35 页。

陈建军:《区域产业转移与东扩西进战略》,北京:中华书局 2002 年版。

陈建军:《中国现阶段产业区域转移的实证研究——结合浙江 105 家企业的问卷调查报告的分析》,《管理世界》2002 年第 6 期,第 64—74 页。

陈建军:《中国现阶段的产业区域转移及其动力机制》,《中国工业经济》2002 年第 8 期,第 37—44 页。

陈剑锋、唐振鹏:《国外产业集群研究综述》,《外国经济与管理》2002 年第 8 期,第 22—27 页。

陈剑锋:《产业集群的理论与实践研究》,武汉理工大学博士学术论文,2003 年。

陈良文、杨开忠:《集聚经济的六类模型:一个研究综述》,《经济科学》2006 年第 6 期,第 107—117 页。

陈蕊:《区域产业梯度转移调控研究》,合肥工业大学博士论文,2007 年。

陈耀:《我国产业集群发展中的缺陷》,《中国纺织》,2004 年第 8 期,第 79—80 页。

成田孝三:《转换期的都市和都市圈》,京都:地人书房 1995 年版,第

125—127 页。

仇保兴:《发展小企业集群要避免的陷阱——过度竞争所致的“柠檬市场”》,《北京大学学报(哲学社会科学版)》1999 年第 1 期,第 25—29 页。

仇保兴:《小企业集群研究》,上海:复旦大学出版社 1999 年版。

崔海潮:《集群经济是区域经济发展的新选择》,《延安大学学报》2005 年第 05 期,第 63—65 页。

达婷、刘博敏、胡汉辉:《城市化背景下城市规划与产业规划的互动关系》,2004 年城市规划年会论文集,2004 年。

戴宏伟、田学斌、陈永国:《区域产业转移研究——以“大北京”经济圈为例》,北京:中国物价出版 2003 年版。

戴宏伟、王云平:《产业转移与区域产业结构调整的关系分析》,《当代财经》2008 年第 2 期,第 93—98 页。

戴宏伟:《国际产业转移与中国制造业发展》,北京:人民出版社 2006 年版。

邓利方:《国际产业转移与广东承接对策》,《南方经济》2003 年第 12 期,第 62—64 页。

狄强、张章:《产业转移过程中的投资软环境因素分析》,《广西财经学院学报》2007 年第 1 期,第 51—54 页。

窦娜娜:《区域经济发展中的产业集群模式研究》,中国海洋大学硕士论文,2007 年。

杜德斌:《纽约的发展与城市功能与演变》,《城市经济研究》2004 年第 3 期,第 117 页。

段宁、孙宁、魏晓琳:《关于推进我国生态工业园区建设的思考和建议》,《环境保护》2002 年第 2 期,第 40—42 页。

盖文启:《国外产业集群理论探析》,《国际经贸探索》2006 年第 4 期,第 44—48 页。

辜胜阻、郑凌云、张昭华:《区域经济文化对创新模式影响的比较分析——以硅谷和温州为例》,《中国软科学》2006 年第 4 期,第 8—14 页。

顾朝林:《产业结构重构与转移——长江三角地区及主要城市比较研究》南京:江苏人民出版社 2003 年版。

郭凡生:《评国内技术的梯度转移规律—与何钟秀、夏禹龙老师商榷》,《科学学与科学技术管理》1984 年第 12 期,第 19—22 页。

国家统计局国际统计信息中心课题组:《国际产业转移的动向及我国的选择》,《统计研究》2004 年第 4 期,第 3—5 页。

韩云虹:《产业集聚度测定指标的评价与改进》,《工业技术经济》2009

年第6期,第107—108页。

何星明、蒋寒迪、袁春惠:《产业区域转移的理论来源》,《企业经济》2004年第9期,第122—123页。

何雄浪、李国平:《关系经济地理学产业集群理论研究进展及其评析》,《经济地理》2006年第5期,第731—735页。

何秀忠:《论国内技术的梯度转移》,《人民日报》1983年2月6日。

贺灿飞、梁进社、张华:《北京市外资制造企业的区位分析》,《地理学报》2005年第1期,第122—130页。

贺灿飞、潘峰华:《产业地理集中、产业集聚与产业集群:测量与辨识》,《地理科学进展》2007年第2期,第1—13页。

贺灿飞、谢秀珍:《中国制造业地理集中与省区专业化》,《地理学报》2006年第2期,第212—222页。

胡宇辰:《产业集群对梯度转移理论的挑战》,《江西财经大学学报》2007年第5期,第28—31页。

胡昱:《产业集群不同模式的分析研究》,《中国城市经济》2004年第11期,第67—70页。

黄程、符正平:《珠江三角洲地区企业集群的分类及其特征》,《管理评论》2003年第6期,第59—62页。

黄福才、李爽、魏敏:《梯度推移粘性形成机理研究》,《中央财经大学学报》2007年第9期,第63—68页。

黄静:《美国日本产业集群特点分析及借鉴意义》,天津工业大学硕士论文,2008年。

黄玖立、李坤望:《论中国省际劳均产出的差异》,《经济研究》2006年第6期,第116—124页。

黄曼惠,黄燕:《产业集聚理论研究述评》,《汕头大学学报》2003年第1期,第49—53页。

蒋文军、孙宏军:《策应产业转移:欠发达地区中小企业快速发展的重要举措》,《云南科技管理》2001年第6期,第13—15页。

蒋文军、孙宏军:《欠发达地区要策应产业转移》,《老区建设》2001年第9期,第32—33页。

金洪波:《产业集群理论的演进及启示》,《税务与经济》2009年第3期,第20页。

雷鹏:《产业集聚与工业园区的发展研究》,南京:东南大学出版社2009年版。

李锋:《国内外关于产业区域转移问题研究观点评述》,《经济纵横》

2004 年第 6 期，第 59—63 页。

李刚：《试论产业集群的形成和演化——基于自组织理论的观点》，《学术交流》2005 年第 2 期，第 78—82 页。

李国平、杨开忠：《外商对华直接投资的产业与空间转移特征及其机制研究》，《地理科学》2000 年第 4 期，第 102—108 页。

李具恒、李国平：《区域经济发展理论的整合与创新》，《陕西师范大学学报（哲学社会科学）》2004 年第 4 期，第 94—98 页。

李具恒：《区域经济冠以梯度理论内在的广义梯度推移机理研究》，《西北人口》2006 年第 6 期，第 53—57 页。

李坤望、黄玖立：《论中国省际劳均产出的差异》，《南开学报（哲学社会科学版）》2006 年第 2 期，第 116—124 页。

李松志、杨杰：《国内产业转移研究综述》，《商业研究》2008 年第 2 期，第 22—25 页。

李伟、李霞：《转变和完善我国政府招商引资职能》，《安徽理工大学学报》2006 年第 1 期，第 26—30 页。

李小建、李二玲：《产业集聚发生机制的比较研究》，《中州学刊》2002 年第 4 期，第 5—8 页。

李小建：《经济地理学》，北京：高等教育出版社 2002 版。

李小建：《我国产业转移与中原经济崛起》，《中州学刊》2004 年第 5 期，第 15—18 页。

李小建：《新产业区与经济活动全球化的地理研究》，《地理科学进展》1997 年第 3 期，第 16—23 页。

李新春：《企业联盟与网络》，广州：广东人民出版社 2000 版。

李一鸣、刘军：《产业发展中相关理论与实践问题研究》，成都：西南财经大学出版社 2006 年版

厉无畏、王慧敏：《产业发展的趋势研判与理性思考》，《中国工业经济》2002 年第 4 期，第 5—11 页。

郦瞻、谭福河、沈肖媛：《现阶段浙江省产业转移问题研究》，《商业研究》2004 年第 12 期，第 109—111 页。

梁琦、钱学峰：《外部性与集聚：一个文献综述》，《世界经济》2007 年第 2 期，第 84—96 页。

梁琦：《中国工业的区位基尼系数：兼论外商直接投资对制造业集聚的影响》，《统计研究》2003 年第 9 期，第 21—25 页。

梁琦：《中国工业的区位基尼系数》，《统计研究》2003 年第 9 期，第 21—25 页。

刘冰:《纽约市服装区的创新能力及对我国产业集群升级的启示》,《中小企业管理与科技(下旬刊)》2009 年第 9 期,第 32—33 页。

刘恒江、陈继祥、周莉娜:《产业集群动力机制研究的最新动态》,《外国经济与管理》2004 年第 7 期,第 2—7 页。

刘恒江、陈继祥:《基于动力机制的我国产业集群发展研究》,《经济地理》2005,年第 05 期,第 607—611 页。

刘恒江、陈继祥:《要素、动力机制与竞争优势:产业集群的发展逻辑》,《中国软科学》2005 年第 2 期,第 125—130 页。

刘锐:《上海市和纽约市的产业结构及集聚化发展比较》,上海交通大学国际贸易学系博士论文,2007 年,第 22—37 页。

刘斯敖:《产业集聚测度方法的研究综述》,《商业研究》2008 年第 379 期,第 64—66 页。

刘易斯 · 威尔斯:《第三世界跨国公司》,上海:上海翻译出版公司 2005 年版。

娄晓黎:《产业转移与欠发达区域经济现代化》,东北师范大学博士论文,2004 年。

卢根鑫:《国际产业转移论》,上海:上海人民出版社 1997 年版。

卢根鑫:《试论国际产业转移的经济动因及其效应》,《上海社会科学院学术季刊》1994 年第 4 期,第 33—42 页。

卢明华、李国平、孙铁山:《东京大都市圈内各核心城市的职能分工及启示研究》,《地理科学》2003 年第 2 期,第 152—153 页。

陆国庆、高飞:《产业地理集中抗产业衰老的机理分析及其应用》,《中国经济问题》2001 年第 02 期,第 13—21 页。

路江涌、陶志刚:《我国制造业区域集聚程度决定因素的研究》,《经济学》2007 年第 3 期,第 801—816 页。

路江涌、陶志刚:《中国制造业区域聚集及国际比较》,《经济研究》2006 年第 3 期,第 103—114 页。

吕迪:《基于产业集群的宁波区域创新体系研究》,复旦大学硕士学位论文,2008 年,第 6—7 页。

罗建华:《国际产业转移与中国区域经济的发展》,《陕西科技》2005 年第 1 期,第 8—10 页。

罗勇、曹丽莉:《中国制造业集聚程度变动趋势实证研究》,《经济研究》2005 年第 8 期,第 106—115 页。

罗勇、曹丽莉:《中国制造业集聚程度变动趋势实证研究》,《经济研究》2005 年第 8 期,第 106—127 页。

马海霞:《区域传递的两种空间模式比较分析——兼谈中国当前区域传递空间模式的选择方向》,《甘肃社会科学》2001 第 2 期,第 30—32 页。

马建会:《产业集群成长机理研究》,北京:中国社会科学出版社 2007 年版。

马歇尔:《经济学原理(上卷)》,北京:商务印书馆 1964 版。

迈克尔·波特:《国家竞争优势》,北京:中信出版社 2007 年版。

毛蕴诗、汪建成:《大企业集团扩展路径的实证研究——对广东 40 家大型重点企业的问卷调查》,《学术研究》2002 年第 8 期,第 5—8 页。

聂华林、赵超:《我国区际产业转移对西部产业发展的影响》,《兰州大学学报》2000 年第 5 期,第 11—15 页。

欧阳朝旭:《基于产业集聚下的安徽承接产业转移的产业定位研究》,《科技与产业》2009 年第 9 期,第 23—27 页。

潘伟志:《产业转移内涵、机制探析》,《生产力研究》2004 年第 10 期,第 119—121 页。

潘未名:《跨国公司的海外生产对母国产业空心化的影响》,《国际贸易问题》1994 年第 12 期,第 24—29 页。

钱平凡:《基于产业集群的我国科技创新战略研究》,《经济纵横》2004 年第 3 期,第 20—24 页。

钱平凡:《我国产业集群的发展状况、特点与问题》,《经济理论与经济管理》2003 年第 12 期,第 26—31 页。

钱学峰、梁琦:《分工与集聚的理论渊源》,《江苏社会科学》2007 年第 2 期,第 70—76 页。

乔彬、李国平、杨妮妮:《产业聚集测度方法的演变和新发展》,《数量经济技术经济研究》2007 年第 4 期,第 124—133 页。

乔富华:《国内外产业集聚研究综述》,《内蒙古财经学院学报》2010 年第 06 期,第 96—99 页。

芮明杰、巫景飞:《行业标准的营销策略研究:交易费用经济学的视角》,《中国工业经济》2003 年第 4 期,第 80—87 页。

石崮然、吴松强:《集群创新的自组织机理研究》,《科技管理研究》2008 年第 10 期,第 259—261 页。

史修松:《产业集聚及其测度理论研究动态》,《科技管理研究》2009 年第 9 期,第 267—270 页。

宋丽琛、孙云新:《不容忽视不可小视,都市型工业申城起“蓬头”》,《新民晚报》2002 年 3 月 5 日。

宋群:《十一五时期统筹我国产业结构升级与国际产业转移的建议》,

《经济研究参考》2005 年第 52 期，第 2—18 页。

孙慧、周好杰：《产业集聚水平测度方法综述》，《科技管理研究》2009 年第 5 期，第 449—451 页。

谭介辉：《从被动接受到主动获取》，《世界经济研究》1998 年第 6 期，第 65—68 页。

谭小英、张泰、于空军：《地方保护主义的成因、危害及对策》，《经济研究参考》2003 年第 48 期，第 25—27 页。

汤琰、凌亢：《基于锡尔系数的江苏省区域经济差异分析》，《南京财经大学学报》2007 年第 4 期，第 9—12 页。

唐茂华、陈柳钦：《从区位选择到空间集聚的逻辑演绎——探索集聚经济的微观机理》，《财经科学》2007 年第 3 期，第 62—68 页。

汪斌：《国际区域产业结构分析导论：一个一般理论及其对中国的应用分析》，上海：上海三联书店、上海人民出版社 2001 年版。

王缉慈、谭文柱、林涛、梅丽霞：《产业集群概念理解的若干误区评析》，《地域研究与开发》2006 年第 2 期，第 1—6 页。

王缉慈、童昕：《简论我国地方企业集群的研究意义》，《经济地理》2001 第 5 期，第 550—553 页。

王缉慈：《创新的空间：企业集群与区域发展》，北京：北京大学出版社 2001 版。

王缉慈：《我国制造业集群分布现状及其发展特征》，《地域研究与开发》2003 年第 6 期，第 29—33 页。

王缉慈：《中国地方产业集群及其对发展中国家的意义》，《地域研究与开发》2004 年第 4 期，第 1—4 页。

王珺：《在承接国际产业转移中推进广州赶超战略》，《南方经济》2003 年第 1 期，第 36—38 页。

王文成、杨树旺：《中国产业转移问题研究：基于产业集聚效应》，《中国经济评论》2004 年 1 第 8 期，第 16—20 页。

王先庆：《产业扩张》，广州：广东经济出版社 1998 年版。

韦伯：《工业区位论》，李刚剑等译，北京：商务印书馆 1997 版。

魏后凯：《产业转移的发展趋势及其对竞争力的影响》，《福建论坛（社会经济）》2003 年第 4 期，第 11—15 页。

魏后凯：《中国制造业集中状况及其国际比较》，《中国工业经济》2002 年第 1 期，第 41—49 页。

魏敏、李国平：《基于区位引力场下的区域梯度推移粘性分析》，《科研管理》2005 年第 6 期，第 129—134 页。

魏守华、石碧华:《论企业集群的竞争优势》,《中国工业经济》2002 年第 1 期,第 59—65 页。

魏守华:《集群竞争力的动力机制以及实证分析》,《中国工业经济》2002 年第 10 期,第 27—34 页。

文玫:《中国工业在区域上的重新定位和集聚》,《经济研究》2004 年第 2 期,第 84—94 页。

吴松强、石岿然:《集群创新的自组织机理研究》,《科技管理研究》2008 年第 10 期,第 259—261 页。

吴颂、吴显涛:《金融危机背景下的国际产业转移特点和趋势》,《中国市场》2009 年第 13 期,第 6—7 页。

吴学花、杨蕙馨:《中国制造业产业集聚的实证研究》,《中国工业经济》2004 年第 10 期,第 36—43 页。

吴卓群:《国际金融中心的新工业政策》,《上海情报服务平台》2005 年 8 月 8 日稿。

夏禹龙、刘吉、冯之浚等:《梯度理论和区域经济》,《科学学与科学技术管理》1983 年第 2 期,第 5—6 页。

熊彼特:《经济发展理论》,北京:商务印书馆 1990 年版。

徐康宁:《开放经济中的产业集群与竞争力》,《中国工业经济》2001 年第 11 期,第 22—27 页。

徐强:《产业集聚因何而生——中国产业集聚形成机理和发展对策研究》,杭州:浙江大学出版社 2004 年版。

徐玮:《产业集聚水平测度定量方法综述》,《科技广场》2008 年第 11 期,第 120—122 页。

徐向红:《山东省承接美国中小企业产业转移的考察研究》,《东岳论丛》2004 年第 3 期,第 164—167 页。

徐毅:《江西在全球市场竞争新格局下承接产业转移的对策》,《求实》2002 年第 10 期,第 14—16 页。

薛燕:《产业集聚水平测度方法的实证研究》,《统计教育》2009 年第 2 期,第 47—51 页。

亚当・斯密:《国民财富的性质和原因的研究》,北京:商务印书馆 2002 版。

杨世伟:《国际产业转移与中国新型工业化道路》,北京:经济管理出版社 2009 版。

杨亚琴、王丹:《国际大都市现代服务业集群发展的比较研究》,《世界经济研究》2005 年第 1 期,第 45—47 页。

杨赟、陈淑梅:《我国产业集群特点、问题及对策》,《经济研究》2007 年第 3 期,第 72—73 页。

余慧倩:《长三角需审慎对待国际产业转移》,《江南论坛》2004 年第 6 期,第 9—10 页。

郁建兴、徐越倩:《政府招商引资活动的有限性与有效性》,《东南学术》2003 年第 2 期,第 138—145 页。

岳洪江、梁立明:《90 年代我国三大地带科技指标差距变动分析》,《科学学研究》2000 年 12 月第 4 期,第 56—62 页。

战炤磊:《产业集群对区域经济发展的双向效应——基本方式与作用机理》,《技术经济与管理研究》2011 年第 1 期,第 99—103 页。

张洪增:《论移植型产业成长模式及其缺陷——兼论对我国产业成长模式的借鉴》,《中共浙江省委党校学报》1999 年第 3 期,第 7—12 页。

张建平、关秀丽:《国际经济结构变动趋势及对我国的影响研究》,北京:中国计划出版社 2009 版。

张建平:《东亚各国(地区)产业结构比较研究》,吉林大学硕士论文 2007 年。

张可云:《区域大战与区域经济关系》,北京:民主与建设出版社 2001 年版。

张曼茵:《中国产业集群发展的主要特点》,《经济纵横》2005 年第 7 期,第 13—14 页。

张弢、李松志:《产业区域转移形成的影响因素及模型探讨》,《经济问题探索》2008 年第 1 期,第 49—53 页。

张同升、梁进社、宋金平:《中国制造业省区间分布的集中与分散研究》,《经济地理》2005 年第 3 期,第 315—332 页。

张伟:《基于自组织理论的产业集群演化研究》,《河南工业大学学报》2008 年第 1 期,第 34—36 页。

张孝锋:《产业转移的理论与实证研究》,南昌大学博士论文 2006 年。

张永庆、张冰、刘晓慧:《大中型城市中心城区都市型产业发展研究》,《城市问题》2005 年第 2 期,第 16—21 页。

张占仓:《产业集聚战略与区域发展》,《中州学刊》2006 年第 1 期,第 31—35 页。

张占仓:《中国产业集群研究及进展》,《地域研究与开发》2006 年第 5 期,第 41—47 页。

张志宏:《关于区域产业管理创新的若干思考与对策建议》,《特区经济》2008 年第 7 期,第 221—223 页。

赵弘:《论"总部经济"与振兴北京现代制造业》,《首都经济》2006 年第 3 期,第 4—5 页。

赵凌云:《1949—2008 年间中国传统经济体制产生、演变与转变的内生逻辑》,《中国经济史研究》2009 年第 3 期,第 24—33 页。

赵张耀:《网络型国际产业转移模式研究》,《中国工业经济》2005 年第 10 期,第 12—19 页。

周明伟:《我国产业集群发展中存在的制约因素及对策研究》,《江苏商论》2003 年第 10 期,第 86—87 页。

周文:《产业空间集聚机制理论的发展》,《经济科学》1999 年第 6 期,第 96—101 页。

周振华:《城市综合竞争力的本质特征:增强综合服务功能》,《开放导报》2001 年第 4 期,第 2—3 页。

朱丰乔:《浙江省制造业产业转移实证研究》,浙江工业大学技术经济管理学院博士论文,2008 年,第 38—40 页。

朱宜林:《我国地区产业转移问题研究综述》,《生产力研究》2005 年第 9 期,第 96—101 页。

邹积亮:《产业地区转移的理论研究与实证分析》,武汉大学硕士论文 2004 年。

邹积亮:《产业转移理论及其发展趋向分析》,《中南财经政法大学学报》2007 年第 6 期,第 51—56 页。

邹篮、王永庆:《产业转移:东西部合作方式和政策研究》,《特区理论与实践》2000 年第 3 期,第 27—31 页。

后　记

2010年，北京市委市政府首次提出将世界城市作为北京城市的发展方向，由此，围绕建设世界城市的各项任务目标和基本要求，加快勾画北京经济与社会未来发展的宏伟蓝图，已经成为一项重要的研究课题。纵观全球的高等级城市，无一例外地都以服务业作为支柱产业。因此，对于北京而言，深入探究具有历史基础和传统优势的制造业的发展现状和集聚特征，以及在京津冀大都市区化的区域格局下，研究制造业部门的空间发展趋向等问题，将对北京市的产业结构升级与区域空间结构优化具有重要的理论价值和现实意义。

正是基于对上述任务与目标的浓厚兴趣，我和宋吉涛博士一起，在我2008年主持完成的北京市规划委员会项目"北京及周边地区产业转移的网络组织机制与空间影响研究"的初步成果基础上，经过系统整理和大篇幅的扩展，共同完成了《北京大都市区制造业空间集聚研究》的撰写工作。正是当初研究课题的立项，为本研究的主体工作打下了坚实的基础。在此，诚挚地感谢北京市规划委员会为我们的研究提供了宝贵契机；衷心地感谢在课题延续期间，北京市规划委员会曹跃进委员、研究室郭培宜主任，给予我们的大力支持和工作协助。在此，两位作者对北京市规划委员会从工作职能出发，充分发动社会研究资源，急政府之所想，未雨绸缪，为市委市政府献计献策，提供决策参考的努力充满敬意。当然，文责由作者自负。限于时间、精力和水平的局限，本书一定存在很多不完善之处，有待于我们继续努力改进。

在课题研究期间，中国科学院科技政策与管理科学研究所的宋敦江博士提供了GIS的技术支持；我的研究生王威、汪文姝和本科生杨冰承担了北京市规模以上制造企业空间分布的矢量化描点工作;我的研究生姬懿、金文强和本科生宋灏、张雅雯、徐杰分担了部分文献搜集与综述整理工作,以上朋友和同学们所承担的基础和辅助性工作,为本书的完成做出了贡献,在此,对他们的具体工作支持表示感谢。

最后,诚挚感谢北京大学出版社社会科学编辑室的倪宇洁副编审,作为本书的责任编辑,倪宇洁女士在本书的编辑与出版过程中,承担了大量复杂繁琐的工作,并提出了很多中肯的建议,付出了艰苦的努力。同时感谢北京大学出版社社会科学编辑室的耿协峰主任在本书申请立项、编辑校对与出版过程中给予的全力协助。在此,衷心祝愿北京大学出版社社会科学编辑室多出精品,事业蒸蒸日上。

陆军

于北京大学廖凯原楼